UP
Collection

増補新装版
ベトナムの世界史
中華世界から東南アジア世界へ

古田元夫

東京大学出版会

UP Collection

Vietnam in the Context of World History:
From Chinese World Order to Joining Southeast Asia

Motoo FURUTA

University of Tokyo Press, 2015
ISBN 978-4-13-006534-4

目次

第五章　冷戦期の「普遍国家」ベトナム――145

第六章　「地域国家」への道――229

補　論　一つの世界の中のベトナム
――『ベトナムの世界史』刊行後二〇年――269

※　増補新装版にあたって、「補論」「最近二〇年間のベトナム史研究の動向」を追加し、「主な参考文献」は全面改訂した。

ベトナムの世界史

出典) ベトナム社会主義共和国教育省編, 吉沢南・古田元夫編訳『世界の教科書――歴史・ベトナム』1 (ホルプ出版, 1985年) より, 1985年以降の変更を補充.

ベトナム社会主義共和国の行政区画とインドシナ

本書のねらい

「ベトナムは東南アジアの一員である」――東南アジアという地域を、ベトナム、カンボジア、ラオス、タイ、ビルマ、マレーシア、シンガポール、インドネシア、ブルネイ、フィリピンの一〇ヵ国から構成される地域であると、世界地理で学習している私たちにとって、これは、何の不思議もない命題であるかのように見える。しかし、ベトナムの人々が、いつから、自らを東南アジアの一員と考えるようになったのかという、歴史の問題として、この命題を考えてみると、その自明さは一挙に失われる。なぜならば、フランス植民地支配下に入る以前のベトナムは、自らを中華世界の一員と考え、周辺の東南アジアとは隔絶された存在と考えていたからであり、「ベトナムは東南アジアの一員である」という命題は、ベトナムの近現代史の中で見出された、新しいアイデンティティにほかならない。これが、本書が扱っている中心的な問題である。

『ベトナムの世界史』という本書のタイトルの「世界史」には、二つの意味が含まれている。一つは、歴史的に見て、ベトナムが自らをどのような世界の一員と見なしていたのか、つまりは、「ベトナムにとっての世界」の歴史的考察という意味である。第二は、そのようなベトナムの歴史の歩みに、それぞれの時期の、人類普遍的な世界史課題がどのように浮き彫りになっているのかを考える、つまりは、ベトナムを素材とした「世界史」という意味である。

このような本の出版を考える契機となったのは、筆者が勤務する東京大学教養学部において、一九九三年から実施された、大学の一、二年生に対する前期課程教育の改革であった。前期課程の選択科目である総合科目には、歴史学系の授業として、歴史世界論、歴史と文化、近現代史とならんで世界史論や比較地域史という授業科目が置かれることになった。こうした科目の設置の一つの趣旨は、大学院を中心とした先端的研究と、一、二年生を対象としたリベラル・アーツ教育との間に有機的関連を設けるという点にあった。筆者が専門とする地域研究としてのベトナム研究の成果を、前期課程教育の世界史論ないし比較地域史の教育に生かすために書いたのが、本書である。本書は、筆者が一九九〇年に東京大学に提出した学位論文「ベトナム人共産主義者の民族政策史」(同一書名で、一九九一年に大月書店より刊行)を基礎としつつ、それを、前期課程教育のテキストとして、新たに書きおろしたものである。ベトナムを素材とした「世界史」の議論としては、世界史論のテキストであり、「ベトナムにとっての世界」の歴史的考察をした書物という点では、比較地域史のテキストにもなりうるものと考えている。

後者の「ベトナムにとっての世界」とは、別の言葉で表現すれば、ベトナム人自身がベトナム人という集団性の意味、つまりは民族的アイデンティティを考える場のことである。本書では、民族という言葉を基本的にはエスニシティの意味で使用し、ネーションには国民という言葉を使用するように努めている。これは筆者が、人々の民族的集団性は、独自の国民国家の形成に収斂するわけではないと考えているためであって、エスニシティの原初性、本源性を主張するという意味のエスニシティ論者であるためではない。

筆者が考えるエスニシティとは、人々の行動を制約する文化的属性ではなく、歴史的状況の変化に対応して常に更新されていく、人々のよりよい生き方の追求の過程である。

また、ベトナムの人々が、ある世界に自らを位置づける場合、自らの国家を媒介としてそのような試みをすることが多かった。この点では、本書の扱っているテーマは、ナショナル・アイデンティティの追求の歴史ということになる。そして、ナショナル・アイデンティティの変化に応じて、多民族的な状況にあるベトナムの諸民族間の相互関係のありかた、つまりはエスニシティも変動することになるのである。

本書は、研究と教育の結合といっても、筆者の専門であるベトナム研究の入門書であるわけではない。入門的な通史であれば当然に論じられるべき問題で、本書では言及できなかったことは、数多く存在する。大学院では専門教育を、学部教育ではその入門をというのは、専門学部ではありうる分業であるが、教養学部の文科系の教育では、両者の結合はこれほど直線的ではない。そうはいっても、本書がベトナムを素材にした本であり、ベトナム論であることは、動かしがたい事実である。本書は、ベトナムが自らをその中に定位しようとした世界がどのようなものであったのかを歴史的にあとづけつつ、同時にそのベトナムの営みを世界史の流れの中に置いて考えるという方法によって、現在までのベトナムの歴史的な歩みに一貫した説明を試みたものである。

ベトナムという国は、日本を含めた国際世論の中での評価の浮き沈みが激しい国の一つであろう。ベトナム戦争が展開されていた時期には、ベトナムは、第三世界の解放闘争の「輝く星」であり、この時期に学生時代をおくった筆者も、ベトナムを中心に世界がまわっているのだから、ベトナムを理解できれば世界のことも分かるであろうと思って、ベトナム研究を自らの課題として選んだ一人であった。

しかし、ベトナム戦争が終わってみると、今度は難民の流出やカンボジア問題などで、ベトナムは一転してアジアの「悪者」として扱われることになった。ところが、そのベトナムが近年、「ドイモイ（刷新）」と呼ばれる改革を開始し、国際的孤立から脱して、経済的にもすぐれたパーフォーマンスを示すようになると、またまた一転して、「西太平洋地域最後の魅力ある未開拓市場」として、日本などでも大いに注目されるようになり、今や、ちょっとした「ベトナム・ブーム」ともいえるような状況が生まれるに至っている。

このようなベトナムの「浮き沈み」のなかで、ベトナム研究に取り組んできた筆者としては、ベトナム戦争が終結した一九七五年とか、ドイモイが提唱された一九八六年などで、切断をされてしまうようなベトナム像には、警戒的にならざるをえない。「英雄ベトナム」（ベトナム戦争中）、「悪者ベトナム」（ベトナム戦争後）、「躍進するベトナム」（ドイモイ時代）といった浮沈を貫く、ベトナム現代史の基本的な流れを提示することこそ、地域研究者としてのベトナム研究者の責務であろう。

地域研究が、たんなる地域事情解説に終わらない学問的な営為となるためには、二つの方法があるように思われる。一つは、広域的な視野をもち、複数地域の比較を通じて、当該研究対象地域の個性を描き出すという方法である。いま一つは、単一の地域にこだわりつつ、そこに展開されている問題を、ある学問的な手法によって、人類にとって普遍的な尺度から論ずる方法で、歴史学にそくしていえば、当該研究対象地域の歴史の中に、世界史的な問題の展開を、常に発見し検討していくという方法である。筆者のベトナム研究は、「ベトナムを中心に世界が回っている」と思い込んで研究に着手した時から今日に至るまで、基本的には、この後者の方法によって行われてきた。このような方法で描かれる筆者なりのベトナム像を、ベトナムに対する関心が高まっている今日、多くの方々の批判の目に触れるようにしたいというのが、本書のもう一つの執筆動機である。

なお本書は、テキストとしての読みやすさを考え、参考文献をあげるにとどめ、注をつけていない。本書の論旨を裏付ける資料的な根拠の確認は、拙著『ベトナム人共産主義者の民族政策史』を参照されたい。また、筆者は、本書の土台となる議論を、「社会主義とナショナル・アイデンティティ——ヴェトナムと中国」（萩原宜之編『講座現代アジア3　民主化と経済発展』東京大学出版会、一九九四年に収録）という論文として発表しているので、あわせて参照していただければ幸いである。

一九九五年七月、ベトナムは、アメリカ合衆国との国交を正常化し、ＡＳＥＡＮ加盟を果たした。本書で述べるアジア・太平洋と東南アジアという二つの枠組みのなかの「地域国家」として自己を位置づけていこうとする、近年のベトナムの試みは、国際政治の舞台でその基本的な条件を獲得したわけである。このような時期に本書を出版できることは、筆者としては大きな喜びである。温かいまなざしで本書の刊行を激励してくれた東京大学出版会の竹中英俊氏、小松崎優子氏に感謝するとともに、本書が歴史論、ベトナム論という両側面から、できるだけ多くの読者の厳しい批判に触れることを希望したい。

第一章

中華世界の南国

紀元一世紀に漢の支配に対して蜂起した
徴《チュン》姉妹を描いた版画絵

扉図版出典）*Tranh, Tuong Dan Gian Viet Nam*, Nha Xuat Ban My Thuat, Ha Noi, 1962.

年 表

紀元前 111年	前漢，ドンソン文化が栄えていたベトナム北部，中部を支配
紀元 938年	ベトナム，中国からの自立を達成
1009年	李(リ)朝成立(～1225年)
1225年	陳(チャン)朝成立(～1400年)
1407年	明，ベトナムを直接支配(～1427年)
1427年	黎(レ)朝，ベトナムの独立回復(～1789年)
1471年	チャンパ事実上滅亡，ベトナムの南進本格化
17世紀初頭	鄭(チン)氏政権と阮(グエン)氏政権の南北対立本格化
1789年	西山(タイソン)朝成立(～1802年)
1802年	阮(グエン)朝成立(～1945年)

一　普遍的世界帝国

今日の地球は、国民国家によって覆われている。この国民国家とは、明確な国境線によって区切られた一定の領域からなる、排他的な主権を有する国家であると同時に、それを構成する人々が国民として一体であるという意識を共有している国家のことである。このような国家が本格的に成立してくるのは、一八世紀末のフランス革命以降のヨーロッパにおいてであったが、二〇世紀はこの国民国家がヨーロッパ文明圏を越えて世界に広がっていった世紀であった（木畑洋一、一九九四）。

国民国家が出現する以前、地球の一体化がまだ進んでいない時期には、地球はいくつかの地域的な文明圏に分かれており、その核心には広域に支配を及ぼす帝国が存在していた。東アジア文明圏の中華帝国、イスラーム文明圏のイスラーム帝国、そして西ヨーロッパのカトリック帝国などがその代表である。これらの帝国は、それぞれの独自の特徴をもっていたが、いずれもが天ないし神によって人間世界の支配を委ねられた皇帝によって統治される国家であり、帝国自身が世界そのものと観念される、普遍的な世界帝国であった。

この世界帝国の近代国民国家との相違は、たんにその版図の大小にとどまらず、国家の基本的な編成原理にかかわる面をもっている。第一に、国民国家が国境という境界線によって規定される国家だとすれば、世界帝国は、皇帝と帝都という中心によって規定される国家であり、皇帝の威信が、あたかも闇に輝く電光が、中心を明るく照らし、やがてその光が闇に吸収されていくように、帝都を中心として周辺に及ぶ、明確な実線で引けるような境界（border, boundary）をもたない国家であった。

第二に、国民国家では、人々がどのような言葉を話しているのかが問題となる。国民的一体感の基礎としても、また主権者としての国民を代表する議員が議会での討議を行ううえでも、話し言葉の共有が重視されるからである。これに対して世界帝国では、重要なのは、神の言葉を記した文字言語であった。コーランのアラビア語、聖書のラテン語、そして中華世界の漢字・漢文である。イスラーム世界では、神の啓示はアラビア語で下されたと観念されていたから、コーランをアラビア語から他の言語に翻訳することは不可能と見なされてきた。このような聖典の言語は、声に出して朗読されることはあったが、話し言葉とは峻別されており、むしろ普段は人々が口に出して話す言葉でない、純粋な文章語＝死語であるがゆえに不変であり、その絶対性が保たれると観念されていたわけである。

したがって、このような世界帝国では、その支配エリートになる最も重要な条件は、聖なる文字言語にどれほど通じているかということであって、話し言葉＝俗語としてどのような言葉を使っているのかは、あまり問題ではなかった。現在の国民国家では、人の民族的帰属は重要な意味をもち、特に国籍が民族的血統によって与えられる日本のような国では、「外国人」が政府高官になるようなことは考えられないが、世界帝国にあっては、「〇〇人」という原理は決定的な意味はもっておらず、中国の唐の官吏としてベトナム人や日本人が登用されることがあったのである。

前近代のベトナムに大きな影響を与えた中華帝国も、このような普遍的世界帝国だった。中華世界観の核心にあったのは「華夷秩序」、すなわち文明の光のあたる中華世界と、その光がまだ及ばない夷狄の地＝化外《けがい》の地という、文明化の度合いに応じた内と外の規範的な区分であった。漢字という象徴と礼という行動準則は、地域や民族に還元されることのない、天下世界に普遍的に妥当する文明と見なされ、天子＝皇帝の役割は、その徳をもって夷狄を教化（王化）し、文明の世界＝中華世界のなかに取り込んでいくことであった。つまり、中華世界は、「華」による「夷」の絶えざる教化によってその境界を不断に膨張させてゆくべき文明圏の広がりと考えられていたわけである（村田雄二郎、一九九四）。以後、本書では、このような普遍主義的原理を中華と呼んで、個別的な地域ないし国名としての中国とは区別して使用することにしたい。

二　ベトナムにおける南国意識の形成

現在のベトナムの前身となる国家が中国からの自立を達成するのは、紀元一〇世紀のことである。以後ベトナムは、一五世紀初頭に二〇年あまり中国の明朝の支配下に置かれたことを除いて、一九世紀の後半にフランスの植民地支配が形成されるまでの間、その自立を保持してきた。この伝統的なベトナム国家の担い手であった人々と、今日の多民族国家ベトナムの多数民族であるキン（Kinh）族と呼ばれている人々との間には、連続性があると考えられるので、これらの人々をまとめてベトナム人と呼ぶことにしたい。

ベトナム人の起源についてはまだ定説は存在しないが、モン・クメール的な要素とタイ的な要素が交わって、ベトナム人の祖先が形成されたと考えられている。紀元前に現在のベトナム北部の地には、ドンソン文化という高度の青銅器文化が出現した。ドンソン人は、紀元前二世紀の末から一〇〇〇年以上にわたる中国の直接支配下に置かれる。一〇世紀にベトナムの自立を担った人々と、このドンソン人との関係は、現在のところ不明であり、おそらくは中国文明を受容したドンソン人と、土着化した中国人の双方が、ベトナムの自立の担い手となったものと思われる。いずれにせよ、この当時は、何人であるのかがあまり大きな意味をもたなかった時代であることを忘れるべきではない。

「中国的国家」を、儒教と科挙官僚制度に支えられた集権的国家と定義するならば、中国からの自立達成直後のベトナムは、こうした意味での「中国的国家」ではなく、王位継承ルールがない、王の個人的能力がものをいう「東南アジア的国家」であった。しかし、自立達成後も、北方の大国=中国が、ベトナムにとってその存否にかかわる重い存在であったことは、一〇世紀以降に中国を統一した宋、元、明、清という各王朝が、いずれもベトナムに対する大規模な軍事的攻撃をしかけたことからも明確である。そして、ほかならぬこの中国の脅威に有効に対処するために、ベトナムは、長子継承制という王位継承ルールの確立から官僚制度に支えられた集権的国家の形成に至る、その国家体制の「中国化」の道を歩むことになるのである。さらに、自立後のベトナムが、東南アジアの海のシルクロードのメイン・ルートからははずれ、紅河《ホンハ》デルタの農業を基盤とする国家としての発展を求めたことも、国家体制の「中国化」の促進要因となった。このような意味で、ベトナムの「中国化」は、中国からの自立性の強化のため、つまりは「脱中国化のための中国化」であり、中国支配の産物というよりはベトナムの主体的選択によるものであった。ベトナムが儒教と科挙官僚制度に支えられた中国的な集権的国家体制を一応確立するのは、一五世紀の黎(レ)朝初期のことである(桃木至朗、一九九三)。

もっとも、ベトナム自身は、自らの「中国化」を、個別国家としての中国の文化を模倣することとは観念せず、あくまでも普遍的な文明＝中華文明の担い手となることを意味していると考えた。ベトナム人の観念の上では、「中国化」ではなく「文明化」であったわけである。このベトナムの「脱中国化のための文明化」の過程で形成された国家意識が、「南国」意識である。ベトナムが「北国」＝中国に対して、自らを「南国」としてその自立を主張することは、かなり早くから行われており、次のような一一世紀の李(リ)朝の将軍李常傑(リ・トゥオン・キェット)の詠んだ漢詩が今に伝えられている。

南国山河南帝居　截然定分在天書
如何逆虜来侵犯　汝等行看取敗虚

南国の山河は南帝の居、截然定め分かつと天の書にあり
如何ぞ逆虜《ぎやくりよ》(中国の宋の軍隊のこと)来りて侵犯す、汝ら行きて敗虚を看取せよ

ここで注目すべきなのは、「南帝」の「帝」という文字である。中華帝国の周辺諸国は、中華帝国に朝貢をして、天子たる皇帝から「〇〇王」という称号を授かり、その国の支配者として公認されるという冊《さく》封《ほう》関係の中に編成されていた(歴代ベトナム王朝の対中国関係は、山本達郎編、一九七五)。歴代のベトナムの

支配者も、中国から「交趾郡王」とか「安南国王」という称号を受けていた。この冊封関係では皇帝は、世界の支配者=天朝たる中華帝国の支配者のみに認められた称号であったが、ベトナムの支配者は国内では皇帝を自称し、国名も中国から授かった国号以外に、李朝以来、大越（ダイベト）国と自称していた。李常傑がベトナムの支配者を「南帝」としているのは、こうした中国に対する対等意識の表現である。

この「南国」意識が、より体系的に提示されるのは、ベトナムが二〇年にわたる明の支配から独立を回復する一五世紀のことである。明軍撤退後の一四二八年、黎朝を開いた黎利（レ・ロイ）の命令で儒学者の阮廌（グエン・チャイ）が撰した勝利の布告が「平呉大誥《たいこう》」である。そこには、ベトナムにおける「南国」意識のまとまった提示をみてとることができるので、その一節を次に引用しておきたい。

惟我大越之国　実為文献之邦
山川之封域既殊　南北之風俗亦異
自趙丁李陳之肇造我国　与漢唐宋元而各帝一方
雖彊弱時有不同　而豪傑世未嘗乏

おもうに我が大越国は実に文献の邦たり
山川の封域すでに深くして南北の風俗また異なる
趙丁李陳の我が国をはじめて造れるより漢唐宋元と各々一方に帝たり
強弱は時によりて不同ありといえども豪傑は世に未だかつて乏しからず

ここでは中国に対するベトナムの自立性の根拠が四点にわたってあげられている。第一は、ベトナムが

「文献之邦」つまり文明国であって、「蛮夷」の地ではないという主張である。第二は、「山川之封域」すなわち地理的・領域的に中国とは明確に区別された存在であるという主張である。第三は、「南北之風俗」つまりベトナムと中国の文化、習俗は異なっているという主張である。そして第四として、趙(チュウ、漢に支配される以前に存在した南越国のこと)、丁(ディン)、李、陳(チャン)というベトナムの諸王朝が、漢、唐、宋、元という中国の諸王朝に対して「各々一方に帝たり」、つまり堂々と相対峙してきたし、そのようなベトナムの歴史に英雄はこと欠かないという、王朝の独自性とベトナムの自立の歴史性の主張がなされているわけである。先に引用した一一世紀の李常傑の詩では、ベトナムの自立性の根拠は「天書」という神秘性に求められていた。これに対して、一〇世紀の自立以来、宋や元の侵攻を退け、今また明の支配を打ち破ったことが、阮廌にベトナムの自立の歴史性に関する強い自信を与えていたといえよう。

さてここで注目すべきもうひとつの点は文明と文化への言及である。ここで使われている「文献」と「風俗」という言葉は、中華帝国などの普遍国家における「聖」と「俗」に対応していると見てよいだろう。儒学者という中華世界の言語エリートである阮廌が「文献之邦」という言葉を使用した時に念頭にあったのは、「華」=文明の世界の柱としての「文献」であったと思われる。ベトナムは中国と同様に文明の光に照らされた中華世界の成員であるという主張が、この表現にこめられていたと考えてよいだろう。

しかし、阮廌はベトナムが中華世界の一員であることを確認するだけには止まっていなかった。彼は中華世界の内部の「俗」という次元では、ベトナムは独自の「風俗」つまりは文化をもっていることを強調したのである。この「風俗」の内容として、阮廌は別の彼の作品である『輿地誌』の中で言語と衣服という二つの問題を取り上げ、「国人」は、中国、チャンパ、ラオス、シャム、カンボジアなどの言葉や服装を習って「国俗」を乱すようなことがあってはならないとしている。彼は国風文化といった言葉こそ使用しなかったが、話し言葉としてのベトナム語などに規定された「国人」＝ベトナム人という一体性のありかたも重視していたわけである。もちろんそれはあくまでも、まず国家によって規定される「国人」の一体性ではあったが、ここにベトナム人の「民族的一体感」の原初的な表現があるとみてもさしつかえはないだろう。

なお、阮廌の文明と文化に対する姿勢は、文字に対する態度によく示されている。彼は、「平呉大誥」など公的な性格をもった文を漢文で書く一方で、ベトナム独自の「俗字」である字喃(チューノム)を用いた詩を多数残している。阮廌がまとめたような形での「南国」意識からすれば、中華世界の一員であるベトナムの王朝が、その公文書にこの世界の「聖なる文字」である漢字を使用することは当然であった。しかし、それはベトナム人の日常的な言語生活を規制するような性格のものではなく、詩文の作成などにはベトナム語のもつ音楽的リズムや情感を率直に表現できる字喃を活用することは、独自の文化をもつベトナムの知識人としては当然のことと考えられた。

このように、阮廌によって「南国」意識は、中華世界の一員ではあるが独自の領域、文化、王朝、歴史をもつ、「北国」＝中国と同等の自立した存在としてのベトナムという、かなり完成度の高い国家意識として総括された。このような「南国」意識は、ベトナム版の中華思想、いわゆる小中華思想であり、ベトナムの伝統的国家は、中華文明という普遍的文明を体現した普遍国家として構想されるようになったのであ

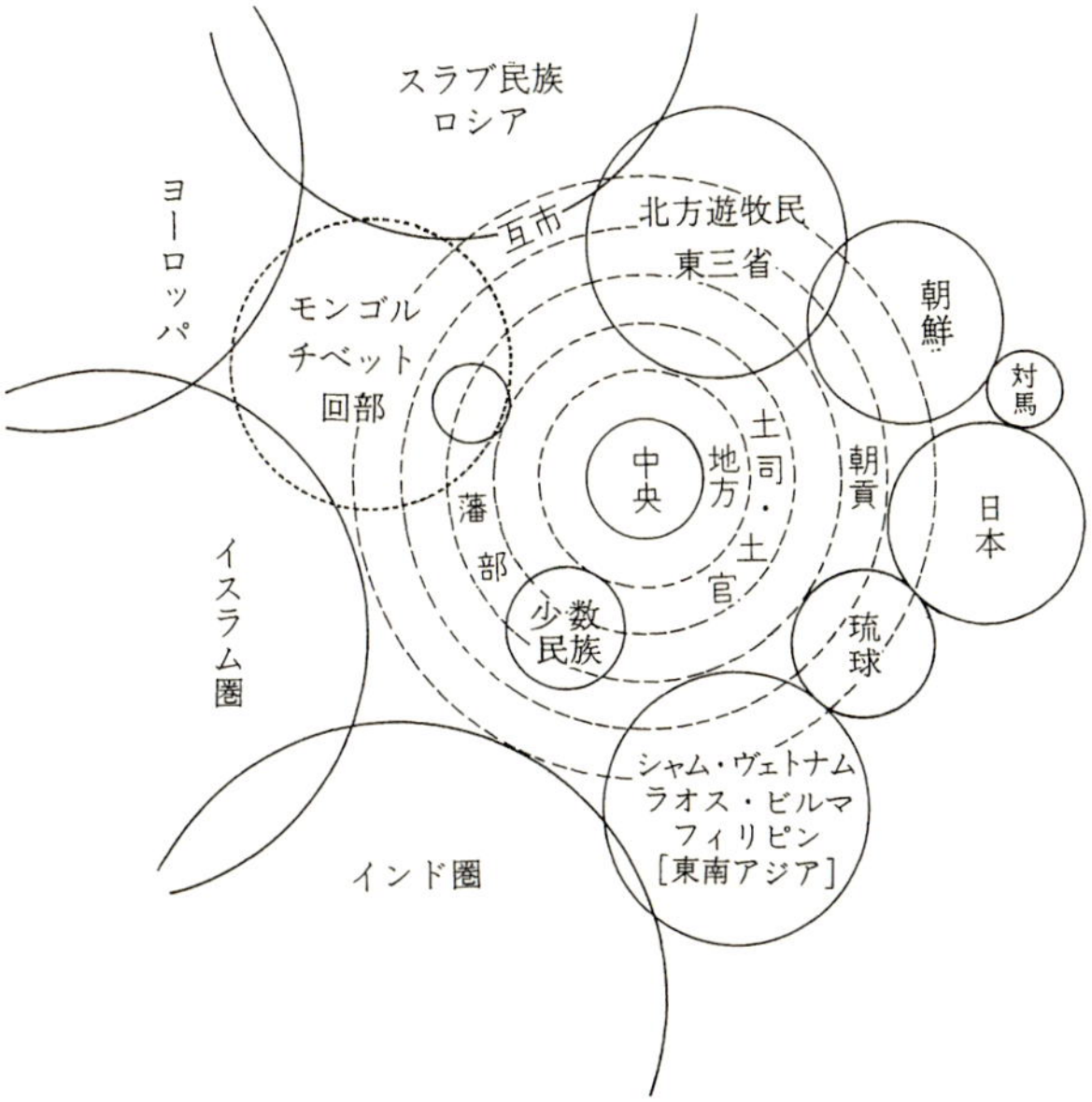

出典）浜下武志「東アジア国際体系」有賀貞他編『講座国際政治①国際政治の理論』（東京大学出版会，1989 年）61 頁.

図 1　中華世界（清代）

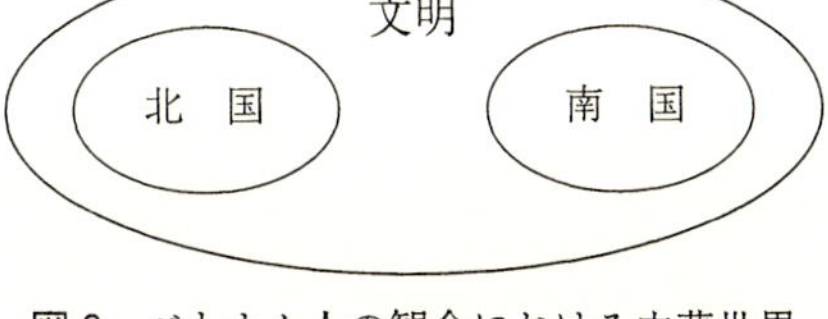

図 2　ベトナム人の観念における中華世界

る。東アジア世界に現実に存在していた中国を中心とする伝統的な国際秩序においては、ベトナムは、王が中国皇帝からの冊封を受け、朝貢使を定期的に中国皇帝のもとに派遣する藩属国であった。しかし、ベトナム人の観念の上では、中国とベトナムは、同じ文明の光に照らされた「北国」「南国」として対等の存在であった（図1、図2参照）。

三　京人の成立

「南国」意識は、中華帝国を軸とする伝統的な東アジア世界という場における、ベトナムの独自の国家意識であったが、国際関係の場で自らを中華文明という普遍的な「高文明」に連なる「南人」と考えるようになった人々は、しだいに、その勢力圏の中では自分たちのことを文明人と見なすようになり、周辺の異質な文化をもつ人々を「蛮夷」として自分たちとは区別して扱うようになった。この自分たちが文明人であることを示す言葉として、「華人」「漢人」という表現とともに使用されるようになったのが、文明の光輝く都に規定された人々という意味の「京人」という言葉であり、これは王朝による「教化」の及んでいない「寨《さい》」や「土人」に対立する概念として生まれたものである。この「京人」こそ、今日のベトナムの多数民族キン族の名称の起源であった（京はベトナム語読みでキンとなる、キン族とは「京族」である）。

現在のベトナムには、キン族ときわめて近似した文化をもつムオン（Muong）族という少数民族が存在している。このキン族とムオン族の区別がいつ頃から成立したのかについては、一〇世紀という説からフランス植民地時代という議論まで諸説があるが、おそらくは王都ハノイが集権国家の都として、地方に対する優位を確立する過程と関連しており、中華文明を受容し、科挙官僚制度のもとでハノイから派遣される官僚の支配のもとに置かれるようになった人々がキン族という集団性を形成していったのに対して、中華文明を受容せず、クアンラン制と呼ばれる独自の在地首長制のもとに置かれていた人々が、キン族とは区別されてムオン族という集団性でくくられるようになったものと思われる。つまりは、自らを「高文明」に連なる存在と考えるようになった、ベトナムの伝統国家の担い手が、かつての同胞の一部を「蛮夷」と見なすようになるなかで形成されたのが、この区別であろう。

このような「蛮夷の創造」は、中国周辺国家の小中華思想の一つの特徴と考えられる。自らが中華帝国と同じ普遍国家であることを誇示するためには、その支配者の「徳」をしたって朝貢してくる「蛮夷」の存在が必要である。そこで、こうした小中華帝国は、周辺の小民族を同化してしまうよりは、むしろ自分たちとは異化して、「蛮夷」に仕立てることのほうにメリットを見出すというわけである(酒寄雅志、一九九三)。中華思想の本来のありかたは、周辺の「蛮夷」を「教化」して文明世界の中に包摂していくという同化に発揮されるべきものであったが、周辺諸国の小中華思想は、周辺の異化=「蛮夷の創造」という指向性を強くもつことになった。このことを含めて、本家=中国における中華思想が、民族的な集団性の形成には結びつかない世界帝国の統治原理であったのに対して、周辺諸国の小中華思想は、人々の民族的な一体性の形成の促進材料となるという側面をもっていたともいえるだろう。ベトナムにおいても、「南国」意識は、普遍国家ベトナムの国家意識であると同時に、ベトナム人（後のキン族）という集団性を支える原初的な民族意識でもあった。

四 龍仙神話

ベトナムの建国神話が今日に伝わるような形で記録されたのも、「南国」意識が体系化される一五世紀のことであった。龍仙神話と呼ばれるこの神話は、次のような内容をもつ。話は、中国の三皇伝説に出てくる炎帝神農氏からはじまる。その三代目の子孫の帝王には、二人の子供があり、弟を禄続（ロクトク）といった。帝王はできのよい禄続に自分の位を譲ろうとしたが、禄続が兄をたてたため、結局帝王は兄を北方の王とし、禄続を南方の王とした。禄続は洞庭君の娘の神龍（タンロン）と結ばれ、二人の間には貉龍君（ラクロンクワン）という息子が生まれた。この貉龍君は長じて山人の仙女である嫗姫（アウコ）と結ばれ、二人の間には一〇〇の卵が生まれ、その中から一〇〇人の男子が出てきた。やがて子供たちが大きくなると、貉龍君と嫗姫は、「水と火は相和しがたい」と考えて分かれて暮らすことになり、五〇人の子供は父の貉龍君に従って海岸の平野におもむき、残りの五〇人は母の嫗姫に従って山地に行った。この父に従って平野にいった息子の中から雄王（フンヴォン）という王が出現して、ベトナム最初の国家である文郎（ヴァンラン）国を建てた。

この建国神話の前半部分（禄続と神龍の話まで）は、唐代の中国の伝奇に起源をもつ話であり、中国の書物に明るいベトナム人の言語エリートが、中華世界の中にベトナム、特にその支配者を位置づけるために、輸入した部分であると考えられる。そこには、中国人とベトナム人の「同祖性」を主張し、ベトナム人も文明人の血筋であるというその「貴種性」を強調して、中華世界に連なる存在としてのベトナムを基礎づけている。そのうえで、北方およびその支配者に対して、南方とその支配者の同等性を印象づけており、中華世界の論理を示した部分といえるだろう。

これに対して建国神話の後半部分（貉龍君と嫗姫の話）は、火と水など異質なものが交わって、卵やひょうたんなどの胞状のものが生まれ、そこから諸民族の祖先が出てきたという、インドシナ半島に居住する諸民族に広く分布する胞生神話のひとつのタイプであり、ムオン族の国生み神話とも類似していることから、ベトナム人の間での口承伝説を基礎にした話であると考えられている。ここは、「胞を同じくする」という「同胞」の論理と、「水の一族と火の一族」の平地と山地への「住み分け」の論理という、土着的で東南アジア的な論理が示されている部分である。

このように二元的な構造をもつ龍仙神話は、中華世界の成員としてのベトナムと、土着的な文化をもつ存在としてのベトナムという、「南国」意識と同一の構造をもっていたといえるだろう。

五　南進と周辺諸民族との関わり

一五世紀半ばまでにベトナムは、紅河デルタの農業を主要な基盤とし、現在の北部と中部の北方を版図として、東南アジアでは例外的に早熟な集権的国家体制をもつ、自給的で閉鎖的な自己完結的国家となった。「南国」意識はこのようなベトナムに見合った国家意識であった。しかし、こうしたベトナムの自己完結性は、一五世紀後半から本格化する、インドシナ半島の海岸平野にそったベトナムの版図の南への拡大＝南進によって、失われていくことになる。

ベトナムが中国からの自立を達成する以前から、今日のベトナム中部にはチャンパ王国が、南シナ海の海のシルクロードの要衝を占めて栄えていた。自立後のベトナムは、このチャンパと長い抗争を続けるが、両者の力のバランスを決定的に変化させるのは、一四七一年の黎朝聖宗による大規模な侵攻であった。これによってチャンパ王国は事実上滅亡し、ベトナムの版図は、今日のビンディンにまで拡大する。一三世紀以来、北部の紅河デルタの農業に基盤を置く内向的な農業国家としての発展をとげてきたベトナムは、ここで海のシルクロードの主要ルートを自らの領域に併合して、国際貿易への進出に本格的に乗り出したのである。

その後の南進の主な推進者となったのは、一六世紀の後半にクアンナムに割拠した阮（グエン）氏政権であった。阮氏政権は、ハノイを拠点とする北方の鄭（チン）氏政権と対抗して、一八世紀まで二〇〇年にわたる南北抗争を繰り広げるが、鄭氏政権との対抗のためにも、国際貿易センターの確保のためにも南進に積極的で、チャンパの残存勢力を圧迫しながら一六九七年にはファンティエットまで進出し、ほぼ中部海岸平野全体を支配下に置いた。ついで南進の対象になったのが、クメール人の居住空間であったメコン・デルタである。当時、シャムから圧迫されて衰退過程にあったカンボジア王国の内紛につけこみつつ、阮氏政権は一六九八年には後のサイゴンを手に入れる。そして一八世紀にはメコン・デルタへの進出を本格化し、ベトナムに亡命してきた明朝遺臣の中国人も活用しながら、その勢力範囲を拡大して、以後一世紀の間にほぼ現在の版図に近いかたちでメコン・デルタを支配圏に収めたのである。

この南進によってベトナムは、北部のハノイに加えて、中部のフエ、南部のサイゴンという、新しいセンターをもつ多元的な社会となった。これらのセンターは、紅河デルタ、中部海岸平野、メコン・デルタというきわめて生態環境の異なる地域――中部海岸平野は、上ビルマの平原、東北タイのコーラート平原、カンボジア平原によく似た、そしてメコン・デルタはイラワジ、チャオプラヤーという大陸部東南アジアの他のデルタと近似した生態系に属する――を基盤とし、また独自の交易圏をもっていた（桜井由躬雄、一九九四）。また、南進によって版図が南北に細長く延びたため、ベトナムは、狭い中部海岸平野を敵対勢力に押さえられた場合には容易に南北に分断されるという、安全保障上の脆弱性をかかえこむことにもなった。このことは、戦略的・軍事的な面で、ベトナムにとっての西方地域、つまりはインドシナ半島の脊《せき》梁《りょう》山脈地帯とカンボジア、ラオスの重要性が高くなることを意味していた。この事情が、やがてベトナムを、インドシナ半島西部で勢力を増大させていたシャムとの、半島全体における覇権争いに導くことにもなるのである。このような意味で、南進はベトナムの東南アジアとの関わりを強化することになった。

このような発展の過程を通じてベトナムの伝統国家は、周辺の異質な文化をもつ人々――より正確に言えば、異質だとベトナム人が考えるようになった人々――との関係を結ぶことになるが、そのタイプは「南方」、「北方」、「西方」でかなり相違するものであった。この三方面については、一八世紀の阮氏政権の武将であった阮居貞（グエン・クー・チン）が、「西方に進む道なく、北部は行きがたし、南方の道はそれを見るに遠からず」と述べているが、これについて具体的に見ていきたい。

「それを見るに遠からず」、つまりは阮居貞が唯一の進出可能な方向であるとした「南方」は、南進という平地農耕民としてのベトナム人の進出の対象となった平野が広がる地域であった。ここには、チャンパやカンボジアという、「インド化」された東南アジアの国々が存在していたが、ベトナムの王朝はこれらの国々との関係を、中華思想に基づく「柔遠《じゅうえん》」（遠方の民を安んじなつけて服従させること）の論理でとらえ、ベトナムの「皇帝」の威徳の及ぶべき藩属国と見なす建前をとっていた。しかし、中国の王朝と同じ天下世界を支配する「天朝」になろうとしても、周辺諸国に比べて卓越した国力をもっていたわけではないベトナムとしては、実際の力関係に応じて「天朝モデル」を修正して運用せざるをえなかった。こうした問題は、一九世紀にインドシナ半島で覇権を争うことになったシャムとの関係にも見られる。当時の阮朝ベトナムは、建前としてはシャムを「柔遠」の対象としつつも、実際には、カンボジアやラオスといった「小国」とは区別して、ベトナムと同等の国力をもつ「大国」として扱い、それとの関係を対等な国と国との交わりを意味する「邦交」関係として処理していた（ちなみに阮朝は、中国に対する関係も、「朝貢」ではなく「邦交」と称していた）。

紅河デルタに比べると人口が希薄であった中部海岸平野やメコン・デルタに形成されたのは、先住民であるチャム人やクメール人、新規入植民であるベトナム人や中国人が混住する、開放的な社会であった。しかし、ベトナムの排他的勢力圏を形成するという性格が強かった南進の対象地域では、ベトナムの支配者が意識的な秩序形成をはかろうとした時には、同化政策が採用されることが多かった。この面が顕著にあらわれたのが、一九世紀阮朝の明命(ミンマン)帝の時代のカンボジア経営である。この時期に一時カンボジアを直接支配下に置いた阮朝は、カンボジアで、ベトナム式の府県という行政単位を設け、ベトナム人官吏を派遣し、カンボジア人官吏に対してもベトナム式の職名をつけ、衣服や言語でベトナムにならうことを強制し、南伝仏教の寺院を破壊して儒教の廟を建てるなど、徹底した同化政策を展開したのである。

これに対して、「北方」と「西方」は山地が広がる地域であった。ここは、阮居貞が「道なく」「行きがたし」としているように、平地民であるベトナム人の生活空間拡張の対象とはならず、そこに住む山地民との間に、ある種の「住み分け」の関係が成立していた点は、「南方」との大きな相違であった。しかし、中国という、ベトナムの存否をゆるがす可能性のある大国と接する「北方」と、そうではない「西方」では、同じ山地といっても、ベトナムの王朝の政策はかなりの違いをもっていた。

まず中国と直接に境界を接する「北方」、つまりは越北地方であるが、ここは、今日の中国の広西チワン族自治区の主要民族であるチワン族と同系のタイ系の民族の居住空間である。実線で引かれるような国境線が存在しなかった時代にあっても、この「北方」は、ベトナム人の観念の上では、先に引用した「截然定分在天書」とか「山川之封域既殊」といった言葉に示されるように、ベトナムの存在を守るための境界が厳然と存在する地域であった。そのことは、一一世紀には早くも、この地域の少数民族集団=「属蛮」への管轄権が中国とベトナムのどちらに属するのかを定める交渉が、李朝ベトナムと中国の宋朝の間で開始されていたことからも明瞭である。そして、この地域での中国との国境交渉のなかで、その版図を少しでも削るような譲歩を行ったベトナムの支配者は、ベトナムの歴史書では厳しい批判の対象とされている。また、時代が下るが、阮朝の法令集である『大南会典事例』で「申厳疆索」という国境取り締まりに関する条項が存在するのは、ベトナムの境界で、中国と境を接するこの北方だけであった。

ベトナムの安全保障にとって重要な意味をもつこの地域に対して、ベトナムの歴代王朝は、積極的な政策を実施した。李朝や陳朝は、この地域のタイ系の土侯と同盟関係を結ぶために王女を嫁がせる、「公主降嫁」などを行った。もっとも、この時代のベトナムの王朝の山地統治は名目的なもので、王朝と土侯の関係は「羈縻《きび》」（つなぎとめる）という緩やかなものであった。

この地域に、中華帝国的な理念による統治を展開するのは、黎朝である。黎朝の聖宗年間に、それまで「父道」と呼ばれていた土侯を、「輔導」という名称に改めて、官僚制度の一角を担う土官（中国に倣った制度で、少数民族の有力者を王朝の官吏とする制度）とした。土官には年二回（遠隔地の場合は年一回）の朝貢が義務づけられた。

一六世紀末から一七世紀にかけての内乱の過程で、ベトナム人の地方政権が山間部に自律的な支配を形成したことは、越北地方にベトナム人の文化を浸透させる役割を果たした。そしてハノイの鄭氏政権が支配を安定させる一七世紀の後半になると、この地域には「藩臣」と呼ばれる、黎朝と鄭氏政権に忠誠を尽くす土侯が登場するようになる。この「藩臣」の中には、平野のベトナム人を起源とする家譜をもつ者が多かった。これには、実際に山地に土着したベトナム人が起源である場合と、ベトナム人起源を自称しているだけの場合があったと思われるが、少なくとも、この時代までに、越北地方のタイ系の土侯の中にはベトナムの王朝およびベトナム人との結びつきを、自らの権威確立の源泉と考える部分が出現するようになっていたことを、この現象は示していると思われる。

「藩臣」は、阮朝の明命年間の一八二八年に「土司」と改められるが、越北地方には、かなりベトナム化が進んだ「土司」の支配下にあるタイ系住民が存在するようになっていた。これらのタイ系住民が、フランス植民地時代には「土司族」ないし「土族」(トー族)という少数民族として扱われるようになり、今日のタイー(Tay)族につながるのである。このようなベトナム化が進んだタイ系の民族集団が形成されたところに、歴代ベトナム王朝の「北方」に対する積極的姿勢の蓄積が反映されるといってよいだろう。

以上のような「北方」と比較した場合、「西方」の山地の統合ははるかに緩やかなものであった。今日のベトナムの西北地方は、中国雲南省のシプソンパンナーに住む人々と同系のターイ族(Thai, 黒タイ、白タイなどの地方グループがある)の居住空間で、シプソンチュタイと呼ばれた地方である。この地域は、一五世紀の初頭までは、同じタイ系のラーオ人が建てたラオスのランサン王国との関係のほうが強かったが、一四七九年の黎朝の聖宗による大規模なランサン王国攻撃の結果、ベトナムの版図に包摂された。このターイ族の土侯が、「輔導」という名称で黎朝の官僚制度に組み込まれ、朝貢を義務づけられた点では、越北地方とかわりはなかったが、西北地方にはベトナム人官吏の派遣は少なく、土侯はベトナムと同時にランサン王国に対しても朝貢を継続し、黎朝もこれを大目に見るなど、そのベトナムへの組み込まれかたは、越北よりもはるかに緩やかであった。そのため、ここには、越北地方に出現したような「藩臣」

は生まれず、一八世紀になると中央政権の実効的な統治が及ばない地域となっていた。一九世紀の阮朝は、シャムとの対抗上、この地域に対しても積極的な掌握策を展開したが、その統治は根づかず、西北地方のターイ族の間には、ほとんどベトナム文化の影響は浸透しなかった。

「北方」と比較した際の、ベトナム王朝の「西方」への対応の相違をよく物語っているのが、一五世紀の黎朝の聖宗年間に鎮寧府が置かれてベトナムの版図に組み入れられた、今日のラオスのシエンクアンの場合である。この地域は、一八世紀には実質上ベトナムの支配は及ばなくなっていたが、一九世紀の初めに、阮朝の嘉隆（ザーロン）帝は、この鎮寧府をラオスのビエンチャン王国に与えるという措置をとった。これには、次のような歴史的背景があった。すなわち、西山（タイソン）朝に対する攻撃を展開していた嘉隆は、一七九九年に臣下を「上道将軍」（上道＝山岳道路）としてビエンチャン王国に派遣し、その軍と協力をして西からベトナム中部のゲアンの西山軍を攻撃して、これを南北に分断した。このことが西山朝の早期崩壊を導き、嘉隆が一八〇二年に開いたのが阮朝である。鎮寧府は、このビエンチャン王国の嘉隆への協力の見返りとして、同王国に与えられたわけである。これは、「北方」の中国との間では起こりえない話であり、「西方」においては、版図としてしっかり掌握するということよりは、戦時の同盟者（嘉隆の言葉をかりると「吾上道の藩屛」）を確保するということに、ベトナムの王朝の主たる関心があったことを、よく物語っている出来事であったといえるだろう。

この「西方」における、いま一つの異民族集住地域は、現在のベトナムの中部高原である。ここは、日本などでも最高級の香として珍重された沈香の産地であり、チャンパ王国時代から、平地の権力との関係を有していた地域であるが、ここをベトナムの版図に組み込む努力は、本格的には展開されなかった。そのため、この地域は、モン・クメール系やマレー系の先住民が、大文明の影響を受けることなく、東南アジアの古層の文化を維持する地域となった。

六　ベトナム版小中華帝国の限界

現在の世界地図を見慣れているわれわれは、ベトナムというと、現在の地図にあるようなまとまりをすぐに連想するが、いまのような南北に細長くのびたベトナムの国土を本格的に統治する試みが行われたのは意外に新しく、一九世紀の阮朝の時代であった。また、ベトナムという国名も、この時代に生まれたものである。阮朝を開いた嘉隆帝は、一八〇三年、中国の清朝に対して、国号を「南越」にしたいと要請した。しかし清朝は、「南越」という名称は、紀元前に現在の中国の広東、広西からベトナム北部にかけてを支配した南越国を想起させるので好ましくないとしたため交渉は難航し、最終的には一八〇四年に、南と越を逆にして「越南（ベトナム）」を使うことに落ち着いたのである。これが、ベトナムという名称の誕生であった。なお、阮朝は、かつての大越国にあたる名称として、明命帝の時代に大南（ダイナム）国という自称を使用しはじめている。

さて、この阮朝が統治したベトナムは、周辺の東南アジアとの関わりが強く、その南北に細長くのびた国土を統合するためには、インドシナ半島全域に自らにとって好ましい秩序を形成することを求められていた。ベトナムは、客観的には、従来の「南国」意識のような中国だけを相手として自らを定義する自意識ではなく、東南アジアやインドシナ半島の中に自らを位置づけ、新しいベトナムの統合を模索することが要請されていたといってよいだろう。

しかし、実際の阮朝の支配者が選んだ道は、このような新しい統合原理を模索することではなく、「南国」意識の一側面であったベトナム版の小中華意識の強化によって、新しい状況に対応するという方向であった。つまりは、ベトナムの「中国化」の徹底である。これは例えば、一五世紀の黎朝の刑律が、中国の唐や明の刑律を真似ながらも、女性の地位の高さや財産権など、ベトナム独自の性格ももっていたのに対して、阮朝の刑律は、中国の清朝のそれのひきうつしであることなどにも、よくあらわれている。

阮朝の初期、南部のメコン・デルタ地帯では、嘉定《ザーディン》総鎮となった黎文悦（レ・ヴァン・ズェット）が、強力な私兵と商業を基盤とし、カンボジア、シャム、ビルマなどとの対外関係の窓口も押さえて、半ば自立的な支配を行っていた。この時点では、新開地メコン・デルタは、ベトナムの国家体制にしっかりと統合されてはいなかったわけである。

転機は、西欧勢力の進出に伴う新たな変動がインドシナ半島に及ぶ一八二〇年代に訪れた。一八二四年に勃発した第一次のビルマ＝イギリス戦争に続いて、一八二七年にはイギリス艦隊がバンコクを威嚇した。シャムの属国と化していたラオスのビエンチャン王国のアヌウォン（Anouvong）は、この機に乗じてシャムへの反旗を翻し、ベトナムに援助を求め、ベトナムとシャムの関係が緊張した。このような状況のなかで、ベトナムの阮朝の明命帝は、集権的な国家体制と儒教的な規範秩序のもとにメコン・デルタを本格的に統合することを意図して、一八三二年に嘉定総鎮を廃止した。メコン・デルタを統合するためには、シャムと覇権を争っていたカンボジアも、ベトナムの影響下に組み込む必要があった。明命帝は、一八三五年にはカンボジアに鎮西府を置き、先に述べたような直接支配体制をカンボジアに導入しようとしたのである。このような試みは、当然のことながら、さまざまな勢力の抵抗に直面した。まず一八三四年に、かつての黎文悦の配下の人々が反乱を起こし、ついで一八四一年にはカンボジアとメコン・デルタでクメール人の大規模な抵抗が発生し、同時にインドシナ半島全域におけるシャムとの戦争が勃発することになった。

このような事態は、阮朝の山地統治政策にも影響を与えることになった。一八三五年に、まず越北地方で「改土帰流」を実施し、土官にかわって流官＝ベトナム人官吏の派遣による積極的な山地掌握に乗り出した阮朝は、一八三八年には西北地方に対しても同様の措置をとった。これとともに、シャムとの抗争のために西方に対しても積極的な版図の拡大に乗り出し、現在のラオスの地に、新たに鎮蛮府（サムヌア）、鎮辺府（シエンクアン北部）、鎮寧府（シエンクアン）、鎮定府（カムムアン）、鎮靖府・楽辺府（サバナケット）という六つの「羈縻州」を設けたのである。

しかし、このような中華帝国的な支配体制をインドシナ半島に構築しようとする明命帝の試みは、ベトナムが周辺諸国、特にこの場合にはシャムよりも圧倒的な国力をもっていない以上、限界に直面せざるをえなかった。カンボジア経営は、クメール人の抵抗やシャムとの戦争のなかで行き詰まり、一八四七年には、カンボジアを以前のようにシャムとベトナムの両王朝に朝貢する緩衝国とするという妥協をせまられた。ラオスに設置された「羈縻州」も実効統治とはほど遠い状態であり、一時は阮朝の支配が強化されたベトナムの越北地方や西北地方も、一九世紀後半には太平天国の乱に関係する中国からの武装勢力の侵入で、阮朝の統治の及ばない情勢になってしまった。

このような状態のなかで阮朝は、活発化する中国人の商業活動と西洋人の侵入という、より深刻な課題に直面することになり、ついに一九世紀の後半には、南北に細長くのびた国土の統合と、インドシナ半島における好ましい秩序の形成という課題を達成できないままに、フランス植民地支配に組み込まれてしまうのである(坪井善明、一九九一)。

「南国」意識は、確かにベトナムの伝統国家の発展とベトナム人の民族的結合の形成には貢献したが、それが自己と周辺を峻別する発想であったがために、ベトナムを東南アジアの中に再定義するという課題には逆に障害になったといってもよいだろう。その結果、阮朝ベトナムは、周辺の東南アジア諸国とは本質的に異なる普遍国家ベトナムという意識を極点にまでのぼりつめた発想である、インドシナ半島における小中華帝国の形成という試みに走り、挫折してしまうことになる。ベトナムを東南アジアの中に位置づけるという課題は、未達成のままに残されたのである。

二〇世紀のフランスやアメリカとの戦争で示された、ベトナム人の粘り強い抵抗の背景には、中国との対抗のなかで形成された強力な「伝統的ナショナリズム」が存在するという理解は、ベトナム戦争の時期に世界に広がったベトナム史像である。このような議論において、強力な「伝統的ナショナリズム」と呼ばれているものの実体は、ここで検討してきた「南国」意識である。しかし、その「南国」意識は、けっして安定した不変の自己意識ではなかったし、明らかに一九世紀にはその限界を露呈していたわけである。したがって、「南国」意識を単純に継承しさえすれば、近現代に通用するベトナム人の安定した強固な自意識が生まれると考えるのは、あまりに単純な議論といえるだろう。

第二章
フランス植民地支配とナショナリズム

フランス語を学ぶ生徒(𡨸は文字を意味するチューノム)

扉図版出典) Nguyen Manh Hung, *Ky Hoa Viet Nam Dau The Ky 20*, Nha Xuat Ban Tre, Ho Chi Minh, 1989.

年 表

1858年	フランスのベトナム侵略はじまる
1862年	フランス，コーチシナ東三省を獲得
1867年	フランス，コーチシナ西三省も占領
1884年	フランス，ベトナムを保護国化(パトノートル条約)，清仏戦争(～1885年)
1885年	咸宜(ハムギ)帝出奔，抗仏勤王蜂起本格化
1887年	フランス領インドシナ連邦成立
1905年	東游運動はじまる
1907年	インドシナ大学開設
1913年	『インドシナ雑誌』発刊
1917年	『南風雑誌』発刊

一　フランスの植民地支配

一九世紀半ばにはじまったフランスのベトナム侵略は、一八八〇年代半ばまでには阮朝を屈伏させて、南圻（コーチシナ）を直轄領、中圻（アンナン）と北圻（トンキン）を保護領とする植民地支配の形成に行き着いた。フランスは、王朝の屈伏後も、文紳勤王蜂起（文紳とは儒教的教養をもつ地方の有力者。王朝の地方支配の支えであった文紳が忠君愛国精神からフランス支配形成に抵抗した運動）というベトナム人の激しい抵抗に直面するが、これも九〇年代には鎮圧され、安定的な支配が形成された。このベトナムに対するフランスの植民地支配は、三つの意味でベトナムを伝統的な中華世界から引き離す役割を果たした。

第一は、ベトナムに対するフランス支配が、中国の清朝がベトナムに対して主張していた宗主権を否定して成立したということである。中国が宗主国であり、ベトナムがその属国であるという宗属関係は、一九世紀にはかなり希薄化していた。「中国化」がベトナムの中国からの自立化の手段であったとするならば、それを極点にまで進めた阮朝が、中国に対して自立的な姿勢をとったのは当然のことであった。阮朝が成立した一八〇二年から五〇年までにベトナムが中国に朝貢したのは一三回で、シャムの二三回に比べても少なかった。そのうえ、五三年から六九年までは中国南部を中心として発生した太平天国の乱のため、ベトナムの朝貢は中断することになった。こうした中国＝ベトナム関係の断絶していた時期に、フランスの侵略が開始されたのである。

希薄化していた中国とベトナムの宗属関係を活性化させたのは、このフランスの侵略がトンキンに及んだことであった。中国は、フランスの行為はベトナムが中国の属国であることを無視しているとして抗議し、自らの宗主権を主張した。侵略の既成事実を重ねるフランスに対して、中国は、フランスが中国の宗主権を尊重するならばフランスの保護権も認め、ベトナムが中国とフランスに「両属」するという論理をもちだすが、この中国の主張は、あくまでベトナムに対して独占的・排他的な影響力を行使しようとするフランスの入れるところとはならず、中国は宗主権を確保するには、より直接的な介入に乗り出さざるをえなくなった。一方、ベトナムも、フランスの脅威との対抗上、中国との関係を重視するようになり、四年一回の朝貢使節の派遣を再開するが、これが、ベトナムの中国への宗属関係の否定を試みていたフランスの、いっそうの干渉の口実となった。ベトナムが中国に対して援助要請をするのは、フランスの侵略が最終局面に入った一八八二年の段階であった。そのために、清朝とフランスとの間で戦争が起こる（清仏戦争、一八八四〜八五年）が、この戦争における清軍の敗北の結果、清朝はベトナムに対する宗主権を放棄せざるをえなくなる（茂木敏夫、一九九三）。ここに、ベトナムは、帝国主義時代のヨーロッパ列強による植民地支配という、地球大的広がりをもつ近代的国際体系の中に編成されたわけである。

第二は、フランスの支配が、ベトナム単独ではなく、現在のカンボジア、ラオスを包摂するインドシナという枠組みで成立したことである。インドシナという支配の枠組みは、歴史上かつて統一的な権力をいただいたことのない、文明的にもきわめて異質な社会を包含して成立した。中華世界の一員であったベトナムは、ここにいわゆる「インド化」した東南アジアの成員であったカンボジア、ラオスとともに、同一の支配の枠組みの下に編入されたのである。このことは、必然的にベトナムと東南アジアとの関わりを強める役割を果たすことになった。

仏領インドシナは、帝国主義の世界分割の一環として、大陸部東南アジアにおけるフランスとイギリスの勢力圏の確定のなかで形成されたものであった。もっとも、このフランスのインドシナ支配は、一面で、インドシナ半島において未完であった「越南帝国」を、ベトナム人にかわってフランス人がつくりあげたという側面も有していた。フランスは、シャムやその背後にいたイギリスに対して、ラオスにおける自らの宗主権を正当化する際に、メコン以東に阮朝ベトナムがもっていた宗主権の継承という論理を活用したのである（この論点とは異なるが、高田洋子は、ベトナムの南進とフランス植民地支配との連続性について、注目すべき議論をしている〔高田洋子、一九九四〕）。もっとも、このフランスの論理は、きわめて御都合主義的なもので、カンボジア王国やラオスのルアンプラバン王国に対しては、フランスは自らをシャムおよびベトナムの脅威からの「保護者」と描き出すことによって、これらをその保護下に置いたわけであり、現実に両王国に対するベトナムの宗主権も存在しなくなった。

第三は、フランスがベトナム語のローマ字表記を普及させたことが、ベトナム知識人を、中華世界の聖なる文字としての漢字の世界から引き離す役割を果たしたという点である。インドシナ植民地の開発にあたって、フランスは、「ベトナム人中心主義」を採用した。まず、インドシナという規模で整備されたインドシナ総督府の植民地官僚機構の中では、フランス人とともにもっぱら登用されたのはベトナム人であった。これは、ベトナム人が、インドシナという規模で見ても、その総人口の七割以上を占める多数民族であったという量的な理由からだけでなく、ベトナムが科挙官僚制という高度の官僚制の伝統をもっていたことにもよるものと思われる。官吏だけでなく、プランテーションや鉱山の開発などの労働力の主要な供給源もベトナム人であった。そのため、カンボジアやラオスにおいても、都市部を中心としてベトナム人＝越僑社会が形成されることになり、その人口は、一九三六年にはカンボジアで一九万一〇〇〇人（総人口の六・二％）、ラオスで二万七〇〇〇人（総人口の二・六％）に達した。

ベトナム語のローマ字表記の普及は、この「ベトナム人中心主義」と関連している。フランス支配の文化的な目標は、インドシナを「アジアのフランス」にすることにあったが、フランス文明普及の第一の対象たる「土着民」はベトナム人であった。カンボジア語やラオス語のローマ字化というアイディアはあったが、カンボジア人やラオス人の人材養成にあまり関心を向けなかったフランスは、その言語のローマ字表記の普及にはベトナム語ほどの力はいれず、伝統的な民族文字が保存されることになった。

ベトナムで言語政策としてフランスが追求したのは、王朝において科挙官僚制度と結びついて漢字と漢文が担っていた地位にフランス語がとってかわり、フランス語による植民地官僚制度を編成することであった。このフランス語にベトナム人を接近させる媒介手段として重視されたのが、ベトナム語のローマ字表記法である。ベトナム語のローマ字表記法は、一七世紀にカトリックのヨーロッパ人宣教師によって考案されたものであったが、フランス植民地支配は、これにフランス語につぐ第二の公用語の地位を与えた。漢字漢文の知識と不可分であった科挙試験は一九一九年までには完全に廃止され、官僚制度と中華文明の結合に終止符がうたれた。

科挙試験の廃止とともに、フランスは「土着民教育」にある程度積極的な姿勢を示さざるをえなくなる。フランスが、インドシナ大学（ハノイに置かれたインドシナ唯一の大学。一九〇七年開設、翌年いったん閉鎖され、一七年から再開）などの高等教育機関を設置したのは、植民地行政の必要からではあったが、ベトナム人の教育意欲を取り込む道を設けないと、それが日本など、フランスの支配にとって潜在的には脅威となりうる勢力によって組織されるのではないかと懸念したためでもあった。このベトナム人の教育意欲への考慮は、フランスに、初等・中等教育の拡充にもある程度の力を入れさせることになった。高等教育は完全にフランス語の世界であったが、初等教育では「フランス・ベトナム学校」という形でベトナム語の教育も行われた。

かくして、フランスが導入した植民地教育によって養成された人々が知識人社会で主流を担うようになる一九二〇年代に入ると、ベトナム人の間でもベトナム語のローマ字表記の優位が確立してくる。かつての固有文字である字喃があくまで漢字知識を前提として成り立っていた文字であったのに対して、ローマ字表記は文字体系としては漢字知識と無縁であった。かくして、ベトナム人の識字者の中にも、漢字を知らない人々が登場するようになり、識字エリート＝中華文明の担い手という等式は崩壊するのである。

二　植民地帝国と国民国家

一八七〇年代の後半から第一次世界大戦が勃発する時期にかけて、世界はひとにぎりの欧米列強（正確に言えば日本もその仲間だった）によって分割された。広大な領域を支配する植民地帝国が形成されたのである。しかし、この一九世紀末に生まれた帝国は、かつての普遍的世界帝国と比較すると、広域を支配したという点では共通項があったが、けっして前資本主義時代の遺物ではなく、資本主義の発展が生み出した新生事物であった。このような西欧世界の新しい動向をさす言葉として、一八九〇年代から広く使われるようになった概念が帝国主義であった（Ｅ・Ｊ・ホブズボーム、一九九二）。

この帝国主義の時代の植民地帝国の一つの特徴は、国民国家として自己を形成していた諸国が、一八六〇年代までの自由主義の時代と異なり、他国の国民経済にとっての利益は自国の国民経済にとっては損失になると考えるようになって、競いあって植民地領土獲得に乗り出した結果として生まれたものであるという点にある。つまり、それは国民国家の産物であった。

ベトナムが普遍的世界帝国としての中国の唐の支配を受けていた時期、漢字漢文の豊かな素養を身につけたベトナム人は、唐朝の官吏として登用され、運がよければ中国で高官になることができた。しかし、フランス植民地時代には、ベトナム人は、フランス本国で高い地位につくことをほとんど望めなかった。せいぜい、こうしたベトナム人が望めたのは、インドシナ植民地で「原住民官吏」として期待できる最高位につくことだけだった。

これは、近代国民国家における国民が、「限られた」共同体であるために生まれた事態であった。皇帝という中心によって規定されていたかつての世界帝国においては、帝国は原理的には世界全体を覆うべきものと想定されており、中華帝国の「化外の民」も、いずれは「教化」されて「中華の民」になりうるものとされていたのと異なり、国境という周辺によって規定された近代国民国家では、「フランス国民」は常に「イギリス国民」など「フランス国民」ではない存在を前提とした、「限られた」共同体であった。

国民国家というありかたは、ヨーロッパ近代の産物である。カトリック帝国という普遍的な世界帝国の解体の過程で、ヨーロッパには、ローマ教皇の干渉を受けることなく、その地の領主が排他的な主権を行使する個別的主権国家が誕生した。この個別的主権国家の形成を促進するうえで重要な契機となったのは、宗教改革である。宗教改革は、教皇に対する革命であったと同時に、聖なる言語としてのラテン語に対する革命でもあった。ルターは、聖書をドイツ語に翻訳したが、それは当時開発されたばかりの活字印刷と結びついて急速な普及をみた。

個別的主権国家は、普遍的世界帝国の秩序に挑戦し、さらに互いに抗争しながら自らの領域を統治していくために、かつてはラテン語に対する「俗語」と見なされていた言語をその国家語に採用する。「俗語」の国家語化は、印刷と結びついたその文章語化とともに、「俗語」の標準化を促進する材料となり、国家の領域内に住む人々の文化的統合が進むことになる。それでも、はじめのうちは、領域内の住民の最も多くが話している言語と、国家語との間には必然的な結びつきはなかった。だが、政治がひとにぎりの貴族階級だけでなく、より広範な人々によって担われるようになると、この二つは一致の方向へ向かうことになる。このような過程を経て、政治の単位である国家と、言語などの文化的な集団性を示すネーションという、以前は無関係に存在していた二つの枠が重なるようになり、ネーション・ステート（国民国家）の原形が形成されるようになる。

　これに、国家を国王のものではなく国民のものとする一八世紀末のフランス革命が加わって、国民国家という国家のありかたが一九世紀には、急速にヨーロッパに広がることになるわけである。それまでの君主国家では、王に対して忠誠であるかどうかが最大の問題であったから、軍隊の大半が外国人の雇兵であることは、国家原理上の問題ではなかったが、いまや「国民軍」となった軍隊では、自国民であることが兵士の要件となる。言語の面でも、国民主権という考えの確立を経て、国家の言葉であると同時に国民の言葉としての国語という概念が成立してくる。フランス革命で国語としての地位を確立したフランス語が、当時のフランスの人口の半数にのぼる人々が話していた非フランス語を、「前世紀の野蛮の名残り」として、その話し手にフランス語の世界への同化を強く求めたように、国語となった言語は、他の言語に自らへの同化をせまり、そのようなことをせまられた言語集団は自らの言語が国語となるような自分自身の国家を求めるといった、言語ナショナリズムが生まれることになる。ここでは、世界帝国とは異なり、人々が日常に使用している言葉自体が問題にされるようになった。ブルターニュ語の話し手が、そのままでは一人前の「フランス国民」になれないのなら、ベトナム人はなおさらである。ベトナム人は、フランス語の世界に完全に自らを同化しないかぎり、つまりはベトナム人であることをやめないかぎりは、「野蛮人」

の地位から脱出できなかったわけである。

植民地エリートに教育は授けるものの、けっして本国人とは同等に扱わないという植民地帝国の構造は、こうした人たちを、自分たち自身の国民国家形成の要求へと導くことになる。かくして、ナショナリズムは、ヨーロッパ世界の独占物ではなく、世界全体へと広がるのである。

三　インドシナ「巡礼圏」

ナショナリズムを本質的にはこうした植民地帝国の産物であると考えれば、植民地ナショナリズムが、植民地帝国が人為的に引いた行政区画を継承して、それを「神聖な国土」と主張するようになることには、それほど不思議はないかもしれない。このメカニズムを、ベネディクト・アンダーソンの議論によって、もう少し詳しく見ておきたい（ベネディクト・アンダーソン、一九八七）。

国民国家の形成以前に存在した世界的で普遍的な宗教共同体において、人々がその世界性を実感するうえで大きな役割を果たしたのは、聖地への巡礼であった。例えば、メッカには世界中のムスリムが巡礼に訪れる。ここでインド人、ペルシャ人、トルコ人、アラブ人などと出会ったマレー人が、「なぜわれわれはここでいっしょにいるのか」と問うたとすると、答えは「なぜなら、われわれはムスリムだから」というものしかありえない。このような体験を通じて、人々はイスラーム世界の世界性を実感する。

近代世界において、この聖地巡礼と似た役割を果たし、ある国家の行政単位のもとに組み込まれた人々が一体感をもつうえで大きな意味をもったのが、首都へ向けて位階的に編成された教育制度と官僚制度であった。ここに、西欧のX国の植民地支配によって、それ以前には一体感などもっていなかった、A、B、C、Dという四つの地方に住む異なる民族集団が、「偶然」に単一の支配下に置かれることになったとしよう。学業を修めて官僚制度で高い地位に上がるためには、首都の大学（場合によってはX国本国の大学）を頂点として編成された近代的な教育制度の階段を登らなければならない。A出身の学生も、中学校は大きな町があるBに行き、高等学校では地方の中心都市Cへ行く。そして首都の大学では、A、B、Cだけでなく、Dから来た学生にも出会う。このような大学で顔をあわせた、A、B、C、D四地方出身の学生が、「なぜわれわれはここでいっしょにいるのか」と問うたとすると、答えは「なぜなら、われわれはX国の植民地の原住民という運命を共有しているから」ということになる。

教育ではX国本国にまで行ける可能性がある「原住民」も、官吏として働ける範囲は植民地に限定されているのが普通である。大学を出たA出身者は、B地方の町役場の書記からその官吏としての人生を開始し、次にC地方の係長、次にD地方の課長、そして出身地Aでの局長、そして首都での栄達というように、首都へ向けて官僚制度の出世の階段を一歩一歩上がっていく人生を歩むことになる。しかし、彼の人生の頂点は、首都で本国の植民地省から派遣されてきた若い役人の下に付くところまでで、彼が「原住民」である以上、本国の植民地省の出世の階段を登る道は最初から閉ざされている。かくして、教育制度と官僚制度を通じての彼の人生の遍歴は、X領植民地の枠組みの中を巡り歩くことになる。このような人生の旅という「新しい巡礼」を通じて、X領植民地という行政単位に「偶然」に組み込まれた人々の間に、「われわれ××人」という新しい一体感、国民意識が形成されるというわけである。

このような、異質な人々が出会い新しい一体感を醸成する「巡礼圏」として、フランス領インドシナという枠組みを見た場合には、どのような特徴が見出せるだろうか。フランス領インドシナは、トンキン、アンナン、カンボジア、ラオスという四つの保護領と、コーチシナという直轄領から構成され、保護領には阮朝、カンボジア王国、ルアンプラバン王国の行政組織が存在したが、それに並行してフランス人のインドシナ総督を頂点とする総督府の行政組織が形成され、フランス領インドシナ連邦の一元的支配を行った。そして、これに人材を供給するための教育機関は、ハノイのインドシナ大学を頂点とする形で整備された。旧来の王国の秩序が温存される一方で、インドシナ規模の「巡礼圏」も形成されたわけである。

このインドシナ「巡礼圏」の最大の特徴は、それがもっぱらベトナム人によって担われており、異質な文化をもつ人々の出会いの場とはあまりならなかったということである。このことを端的に物語っているのが、インドシナ大学の学生の民族構成である。一九三七〜三八年の数字を見ると、ベトナム人学生が五四七人に達していたのに対して、カンボジア人は四人、ラオス人にいたってはわずか二人であった。

こうしたフランス式の教育を受けたベトナム人学生は、卒業後に官吏になった場合には、カンボジアやラオスに赴任することがあり、「巡礼圏」としてのインドシナを体験することがあった。例えば、一九一〇年代にカンボジアの各州でフランス人の長官のもとに勤務していた「原住民官吏」を見ると、プノンペンで一六人中一四人、コンポンチュナン・プールサットで一九名中一三人、タケオで一六人中一〇人がベトナム人であった。

これに対して、カンボジア人、ラオス人の場合には、フランス式の高等教育を受けることができた人の数が、一部の王宮関係者などに限定されていてごく少数であったうえに、こうした人々も、学校卒業後には自分の出身の王国の範囲内で官僚としての出世をとげたため、その官吏としての「巡礼圏」はカンボジアやラオスに限定され、ベトナム人のようなインドシナ大的な広がりをもたないのが普通だった。

フランスは確かにインドシナという「巡礼圏」を形成はしたが、それには、ベトナム人が、カンボジア人やラオス人と出会い、新たな一体感を形成するような、異質な文化をもった人々の共通の「巡礼圏」という性格は希薄だった。このインドシナ「巡礼圏」の主要な担い手であったベトナム人の間には、フランスがつくったインドシナという枠組みを、主体的に再解釈する基盤が形成されたが、カンボジア人やラオス人にとっては、インドシナは依然よそよそしい枠組みであった。

こうしたインドシナという枠組みの植民地形成は、カンボジアやラオスの近代史に暗い影を投げかけるものであった。カンボジアやラオスが単独で植民地支配されていれば、フランスもそこでの近代教育の普及にもっと力を入れたかもしれないのだが、ベトナムといっしょにインドシナという枠組みの支配に包摂されたがために、フランスはこのような関心をあまり示さなかった。そのため、カンボジアやラオスは、近代ナショナリズムの担い手たりうる近代教育を受けた知識人層がきわめて少ないという問題を抱え込むことになったのである。

フランスの山地少数民族に対する政策は、このようなカンボジア、ラオスに対する政策と類似した面があった。二〇世紀に入ると、フランス人による山地民に関する民族誌が次々に出版されるようになるが、このなかで民族として把握されるようになった諸集団に対して、フランスは、平地における行政機構とは分離して、自らが直接に統治をする体制をとり、それぞれの集団の伝統的首長の自律性を強調しつつ、少数民族社会の支配者がフランスと直接に結びつくようにした。この政策は、ベトナムの王朝の支配が緩やかであった西北地方や中部高原の山地の首長を懐柔するには役立ったが、越北地方の土司のように、ベトナムとの結合を権威の源泉としていたような首長にとっては、その地位の動揺を招く政策であった。その結果、「トー」(タイー族)のエリートからは、キン族とともに反仏運動に参加する人々が輩出することになった。

四　初期ベトナム・ナショナリズム

国民国家を基礎として成り立つ植民地帝国からの解放を達成するためには、敵に似せて自らを形成しなければならない、つまりは自己の独立した国民国家の形成を目標とせざるをえないということで生まれたのが、植民地ナショナリズムであった。このような意味でのナショナリズムは、国民国家体系という、自らの伝統とは隔絶した原理によって構成される国際社会への適応の試みであり、伝統的な中華思想という普遍的世界帝国の原理を自己否定しないことには成り立たないものであった。しかし同時に、中国やベトナムなど、長い自己の国家としての伝統をもつところでは、伝統国家のありかたが、近代ナショナリズムの展開のありかたを規定したという側面も見過ごされるべきではないだろう。

出典）古田元夫『ベトナム人共産主義者の民族政策史』（大月書店，1991年）696頁.

図3　フランス領インドシナ行政区

このような側面は、例えば中国では、漢民族がその独自の国家を形成するというのではなく、中華帝国という世界帝国の枠組みをそのまま国民国家に転換しようとする試み＝「中華ナショナリズム」という形で、ナショナリズムが発展したことに示されている。この「中華ナショナリズム」の展開においては、その外延＝清朝版図の継承と内部の多民族性は自明のこととされ、さまざまな政治潮流の抗争は、そのような国家の内的編成原理をめぐって争われることになった。

ベトナムの場合も、一九世紀末の勤王蜂起を担った伝統的知識人から、ホー・チ・ミン（Ho Chi Minh. 一八九〇〜一九六九、ただし一八九〇年生まれというのは現在のベトナムで採用されている公式見解で、実際にはもう少しおそく、九二〜九三年と思われる）に至るまで、「失われたベトナムの回復」を運動の目標にしていたという点では、共通性があった。これは、フランスの植民地支配下に入って自立を失っただけでなく、トンキン、アンナン、コーチシナに分断されて、今やまとまった単位としては地図からも姿を消したベトナム国家の回復を求めるということであり、伝統国家の存在が近代ナショナリズムのありかたを規定したことが、よくあらわれている。しかし、ベトナムの場合には、中国とは異なり、伝統的な「南国」意識に、普遍国家の論理だけではなく、ベトナム人＝キン族の民族的なまとまりを強調する論理があり、この面が近代ナショナリズムにも継承されたがゆえに、ベトナム人国家という発想は一貫しつつも、その外延およびベトナム人と周辺の異質な文化をもつ人々との関係に関して、さまざまな発想が存在することになった。

しかし他方では、伝統的秩序の維持をフランスに対する抵抗の原理とした一九世紀後半の勤王蜂起の敗北は、ベトナム人に新しい運動の原理の模索を求めたことも強調されなければならない。それは、フランス植民地支配の形成がもたらした課題に応えるものでなければならず、伝統的な「南国」意識は、貴重な遺産ではあっても、もはや十全の回答を与えるものではなかった。フランス支配の形成が、伝統的な「南国」意識に提起した新しい革新の課題とは、次のようなものであった。

まず第一に、帝国主義による世界分割の一環としてなされたフランスのインドシナ統治に対抗するためには、中華世界の一員としてのベトナムという世界観を脱して、広く地球大的広がりをもつ世界の中でベトナムを位置づけることが求められていた。第二に、東南アジアやインドシナ半島の中にベトナムを定位するという未完の課題は、インドシナ植民地の形成によってより重要なものとなり、また、カンボジア人やラオス人など、周辺の異質な人々との結合の論理の形成は、植民地支配からの脱却のためには不可欠の課題であった。第三に、伝統的な「南国」意識は、原初的な民族意識という性格をもってはいたが、基本的には王のもとでの臣下としての人々の一体性という、王朝体制の国家意識であった。しかし、阮朝がフランス支配の支柱となって以降は、これでは抵抗の原理となりえず、血を分けた「同胞」としての人々の一体感、つまりは民族ないし国民としてのベトナム人の結合が、模索されることになった。

これらの課題に最初に本格的に取り組んだベトナム人が、ファン・ボイ・チャウ（Phan Boi Chau. 一八六七〜一九四〇）をはじめとする、二〇世紀の初頭に活躍した知識人たちであった（ファン・ボイ・チャウに関しては、白石昌也、一九九三Cを参照）。彼らは、ファン・ボイ・チャウが一九〇〇年の科挙試験で解元（科挙試験のうち地方で行われた郷試の首席合格者、チャウはゲアンの郷試の解元）であることに示されるように、科挙試験をめざして儒教を学んだという点では、勤王蜂起の担い手と同じ、伝統的な知識人であった。しかし同時に、伝統の固守ではもはやフランスに抵抗しえないことを自覚し、中国の改革派の書物を通じて、意識的に西欧近代の知識の吸収に努めた「開明派」である点が、勤王蜂起の指導者との相違であった。彼らは、ベトナムの近代ナショナリズムの創始者だった。ファン・ボイ・チャウらにとって、運動の目標が「失われたベトナム」の回復にあることは明確であった。しかし、このことは彼らが伝統的なベトナム国家の再建を指向していたことを意味するわけではない。彼らは、ベトナムという枠組みは自明のものとしながらも、先にあげた三つの課題のうちの第一と第三の課題、つまり、ベトナムが置かれた国際的位置、およびベトナムの内部的な編成原理について新しいものを模索していったのである。

まず第一のベトナムの国際的な位置について見ると、ベトナムにとっては清仏戦争が中国を中心とした伝統的な国際秩序の崩壊を意味していたものの、ベトナムを中華世界の一員として位置づけるという、「南国」意識の一面はなお知識人の間に広く共有されていた。ファン・ボイ・チャウは、日露戦争後の日本へ青年たちを留学させる東游運動《ドンズー》の提唱者として、日本でもなじみが深いベトナム人である。チャウが、一九〇五年に日本に渡ってきた当初の目標は、日本からの武器援助を得ることであったが、ここで日本を彼が選択したのは、「同文同種」の友に援助を求めるという発想からであった。これは、一面では彼が中華世界の観念を継承していたことを示しているといえるだろう。もっとも、中華世界の中で中国を選ばず、日本を選んだということのなかに、ベトナム人の発想としては新しいものがあった。文紳の間にも、清仏戦争以後、中国はもはや頼みとならないという思いは広がっており、それにかわって目につくようになったのが、日清戦争に勝利し、東アジアの強国と見なされるようになった日本であった。しかし、チャウの思想は、その後の日本滞在のなかで、中華世界観を越えるものへと変化していく。彼は、日本にいたアジア各地の革命家との接触を通じて、「同病の友」との連携、つまりは被抑圧民族の一員としてベトナムをとらえ、同じ運命にある世界の諸民族との連帯を求めていく方向性をもつようになったのであった。

一九世紀の勤王蜂起を指導した伝統的知識人は、西欧が進歩しており自分たちが後れているとは考えず、伝統的な華夷秩序観にもとづく攘夷思想による抵抗を試みた。その敗北を目の当たりにしたファン・ボイ・チャウらは、ベトナムの「後進性」を自覚せざるをえなかった。こうした自覚を支えた思想が、進化論を人間社会に適用した社会ダーウィニズムであった。世界の諸民族が、「野蛮」から「半開」そして「文明」へという進化の道を歩むこと、その間には激しい生存競争が展開されており、自らの「文明」化に失敗した民族には、「滅種」すなわち民族としての存在そのものの危機が待ち受けているという社会ダーウィニズム的発想から見れば、欧米列強に抑圧されている諸民族は、「野蛮」あるいは「半開」の段階から飛躍しきれないがためにそのような運命に甘んじている、「病人」のような存在であった。

ここで、第三のベトナムの内部的編成原理の課題が出てくる。二〇世紀初頭に活躍した知識人たちは、ベトナムの直面している危機を「亡国滅種」の危機としてとらえた。これは国が失われただけでなく、その国を支えるベトナム人の民族的な結合も滅亡の危機に瀕しているという認識であった。以前は王と臣下の関係の枠組みと見なされていた「国」が、ここでは山河、祖先、歴史といったものと結びついた、人々の民族的な結合を基礎として成立するものと見なされるようになっていた。そこで彼らが、臣下としての一体性ではなく、血を分けたベトナム人の民族的な結合による一体感を形成するために使用したのが「同胞」という言葉であり、そのような結合が古来から一貫したものであることを示すために、この時期からさかんに使用されるようになったのが、建国神話に起源をもつ「龍仙の子孫」というシンボルであった。

そして、この時期に、「龍仙の子孫」というシンボルが用いられる際に念頭に置かれていたのは、主に建国神話の前半部分のベトナム人の「貴種」性を提示した部分であった。つまり、古くから漢民族と血のつながりをもち、同じ「高文明」の世界の構成員であったベトナム人は、生存競争の激しい今の世界にあっても必ずや「半開」から「文明」へと自らを飛躍させる能力をもっているはずだということが強調されたのである。これは、「高文明」の世界の担い手ではないとベトナム人が考えていた周辺の諸民族――カンボジア人、ラオス人やその他の山地民との相違を強調することになる論理であった。ファン・ボイ・チャウに代表される当時のベトナムのナショナリズムは、ヨーロッパ人を「夷狄」とする発想を克服し、中華世界の成員だけでなくインド人やフィリピン人なども視野に入れた「同病」の被抑圧民族との連携という、伝統的な中華世界観を越えた新たな世界像を獲得した反面で、身近なところでは、社会ダーウィニズムの影響もあって、かえって華夷の区別を強調する傾向があった。この面では、当時のナショナリズムは、伝統的な「南国」意識を引きずったものであり、ベトナム人＝キン族中心主義的で、周辺諸民族とベトナム人との結合の論理が希薄な、一種のエスノ・ナショナリズムであったといってもさしつかえあるまい。フランス植民地支配がベトナム人の伝統に提起した、第一と第三の課題に対しては、新しい回答を見出した開明的文紳たちも、周辺の異質な文化をもつ人々との結合という第二の課題に関しては、保守的ないし後退的であったわけである。

ではファン・ボイ・チャウらは、フランス植民地支配の産物として成立したインドシナという枠組みをどのように見ていたのであろうか。チャウを例にとると、彼は一貫して自分の運動の目標を「ベトナム」の回復に置き、運動との関連ではインドシナという言葉を使用しなかった。支配の枠組みとして押しつけられたインドシナは、彼にとっては疎遠なものであったようである。

しかしこのことは、彼が現実に存在しているインドシナを無視していたことを意味するものではない。彼には、すでに失われて現実には存在していないベトナムを、現存するインドシナと地理的には一致するものと見るような認識があった。彼がベトナムという時、地理的にはフランス領インドシナのトンキン、アンナン、コーチシナ三地方だけをさす場合と、これら三地方だけでなく、カンボジア、ラオスをも含めた全インドシナを想定していた場合がある。後者のような認識の背景としては、ベトナム人の西方に対する境界意識があいまいであったことや、阮朝がカンボジア、ラオスを一時は藩属国としていたこと、およびフランスが対外的にはこのベトナムの権益の継承という形でカンボジア、ラオスの保護国化を正当化していたことなどがあったと思われる。チャウの認識が揺れていたことは、この時代すでにベトナムという枠組みの外延は、けっして自明のものではなかったことを示しているといってよいだろう。

ではファン・ボイ・チャウがインドシナ全域を視野に入れていたとすると、そこに住む諸民族についてはどのように認識していたのであろうか。一貫してフランスに対する武装抵抗を構想していた彼は、戦時における伝統的発想を継承して西方山岳部の戦略的価値を重視していた。また、抗仏勤王蜂起のなかで最後まで抵抗を続けたのはいずれも山岳部を拠点とした運動であったこともあって、チャウは山岳部と山地民に早くから注目していた。しかしながら彼は、この山岳部の諸民族とベトナム人との関係を連帯の関係とは見なさず、ベトナム人による「蛮夷の経営」という枠組みで考えていた。また、彼をはじめとして当時の開明的文紳は、独立を維持していたシャムに関しては、敬意を払い連携をそれなりに構想したが、カンボジア人やラオス人のことは全くといっていいくらい考慮の対象に入れていなかった。つまり、インドシナに居住する諸民族は「同病の友」として連携すべき対象とは考えられていなかったのである。民族としての自覚が社会ダーウィニズムと結合したことによって、民族間関係の華夷秩序的認識からの脱却が妨げられていたというべきであろう。

このように、二〇世紀初頭に活躍した、ファン・ボイ・チャウらベトナムの近代ナショナリズムの創始者たちは、視野を「同文同種」の世界=伝統的中華世界から、地球大的な規模へ広げ、そこでの「同病の友」の連携という視点をもち、「龍仙の子孫」としてのベトナム人の民族的な結合の構築をはかろうとする新しい試みを開始するが、インドシナ内部のベトナム人以外の諸民族は、こうした連携の対象とは見なされなかった。むしろ、彼らは、インドシナの諸民族の中では、ベトナム人だけが、かつて中華文明という「高文明」に連なっていた存在であり、他の「未開」人はいざしらず、ベトナム人だけはフランスによって同化されることなく、自らの自立を維持するだろうと考えた点では、「南国」意識の、自己と周辺の相違を強調する傾向を継承していたわけである。ファン・ボイ・チャウ自身が体系的な主張を展開したわけではないが、彼がインドシナ大的な地域を外延として回復をはかろうとしていたベトナム国家は、そこに居住するさまざまな民族を融合・統合した多民族国家ではなく、基本的にはベトナムの伝統国家同様の、ベトナム人を排他的な担い手とする国家であった。

五　ベトナム人とインドシナ

一九一〇年代に入ると、ファン・ボイ・チャウなど伝統的教育を受けた人々とは異なる「巡礼圏」に育った、フランス式の教育を受けた新学知識人の活躍が本格的になる。新学知識人の一つの大きな特徴は、彼らが単にフランス語に堪能であっただけでなく、ローマ字化されたベトナム語の使い手であるということにあった。

ベトナム語のローマ字表記法は、先にも指摘したように、フランス植民地支配によってその普及がはかられた。したがって、当初、伝統的な儒教知識人は、漢字や字喃の使用でこれに抵抗する姿勢を示した。一九世紀の段階でローマ字表記法の積極的な使用を提唱したのは、チュオン・ヴィン・キー（Truong Vinh Ky. 一八三七〜一八九八）という人物である。彼は、メコン・デルタの出身で、カトリック教会で西欧式の教育を受けた知識人であった。キーは、フランスがせいぜいベトナム人をフランス語に接近させる媒介言語としてしか考えていなかったローマ字表記法を、「クォックグー（国語）」と呼び、それをフランス語と同様な豊かな表現力を備えた言語として発展させることを提唱した。キーは、政治的には親フランス的な人物であったが、反フランス的なナショナリストも、ローマ字表記法を積極的に受け入れるようになるのは、二〇世紀になり、ナショナリストが、新たな国民的一体感の形成のための「大衆啓蒙」の必要性を認識するようになってからであった。大衆への識字教育を構想した場合には、漢字の知識が前提として要求される字喃に対する、ローマ字表記法の優位は明瞭であった。ナショナリストは、東游運動の時期にベトナム国内で展開された啓蒙運動であるトンキン義塾運動の頃から、ローマ字表記法の積極的活用に乗り出し、それを「国民の言葉」としてのクォックグーに発展させようとするようになる。その後、知識人世界において新学知識人が主流を占めるようになる一九二〇年代に入ると、ベトナム人の間での言語論争は、このクォックグーを使うか否かではなく、その表現能力をどのように向上させるのかを焦点として展開されることになった。以後、クォックグーはベトナム語のローマ字表記法をさす用語として定着し、現在にまで至っているのである。

ベトナム人にとってのインドシナの意味、その主体的再解釈という問題は、このクォックグーにおいてインドシナを指す言葉としての Dong Duong（ドンズオン）という用語の定着ということと切り離しては論じられない。ドンズオンとは、漢字で書くと東洋となる言葉で、遅くとも一九世紀の末にはインドシナのベトナム語訳として使用され始め、一九一〇年代には定着した言葉である。インドシナの表現法としてはこれ以外に、印度支那という漢字をそのままベトナム語読みした An Do Chi Na という言葉もあったが、これよりは、ドンズオン＝東洋という言葉のほうが、本来の意味とは異なる、ベトナム人なりの意味付与がしやすい言葉であり、その定着は、ベトナム人の間でのインドシナの主体的な再解釈の促進に貢献したのである。

このインドシナの主体的再解釈ということで、ここでは三人の人物を取り上げたい。まず第一はグエン・ヴァン・ヴィン（Nguyen Van Vinh. 一八八二〜一九三六）である。彼は、フランスがハノイに開設した最初の官吏養成学校である通訳学校を一八九六年に首席で卒業して官吏となった人物で、その後、ジャーナリストとなり、一九一三年に刊行が開始されたローマ字化されたベトナム語による最初の本格的な雑誌『インドシナ雑誌』（*Tap Chi Dong Duong*）を主宰した。

ヴィンは、ベトナムという枠組みそのものに疑問をなげかける議論を展開した。彼の思想の基本は、フランスの統治下にある「今の方が昔よりも百倍もまし」であるという発想で、ベトナム人の将来は、自らの過去と完全に訣別し、徹底してフランス文化へ同化することにあるとした。このように、「アジアのフランス」になることが理想であるとすれば、ベトナムという枠組みにしがみつく必然性は全くない。彼はベトナム人がフランス文化に自らを一体化していく枠組みとしては、過去のしがらみのあるベトナムより、インドシナという枠組みの方が好都合だと考えたようで、『インドシナ雑誌』という書名もこうした発想によるものであった。

ヴィンは、「龍仙の子孫」という「荒唐無稽な神話」を拠りどころとする革命派の動きは、ベトナムを開化させようとするフランス人の善意を挫く犯罪的なものであると考えた。彼は、フランス人が水田耕作民でないから、その支配によってベトナム人が「滅種の危機」に瀕することなどありえないとも述べている。そして政治面ではヴィンは、コーチシナで行われているフランスの直轄支配の方が、保護領という中途半端な制度よりも、「アジアのフランス」という目的に接近するためには望ましいと見なした。このような観点から、彼が提唱したのは、ベトナムの政治改革ではなく、「インドシナの政治改革」であった。

第二の人物はファム・クイン（Pham Quynh. 一八九二～一九四五）である。彼は、グエン・ヴァン・ヴィンと同じハノイの通訳学校を一九〇八年に卒業し、フランス極東学院に勤務して、その才能・学識をフランス人に認められるようになった。クインは、第一次世界大戦後にフランスが打ち出してきたベトナム・ナショナリズムを積極的に包摂していこうとする「協同主義」あるいは「仏越提携論」に乗り、「健全なベトナムの国家主義の形成」という方向で新しい事態に対応しようとして、一九一七年に発刊された『南風雑誌』（*Tap Chi Nam Phong*）を主宰した。彼はフランス文化への同化を主張したグエン・ヴァン・ヴィンを批判して、次のように述べている。

「もし安南の民が新しい民族であり、長い歴史をもたないバラバラの部族にすぎず、国家というものに関連がなく、風俗制度も素朴なものであったら、本国の法律制度を導入してフランス人の姿に似せて安南人を次第に変化させていくという同化政策にまさるものはない。しかし南国は古来完全な一国家であり、混じりけのない独自の性格、風俗、制度、精神をもった国家で、二千年の歴史の中で独自の環境の下で進化し他の民族とは全く異なるものになっている。……このような民族を同化しようと

図4　ハノイ市のハンダオ通り（1926年）

する政策は自然の理に反している。」（『南風雑誌』第
一五一号、一九三〇年六月）

ここでクインが「バラバラの部族」とか「他の民族」と言っているのは、カンボジア人、ラオス人やその他の山地民を意識してのことである。彼にとっては、ヴィンのインドシナ直轄統治論は、ベトナムという枠組みを消しさっている点でも、こうしたインドシナの「劣等民族」とベトナム人をいっしょにしてしまっている点でも犯罪的なものであった。そこでクインは、インドシナという次元ではフランス人にカンボジア人、ラオス人が加わった議会と、ベトナム人の議会の二つを設け、ベトナムに関しては、一八八四年の保護条約の完全実施、つまりは立憲君主制のベトナムへの内政権の付与を要求したのである。そのような政治改革はトンキン、アンナン、コーチシナという三地方（といってもコーチシナは直轄領であったためにさしあたりは前二者）で行われるべきものであった。つまりヴィンとは異なり、インドシナの

他の民族とベトナム人を峻別し、ベトナムという枠組みを明示するような政治改革を、クインは主張したのである。

そしてクインにとってこのベトナムの内実となるのが「国家主義」であった。一九二〇年代のベトナムではナショナリズムの訳語として「国家主義」という言葉が使用され、クインもこれを使っていた。彼の「国家主義」は、儒教をベトナムの伝統的な文化の精粋とし、それを中核とする「東亜文化」とフランス文化を、ローマ字化されたベトナム語を道具にして融合し、新たなベトナムの「国粋」をつくろうという主張であった。これは中華世界の中のベトナムという、伝統的な「南国」意識の一面を新しい状況のなかで再強調しようとする試みであったといえるだろう。

では、ファム・クインはインドシナをどのようなものと認識していたのであろうか。彼は「一方に支那、一方に印度をおき、この地を印度支那と命名したのはまことに適切である」としたうえで、次のような議論を展開している。

「わがベトナム族の天職は、この印度支那の地全域に植民をし、支那の名において印度世界と戦い、この印度支那の地を支那の系譜の地にかえることであった。しかし、われわれはこの天職を半ば達しただけで、陸真臘《りくしんろう》(今日のカンボジア―引用者)、メコン河中流域(今日のラオス―引用者)、そしてメナム河全流域(今日のタイ―引用者)は、依然わが勢力圏の外にある。今日では事情がかわりこの天職は実行しがたくなっている。」(『南風雑誌』第一五八号、一九三一年一月)

これは中華世界の中のベトナムというクインのベトナム論から当然に導き出されるインドシナ論であっ

たといってよいだろう。このようにインドシナを「印度＋支那」と理解したクインは、フランス植民地支配の出現によってこの地を「中国化」するというベトナム人の「天職」は実現できなくなっており、したがってベトナム人はその政治的関心をベトナム三地方に集中すべきだというベトナム優先論を主張した。ベトナムの活力の源泉をその「中国化」に求める彼は、「インド化」したカンボジア、ラオスは劣った存在であり、それに関わりあっていたのでは進むべき改革も進まなくなるという、一種の「悪友謝絶」論をとった。その一方で彼は、現在のインドシナにおいてベトナム人は、フランスとともにその「開化」の使命を担っていると考え、そのようなベトナム人がカンボジア、ラオスに移民として進出することなどを通じてインドシナ全域の「開発」に関わることは正当であるとも主張したのである。

第三の人物は、グエン・ヴァン・ヴィンやファム・クインとは異なる、フランス支配に反対する立場から、過去との訣別を主張した代表的な知識人としての、グエン・アン・ニン（Nguyen An Ninh. 一九〇〇〜一九四三）である。フランス本国で学ぶ機会を得て、二一歳で法学士となったニンは、「外国の文化に支配された民族には真の独立はない」という立場から、儒教をベトナム文化の精粋とするファム・クインのような議論にも、また植民地支配者たるフランスの文化に同化せよというグエン・ヴァン・ヴィンのような議論にも反対し、未来にむけた民族独自の文化の創造の必要を強調した。このことは、民族の伝統一般を否定せよということではない。彼は「もし愛国主義が過去を賛美、賞賛したとしたら、それはまさに祖国の将来への確信をまさんとするためである」としている。ニンが訣別しようとしたのは、「博物館の陳列品」にすぎない阮朝の王に象徴されているような過去であった。ベトナムという名称が多少なりともこのような訣別すべき過去のしがらみと結びついているとすれば、彼は植民地支配から解放されて形成される新しい共同体にベトナム以外の名称をつけることをためらわなかった。彼が提唱したのは「インドシナ国家」(La Nation Indochinoise) であった。

もっともニンは、インドシナという枠組みでの解放運動——彼はそれを「革命」と呼んだ——は、歴史的にはベトナム人の「長年の敵」であったカンボジア人とか、全く異なる風俗をもつラオス人とか、ベトナム人の進出を阻む山岳地帯に住む山地民とか、常に「強いものの味方」である華僑などをその中に包摂せざるをえないために、著しく困難であるという認識をもっていた。そのため彼は、独立の要求は当然ではあるが、それを実現する力が不足しているという理由で、さしあたりは「改良」を求めることの必要性を説いたのである。

ベトナム人の解放の枠組みとしてインドシナを考えるという発想は、一九二〇年代の半ばになると異端的な考えではなくなってきた。例えば、二五年にファン・ボイ・チャウ釈放要求運動のなかで「ファン・ボイ・チャウ翁を彼らが処罰するのを龍仙の子孫であるわれわれは断じて座視しない」と宣言して登場した復越会 (Phuc Viet) という急進的ナショナリストの結社は、翌二六年に自らの名前を興南会 (Hung Nam) と改称するが、その綱領には「インドシナの独立」がうたわれていた。ここに見られる「龍仙の子孫」と「インドシナ」の結合は、ベトナム人の解放の枠組みとしてインドシナが想定されるようになっていることを考えれば、不思議なことではなかったのである。

以上に見てきたベトナム人のインドシナ再解釈には二つのタイプがあった。第一は、中華世界の一員としてのベトナムないしは小中華としてのベトナムの延長の上にインドシナをとらえるというタイプであった。この中には、「蛮夷の経営」という枠組みではあったが武装闘争のための山地民の組織化を構想したファン・ボイ・チャウのような革命派から、「悪友謝絶」論をもってベトナム優先論を説いたファム・クインのような改良派まで、さまざまな政治潮流の人々が含まれる。第二は、ベトナムの過去の伝統の相対化のためにインドシナという枠組みを使おうとするタイプであった。この中にも、グエン・ヴァン・ヴィンのようにベトナム人がフランスに同化していく枠組みとしてインドシナを把握した改良派から、グエン・アン・ニンや復越会のように植民地支配から解放された新しい共同体としてインドシナを構想した革命派まで、さまざまな潮流が存在していた。このインドシナ再解釈の進展に伴って、ベトナム人の間で使用されるインドシナやベトナムという言葉には、きわめて多義的な意味が込められるようになり、その用法はきわめて「混乱」した状況にあった。当時のベトナムの政治では、さまざまなインドシナ解釈が相互に鋭く対立していたのである。

しかし、この一九二〇年代までのベトナム人によるインドシナ再解釈のいまひとつの大きな特徴は、カンボジア人やラオス人などインドシナに居住する異質な人々のことがあまり意識されず、もっぱらベトナム人の問題としてインドシナが議論されていたということである。これは、ベトナム人の間での主体的なインドシナ再解釈の基盤となっていたフランス製のインドシナ「巡礼圏」が、もっぱらベトナム人によって担われていたことの反映でもあった。その一つの現れは、ベトナム人のカンボジアとラオスに対する関心が、当時の植民地開発のなかで増大した越僑に集中していたことである。この時期にはベトナム人の政治結社のなかに、カンボジア、ラオスの越僑の組織化の動きが生まれていた。

一九二〇年代までのベトナム・ナショナリズムの展開においては、視野を伝統的な中華世界から全世界に拡大するという動きはあったが、周辺と自己に対する認識では伝統的な「南国」意識を引きずった発想が強かったといえるだろう。この時期にはネーションという概念がベトナム人の間にも持ち込まれ、ベトナム語では quoc gia（国家）ないしは dan toc（民族）という言葉で表現されるようになったが、二〇年代にはナショナリズムの訳語としては chu nghia quoc gia（国家主義）という言葉が使用されるのが普通であった。ネーションが国家と密接な概念として導入されたことは、伝統的なベトナム国家の枠組みに規定された集団性が、新たにネーションという集団性として考えられるようになったことを示していたわけである。つまりネーションとしてのベトナム人という集団性は、伝統的なベトナム国家を支えた人々すなわちキン族のことを指すものと構想され、このキン族の国家としてベトナムないしはインドシナ国家が考えられたのであった。

ここで取り上げたグエン・ヴァン・ヴィンは、民間ジャーナリストとして自分の主宰する新聞のための金策に走りまわり、ラオスへ行った際体をこわして病死した。ファム・クインは、一九三二年以降、阮朝最後の王バオダイ（Bao Dai. 一九一三～）のもとで高官となり、政治の舞台で活躍するが、一九四五年八月革命の折りに親仏派として処刑された。グエン・アン・ニンは、フランス植民地政権に逮捕され、一九四三年に獄死をとげている。この三人の人物は、死に方の相違が物語っているように、その政治的な立場には大きな差があり、前二者は、ベトナムの独立後、フランスやアメリカという外敵との戦いが最大の課題であった時期には、親仏主義者としてその評価はきわめて低かった。しかし、ベトナム人のインドシナ再解釈の歴史においては、この二人が典型的な議論の展開者であり、このインドシナ再解釈をベトナム・ナショナリズムとすれば、二人の役割はベトナム人のナショナリズムの展開の歴史のなかにより大きく位置づけられるべきように思われる。このような人物を外してしまうと、一九一〇年代から二〇年代にかけてのベトナム人によるインドシナ再解釈の意味と問題点が、明確にならないことは確かであろう（川本邦衛、一九九五）。

第三章

ベトナム史におけるインドシナ共産党

ベトナム民主共和国の切手に描かれた初期インドシナ共産党の指導者
(左から、レ・ホン・フォン、チャン・フー、ホアン・ヴァン・トゥ、
ゴ・ザー・トゥ、グエン・ヴァン・クー)

年表

1925年　ベトナム青年革命会結成
1928年　コミンテルン第6回大会
1930年　ベトナム共産党結成
　　　　ベトナム共産党，インドシナ共産党と改称
　　　　ゲティン・ソビエト運動
1932年　シャム共産党の機関としてインドシナ援助部結成
1934年　インドシナ共産党ラオス地方委員会成立
1935年　インドシナ共産党第1回大会
　　　　コミンテルン第7回大会
1936年　フランス人民戦線内閣成立
　　　　ベトナムにおける大衆運動高揚

一　共産主義とアジア

マルクス（Karl Marx）の思想には、第一次世界大戦以後、社会民主主義と共産主義という二つの政治潮流に分化していく要素が併存していた。社会民主主義的要素とは、社会主義をあくまで資本主義の成熟の上に展望し、資本主義の発展によって生じた経済的な「余裕能力」を労働者階級の地位向上に結びつけようとする考えであり、本質的に西欧的近代の可能性を全面的に開花させようとする思想であった。これに対して共産主義的要素とは、マルクスの思想のユートピア的な側面である。この側面は、近代市民社会の構成員としての労働者階級とは明確に区別され、市民社会の「富と教養」の世界から排除された、流民など都市の最下層階級（このような人々が、マルクスが生きていた時代にはプロレタリアートと呼ばれていた）の利害を体現しているともいえる。彼らは、近代化によってその属していた前近代的共同体が破壊され、都市に流れてきた人々であり、近代化の恩恵をなんら享受していなかった。共産主義とは、こうした人々が抱く前近代的共同体の温かい人間関係への憧れを、近代を越えた未来社会像として投影した思想であり、きわめて反近代的な精神であった。

社会民主主義が本質的に西欧資本主義先進国の運動であったのに対して、ロシア革命以降に形成される国際共産主義運動がアジア（ここでは、地理的概念ではなく、帝国主義時代の植民地従属国全体を指す）にも広がるのは、後者が、西欧近代の犠牲者としてのアジアへの視点をもっていたからであった。レーニン（Vladimir Il'ich Lenin）は、第一次世界大戦の最中の一九一六年に執筆した『帝国主義論』において、帝国主義の時代にあっては階級闘争は国民国家の枠を越えて世界的に展開されていることを強調し、この世界的な階級闘争においては、アジアが、プロレタリアートの地位を占めているとした。資本主義国の労働運動と、植民地従属国の独立運動が手をたずさえて、帝国主義に対する国際的な闘いを展開するという戦略は、コミンテルン（共産主義インターナショナル、一九一九年結成）を通じて世界各地の共産党結成という形で広がっていった（平子友長、一九九一）。

西欧的教育は受けながら、白人とは同等に扱われず、ヨーロッパがとうに通り過ぎた過去の歴史的課題を後追いしている「後進」と見下げられていたアジアのナショナリストが、このようなレーニン主義に共感をおぼえたのは、きわめて自然なことであった。帝国主義の時代に最も抑圧されたアジアの諸民族こそ「プロレタリア民族」であり、人類解放という現代的課題の最先端に立っているという発想は、アジアの人々にとっては、その誇りを回復し、世界史的な現代を生きていることを確認するための、最も有力な思想となったのである。

特にベトナムの場合、第一次世界大戦でフランスが戦勝国となったことは、その植民地支配が長期化することを予想させるものであった。列強間の対立を利用してフランス支配から離脱しようとする、ファン・ボイ・チャウら、初期ナショナリストの路線は完全に行き詰まってしまった。そのため、第一次世界大戦後は、ベトナム知識人の間では一時、フランス支配を認めたうえで、その支配のありかたの改良を求める、ファム・クインなどのような改良主義者の影響が強かった。一九一九年、第一次世界大戦のベルサイユ講和会議にベトナム人の自治と地位改善要求を出して、戦勝国列強から無視されたグエン・アイ・クォック（Nguyen Ai Quoc. 漢字になおすと阮愛国、後のホー・チ・ミン）は、レーニンの「民族問題と植民地問題についてのテーゼ原案」（一九二〇年六月発表）を読んだ時に、「これこそ我々の解放の道だ」と思って、涙が出るほど感動したといわれる。かくして彼は、祖国解放の展望をレーニン主義に見出すことになった。これは、アジアのナショナリストと国際共産主義運動の典型的な出会いであった（ベトナム労働党史編纂委員会・ベトナム外文書院共編、一九七二）。

二　植民地支配に包摂されない「巡礼」

さて、グエン・アイ・クォックが、フランス船の見習いコックとしてベトナムを出国したのは一九一一年である。最近、彼がフランス本国の植民地官吏養成学校への入学を志願した同年九月一五日付けの手紙というのが見つかった。これは、彼の出国は、革命家として「救国の道」を求めてのものだったという、従来のホー・チ・ミン伝の説明とは、かなり異なる印象を与える話である。グエン・アイ・クォックは、当時ようやくベトナム人にも道が開かれるようになったフランス本国への留学という、植民地的「巡礼圏」の延長にある道に乗ろうとしたわけである。しかし、この希望は実現されず、彼はフランスでの政治活動の体験を通じてフランス共産党に入党し、レーニン主義に出会うことになる。その後、彼はモスクワに行きコミンテルンの活動に参加するが、このパリからモスクワへの旅は、明らかにフランス植民地支配には包摂されない、当時の世界情勢のなかでグエン・アイ・クォック自身が切り開いた、独自の「巡礼」の道であった。その後彼は、一九二四年にソ連から中国国民政府に派遣された顧問団の通訳として、中国の広州にやってきた。ここで、彼はベトナムの青年に出会い、ベトナム人の組織化という仕事に着手するのだが、広州で彼に出会った青年たちは、どのような「巡礼」をしてきた人々であったのだろうか。

ファン・ボイ・チャウは、日仏協約の成立によって東游運動が挫折し、日本から追放されると、一九一〇年にシャムにやってきた。チャウとその一党は、シャムの王族の援助を得て農園を開設し、反仏活動のための武器購入資金を捻出することを計画した。チャウ自身は、一九一一年中国で辛亥革命が成功し中華民国が樹立されると中国へ行き、一二年には中国でベトナム光復会（Viet Nam Quang Phuc Hoi）を結成するが、彼の同志の一部はシャムにとどまり、光復会の支部を結成した。シャムの光復会は、第一次世界大戦でフランスの敵国となったドイツの在バンコク領事館から武器を入手して、インドシナでの反仏武装反乱を組織しようとしたが、この路線はシャムが連合国、つまりフランスの側にたって大戦に参加したために失敗に終わった。

このような時に、光復会の活動家の一人だったダン・トゥク・フア（Dang Thuc Hua. 一八七〇～一九三一）という人物は、シャムに在住しているベトナム人に目をつけた。シャム、特にその東北部は、ベトナムの中部からは山を越えて歩いても二週間しかかからない距離にあるため、古くからベトナム国内で圧迫された人々が逃れてくる場所となっており、一九世紀末のベトナム中部での抗仏勤王蜂起の残党も来ていた。また二〇世紀に入ると、ラオスに来たベトナム人が、さらにメコン川を渡ってシャム領に入り、そこでさまざまな仕事をするようになっていた。ファ以外の光復会の活動家は、シャムにいるベトナム人の多くは「大事」をはかる資格のない人々であると見なして、あまり関心を寄せなかったが、ファは、これらの人々の愛国心に着目してその教育に力を入れるようになった。そして彼は、一九一九年以来、シャムの東北地方に拠点を設け、シャム在住ベトナム人子弟とともに、ベトナム中部のゲアン省やハティン省などから有望な青年たちを脱出させて教育を行い、その中の優秀な人材をさらにファン・ボイ・チャウのいる中国に送って政治教育を施すという計画の実現に乗り出したのである。

「出洋」という言葉は、以前は東游運動にしたがって日本へ行くことを意味していたが、一九二〇年代には、シャムなどを経由して中国へ脱出することを意味するようになった。二〇年代にゲアン、ハティン両省からシャムに脱出した青年は、一〇〇名前後に達したといわれる。これは、当時この地方からハノイのインドシナ大学に行った青年の数よりも多かった。ベトナム中部の反体制エリートの間では、シャム経由の中国への脱出という、植民地支配に包摂されない「巡礼」の道が開かれたわけである。広州にやってきたグエン・アイ・クォックが、最初につくった共産団（Cong San Doan）の九名のメンバーのうち五名は、ベトナム中部からこのシャム経由の「出洋」路で広州へやってきた人々であった。この「出洋」路を東游運動の遺産とするならば、植民地的「巡礼圏」の延長に、グエン・アイ・クォックが自前で開いたパリ－モスクワという「巡礼」路は、中国の広州でこの遺産と出会ったのである。

三　青年革命会からベトナム共産党へ

グエン・アイ・クォックは、この共産団を基礎として一九二五年には広州でベトナム青年革命会（Hoi Viet Nam Kach Menh Thanh Nien. 別名、ベトナム青年革命同志会、以下「青年」）を結成した。この組織は、会の目的を「生命、権利、思想を捧げて、国民革命（フランスを打ち破って故郷に独立をもたらす）を行い、しかる後に世界革命（帝国主義を打倒し共産主義を実現する）を行う」とし、会員の資格を「ベトナム人」に限定していたことからも明瞭なように、ベトナム人によるベトナムの「国民革命」（dan toc cach menh）のための組織であった。このように「青年」の特徴は、ベトナム・ナショナリズムと共産主義の結合であり、広州にいた急進的なベトナム人青年ナショナリストに、共産主義的な政治教育をほどこすことが、グエン・アイ・クォックが意図したことであった。そして、こうしたナショナリスティックな性格は、アジアのナショナリズムを同盟者にしようとしていた、当時のコミンテルンの路線にそうものでもあった。

グエン・アイ・クォックは、一九二七年に著した『革命の道』（*Duoang Kach Menh*）というパンフレットの中で、「国民革命」と「世界革命」の関係を次のように説明している。

「国民革命はまだ階級の区別を問わず、つまり士農工商がみな一致して強権にあたるのに対して、世界革命では無産階級を先頭にして進むという点で、この二つの革命は異なる面がある。しかし、この二つの革命は相互の関連ももっている。たとえば、ベトナムの国民革命が成功すればフランス資本主義が弱体化し、フランス資本主義が弱体化すれば、フランスの労働者、農民が階級革命を行うのも容易になる。そして、もしフランスの労働者、農民の革命が成功すれば、ベトナム国民も自由を得られるであろう。したがって、ベトナム革命とフランス革命は相互に連携しなければならないのである。」

このように、グエン・アイ・クォックは、ベトナムの「国民革命」の展望を、フランスの労働者、農民の「階級革命」、より広くは「世界革命」との結合の中に求めた。このこと自体が、外国との関係といえば、武器を供与してくれるような相手を求めることが主だった従来のベトナムのナショナリストの発想にはなかった点である。さらに、彼の発想は、フランス本国での革命の成功が植民地の革命の勝利の前提条件であると見る、当時のヨーロッパの共産主義者に多く見られたヨーロッパ中心主義ではなく、両者の相互関係という問題を提起している点でも、新鮮な内容をもつものだった（吉沢南、一九八二）。

「青年」が生まれた一九二〇年代の半ばは、ベトナムで最初の学生運動の高揚期であった。その契機となったのは、インドシナ総督暗殺未遂事件（二四年）、ファン・ボイ・チャウの逮捕（二五年）、そしてファン・ボイ・チャウと並ぶナショナリストであったファン・チャウ・チン（Phan Chau Trinh. 一八七二～一九二六、ファン・チュー・チンとも呼ばれる）の死去であった。こうした事件に触発されて高揚した学生運動で積極的な役割を果たした、若い急進的な知識青年は、伝統の既存の価値観に対して鋭い批判意識をもっており、こうした人々を吸収して「青年」は急速に発展し、その会員数は二七年には三〇〇人であったが、二九年には一七五〇人に達した。そして「青年」は、広州の本部のもとに、ベトナム国内の北圻、中圻、南圻にそれぞれ「圻部」という地方委員会を形成し、ベトナム人の政治結社としてははじめて全国的な組織網をもつ組織となったのである。

またグエン・アイ・クォックは、広州の「青年」の訓練教室に参加した人々の中から、チャン・フー（Tran Phu. 一九〇四〜一九三一）、レ・ホン・フォン（Le Hong Phong. 一九〇二〜一九四二）、ハ・フイ・タップ（Ha Huy Tap. 生年不明〜一九四一）などを、東方勤労者大学をはじめとするソ連での訓練に送った。これによって、フランスからソ連という経路だけでなく、ベトナム国内から広州を通じてソ連へという「巡礼」路も形成され、国内の急進的青年の「出洋」は「世界革命」と結ばれた。

しかし、広州での「青年」の活動は、一九二七年に中国で蔣介石による反共クーデタが起き、国民党と共産党の合作が崩壊するに及んで困難となり、グエン・アイ・クォックも脱出を余儀なくされた。この中国における国共合作の崩壊は、コミンテルンの植民地従属国に対する革命路線にも影響を与えた。コミンテルンは、それまでアジアのナショナリズムを積極的に評価し、その担い手としての中国国民党のような「民族ブルジョアジー」の政治勢力との協力を追求する路線を採用していたが、この中国での出来事を「ブルジョアジーによる裏切り」ととらえ、二八年の第六回大会で路線を左旋回して、植民地従属国においても階級闘争を強調するようになった。一方ベトナム国内でも、この時期には「青年」とよく似た性格をもつ、新越革命党（Tan Viet Cach Mang Dang）やベトナム国民党（Viet Nam Quoc Dan Dang）などが結成され、急進的青年の間で影響力を競い合うようになっていた。

このような状況のなかで、一九二九年に入ると「青年」の一部には、「青年」がナショナリスティックな傾向から脱皮して、階級闘争を担う共産党になる必要があると考える潮流が形成された。彼らは、二九年五月に香港で開催された「青年」の第一回大会で、同会の即時解散と共産党結成を提案した。この提案に対して、他の人々は、共産党結成の必要性は認めつつも、まだその条件は成熟しておらず、また「青年」の大会の場で共産党結成を議論するのは不適切であると反対した。そのため、共産党即時結成派は大会を途中でボイコットして国内に引き上げ、二九年六月に「インドシナ共産党」(Dang Cong San Dong Duong. 三〇年一〇月以降のインドシナ共産党と区別するため「　」に入れる) の樹立を宣言した。このグループを結成したのは、ゴ・ザー・トゥ (Ngo Gia Tu. 一九〇八〜一九三五)、グエン・ドク・カイン (Nguyen Duc Canh. 一九〇八〜一九三二)、グエン・フォン・サック (Nguyen Phong Sac. 一九〇二〜一九三一) など、グエン・アイ・クォックよりはひとまわり若い、当時二〇代の青年共産主義者であった。この党がインドシナという枠組みを掲げた理由を、「青年」の第一回大会が依然「ベトナム革命」という枠組みを維持していることを批判した当時の資料は、次のように述べている。

「大会(「青年」の大会のこと―引用者) は、ベトナム革命、すなわち中圻、北圻、南圻の革命に言及しただけで、同じく勤労人民が帝国主義と封建主義のくびきのもとに置かれ、この二重の抑圧からの自己解放のために闘争しなければならない、カンボジアとラオスのことを忘れてしまった。ベトナム革命の問題だけを提起するということは、各少数民族の革命精神を否定することであり、インドシナの革命運動を弱めることにほかならない。」(「ベトナム青年革命同志会第一回大会」)

「インドシナ共産党」グループが、インドシナという枠組みを党の名称に採用し、インドシナ革命を提唱した理由は、きわめて明瞭である。彼らは、急進的ナショナリストの政治組織がその影響力を競い合っていた当時のベトナムで、インドシナ革命、つまりは、カンボジア人やラオス人など、ベトナム人以外の諸民族と提携した革命を提唱する点に、自らと他のグループとの区別を求めた。つまり、彼らは、自分たちが真の国際主義者＝共産主義者であって、ベトナム人の狭いエスノ・ナショナリズムにとらわれた存在ではないことを示す証を、インドシナ革命の提唱に求めたのである。このことは、「インドシナ共産党結成宣言」の次のような一節からも明らかであろう。

「『青年』と新越（新越革命党のこと―引用者）の規約では、『ベトナム人であれば入会（入党）することができる』と述べられている。これを見れば、この二つの組織は、ベトナムという種族のなかから党員を求めるだけで、ベトナムで生活している他の民族、種族は、みな入会を認められていないことがわかる。共産主義革命をやろうというのに、このように民族、種族の枠組みにとらわれていては、どうしてそれができるであろうか。」

ここで「ベトナムで生活している」という部分は、インドシナ革命の論理からすれば、当然「インドシナで生活している」とすべきところであろう。なぜならば、この「宣言」は続けて、「上流部各地や、トー、マンの各州、およびラオス、カンボジアのような工業がまだ発展しないところでは、封建的な方法、つまりは王、首長やその臣下による圧迫が行われている」（トーは現在のタイー族、マンは現在のザオ〔Dao〕族に対して当時使用されていた言葉、現在は蔑称であるとして使用されていない）という、ラオスやカンボジアをも含めた分析が述べられているからである。この「ベトナム」と「インドシナ」の「混乱」は、当時、「インドシナ」と「ベトナム」という言葉が、時によっては相互に置換可能な言葉として使用されることがあったことを考えると、不思議ではない「混乱」であった。

「インドシナ共産党」グループは、このような発想から、「青年」や新越革命党を「階級的観点が欠落している」と非難し、その打倒を提起した。これに対して、「青年」本部や南圻で共産党結成に賛成していた人々は「アンナン共産党」(An Nam Cong San Dang) を、新越革命党の急進分子は「インドシナ共産主義者同盟」(Dong Duong Cong San Lien Doan) を結成して対抗し、それぞれがコミンテルンからの正統な共産党としての承認を求めて競い合うという状況が生まれた。

この時代、世界各国の共産党は、世界共産党であるコミンテルンの支部として存在していた。したがって、正式の共産党となるためにはコミンテルンの認知は決定的な条件であった。そのコミンテルンは、この「青年」の分裂と、青年共産主義者の組織の分立という事態を憂慮して、一九二九年一〇月二七日付けの執行委員会の書簡で、インドシナにおける単一の共産党の結成を強く指示した。コミンテルンは、二八年の第六回大会で、きたるべき世界資本主義の「危機」にそなえて、植民地従属国における共産党の結成を急ぐという方針を提起しており、その際には「植民地国家」の枠組みにそって「一国一党」の原則で党を組織することを方針としていた。この時点でコミンテルンが採用したのは、たとえ外国人であっても共産主義者は自分の居留国の共産党に属するという「居留国主義」であった。例えば、この組織原則にそって、日本にいた朝鮮人共産主義者はみな日本共産党の党員となった。このように、当時のコミンテルンが求めていた共産党は、その党の民族的な構成を問わず、対決すべき国家権力が支配している地域を自らの管轄とする共産党であり、いわば「地域共産党」とでも呼びうるものであった。このコミンテルンの考えからすれば、仏領インドシナに結成されるべき共産党は、インドシナ共産党でしかありえなかった。

広州脱出後、ソ連、ヨーロッパをまわって、当時シャムに滞在していたグエン・アイ・クォックは、コミンテルンの第六回大会における路線転換を十分には理解できない状況にあった。彼は、ベトナム人青年共産主義者の組織の分立を憂慮する知らせを「青年」本部関係者から受け、コミンテルン代表という資格で香港に「インドシナ共産党」、「アンナン共産党」、「インドシナ共産主義者同盟」の三グループの代表(「インドシナ共産主義者同盟」は実際には会議に間に合わなかった)を招集して、その組織統一をはかった。この結果誕生したのがベトナム共産党(Dang Cong San Viet Nam)である。

ここで、グエン・アイ・クォックが、ベトナム共産党という名称を採用したのは何故なのだろうか。一つには、この統一会議の最大の課題は三グループの統一であり、その達成のためには、三つのグループの一つと同名であるインドシナ共産党という名称は避けなければならなかったという事情があったことは事実であろう。しかし、当時のグエン・アイ・クォックは、コミンテルンの第六回大会の路線とはかなり異なる考えをもっており、共産党の組織のありかたもその一つで、ベトナム共産党という党名にもそれが反映されていると見ることも可能である。

この統一会議関係の資料で、最も信頼できる一次資料は、会議終了後にグエン・アイ・クォックがコミンテルンに送った党創立の「アピール」という英文の文献である。ここで注目されるのは、この資料では、「ベトナム」と「アンナン」という言葉の使い分けがなされているということで、党名には「ベトナム」

が使用されているのに対して、運動の目標としては「アンナンの独立」という表現がされている。まず言えるのは、「アンナンの独立」――これは中圻のことではなく、今流にいえばベトナムの独立のことだが、こうしたベトナム人がベトナムの独立のために闘う共産党という発想を、グエン・アイ・クォックが、この時点で依然として維持していたということである。これは、ベトナムの独立というナショナリスティックな目標を掲げているという点で、コミンテルン第六回大会の階級闘争重視路線と異なるだけでなく、党の構成員がベトナム人であるということにこだわるという点でも、コミンテルンの「地域共産党」とは明確に異なる考えで、いわばベトナム人の「民族共産党」という発想をグエン・アイ・クォックが持っていた証明ともいえるだろう。

もっとも、「アピール」中の「ベトナム」という言葉が、「アンナン」と同義であれば、こうした議論で問題はないのだが、この「ベトナム」が実はインドシナと置換可能な言葉であった可能性は否定できない。グエン・アイ・クォックの別の書簡で、「ベトナム（インドシナ）共産党」という表現が使用されているものもあることは、この可能性が高いことを示している（栗原浩英、一九九四）。もしそうであれば、グエン・アイ・クォックは、「インドシナにおける単一の共産党」というコミンテルンの組織方針をふまえ、インドシナを管轄する党にベトナム共産党という名称をつけ、これは「地域共産党」であるという説明をコミンテルン向けにはできるようにしながら、その中に「アンナン独立」などの「民族共産党」的な発想を潜りこませたという理解も成り立つのである。

ベトナムとインドシナが、ベトナム人の間で置換可能な言葉として使用される傾向は、当時のベトナム人の政治運動の現実を反映したものでもあった。ベトナム中部と中国を結ぶ「出洋」路であったシャムには、一九二六年以来「青年」の組織が形成されていた。このシャムの「青年」は、メコン河を越えてラオスの諸都市のベトナム人社会にもその組織を拡大し、「青年」の活動空間はインドシナ大的な地域へ広がっていたのである。このようにインドシナが、ベトナム人の政治運動の活動範囲となりつつあったことは、先にふれた「インドシナ共産党」グループの文書での「混乱」や、グエン・アイ・クォックの「ベトナム」概念の不明確さなどの原因になっていたかもしれない。

いずれにせよ明白なのは、このベトナム共産党という名称は短命であったということである。一九三〇年一〇月、モスクワからコミンテルン執行委員会の書簡を持参して戻ってきたチャン・フーの主導のもとに開催された第一回中央委員会で、ベトナム共産党という命名は「誤り」とされ、同党はインドシナ共産党と改称されることになる。

四　インドシナ共産党の誕生

コミンテルン第六回大会路線を本格的に持ち込んだのは、モスクワから帰ってきたチャン・フーという人物であった。「青年」によってモスクワの東方勤労者大学に送られた彼は、前節で述べたようにコミンテルン書簡を持って、一九三〇年に帰国した。彼は、書簡の原案を検討した二九年一〇月のコミンテルン東方局幹部会の討議にも参加しており、当時のコミンテルンの路線に精通していた。

このチャン・フーの指導のもとに、一九三〇年一〇月に第一回中央委員会が開催され、ここでグエン・アイ・クォックによって招集された二月の統一会議の決定は、党名を含めて無効であることが宣言され、党名をインドシナ共産党(Dang Cong San Dong Duong)と変更のうえ、コミンテルン第六回大会の路線にそった「政治綱領」案が採択されたのである。従来は、香港での統一会議によるベトナム共産党の結成を知ったコミンテルンが、党名や路線について統一会議の決定を批判する新たな指令を出し、それに基づいて開催されたのが、この第一回中央委員会であったと考えられてきた。しかし、最新の研究(栗原浩英、一九九四)によれば、このような新しい指令をコミンテルンは出しておらず、第一回中央委員会は、コミンテルンの二九年一一月書簡の内容にはそったものであったが、あくまでチャン・フーらの自主的行動であったようである。そうであれば、この時点でのインドシナ共産党への改称も、それがコミンテルンの方針と一致するものだったことは確かであるが、従来言われていたような「コミンテルンの押しつけ」の産物(ジャン・シェノー、一九六九)というよりは、ベトナム人青年共産主義者の自主的判断という性格が強いものだったということになる。インドシナ共産党の誕生は、前年に形成されていた「インドシナ共産党」グループなどがもっていたインドシナ革命論の延長に位置づけられるものであり、ベトナム人によるインドシナの主体的再解釈の一つの到達点であった。インドシナ共産党は、自らの新しい党名採用の理由を次のように説明している。

「以前国内の各グループが合同してベトナム共産党という党を樹立した。今後その名前をインドシナ共産党と改める。なぜか。ベトナム、カンボジア、ラオスの三地域は、通常三国と呼ばれているが、実は一つの地域を形成しているにすぎないのである。経済面では密接に結びつき、相互関係をもっている。政治面では、いずれもフランスによって統治され抑圧されている。この三つの地域のプロレタリアートとすべての被抑圧貧窮大衆は、帝国主義を打倒し独立をかちとり、王朝、地主を打倒して、自らを解放することを望んでいるが、それは個々バラバラの闘争によっては実現できない。したがって、プロレタリアートの前衛であり、すべての民衆を指導して革命を行う共産党も、ベトナム一地域、あるいはカンボジア、ラオス一地域のものであるわけにはいかない。革命の敵の統一し集中した勢力に対抗するためには、インドシナ全域のプロレタリアートの勢力を結集した、単一の共産党が必要である。」

このように、第一回中央委員会ではまず、革命運動の出発点を、ベトナム人の民族的願望よりも、インドシナが単一の支配のもとにあるという、植民地支配の現実に置くべきことが明示された。当面めざすべきものは、インドシナという枠組みでの「帝国主義の打倒」であり、かちとる「独立」は、ベトナムの独立ではなくインドシナの独立であった。インドシナ共産党の成立は、党員の大半がベトナム人であることを問わずに、インドシナ地域を管轄してフランス支配と闘うことを任務とする、「地域共産党」の誕生を意味していた。また、ここでのインドシナ共産党への改称は、たんにベトナム人の革命運動の活動範囲としてのインドシナという枠組みを明示しただけでなく（もしそれだけなら、グエン・アイ・クォックがベトナム共産党の「ベトナム」をインドシナの意味で使っていたとすれば、本質的な差はないことになる）、インドシナ革命のためにカンボジア人やラオス人やその他の諸民族と連携し、彼らを組織化するという課

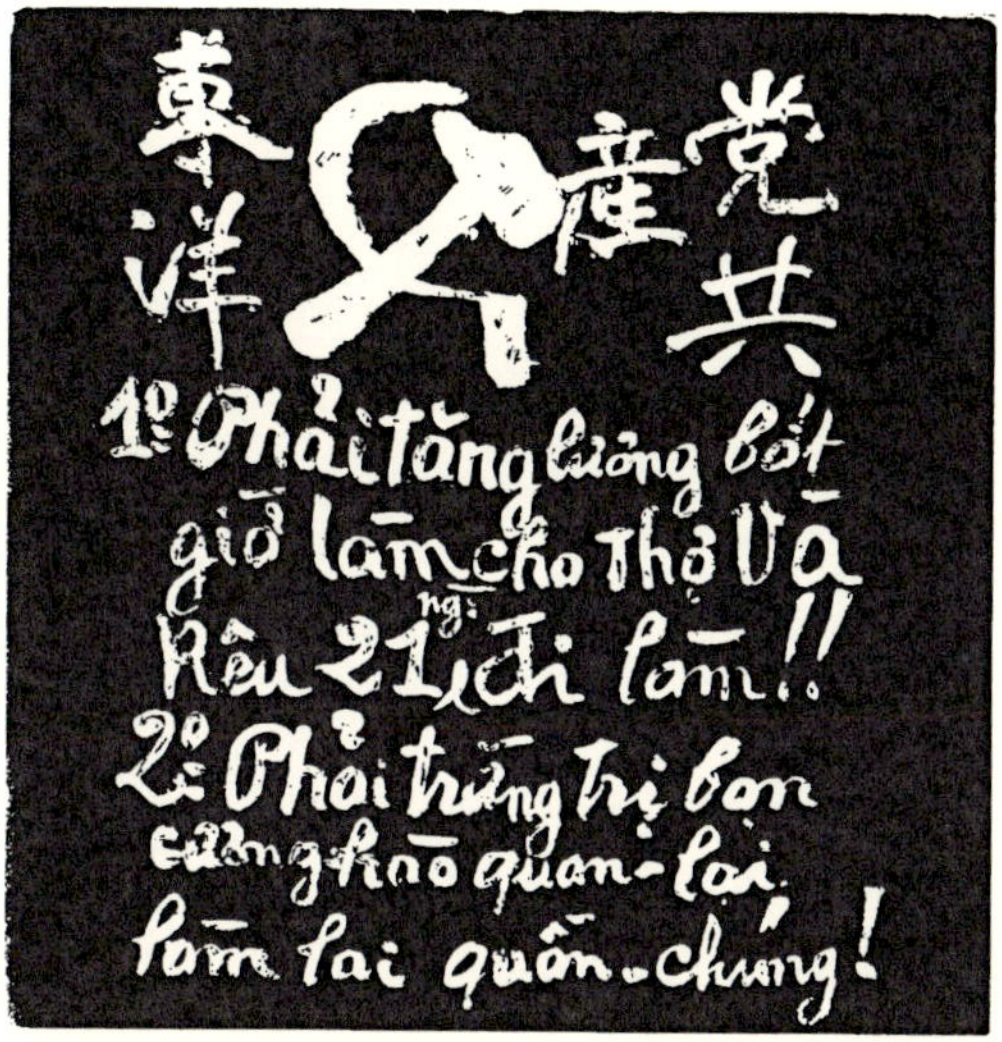

図5　インドシナ共産党のビラ

1931年，ゲアン省ヴィンでまかれた．「東洋共産党」とはインドシナ共産党のことである．

題を、ベトナム人共産主義者に明示する意味をもっていた。

インドシナ革命論は、発想としては「インドシナ共産党」グループなどにも見られたわけだが、こうした体系的な構想となるのは、一九三〇年一〇月のインドシナ共産党の誕生の時だといってよいだろう。やがてコミンテルンによって正式の支部として公認されるインドシナ共産党は、カンボジア人やラオス人との連携を明確な課題として意識した、最初のベトナム人の政治結社であり、それまでのベトナム人ナショナリストが明確な回答を提示していなかった、異質な文化をもつ周辺の人々との結合の論理の模索に、一つの回答を与える役割を、ベトナム人の政治史のなかで果たしたわけである。

こうしたインドシナ革命論の形成に大きな役割を果たしたのは、グエン・アイ・クォックよりも若い急進的な国際主義者であった。彼らへの評価は、西側諸国におけるベトナム研究では、コミンテルンへの追随者としてあまり高くなく、またベトナムでも、グエン・アイ・クォックへの評価が高まる傾向にある最近では、彼らへの評価は低下しつつある。しかし、この若い共産主義者のいわば「教条」的な国際主義によって、ベトナム人のインドシナ再解釈におけるベトナム中心主義が克服され、伝統的な「南国」意識の革新の課題への一つの回答が見出されたことは、強調されなければならない。

五　インドシナ革命の理念と現実

誕生したばかりの共産党は、ゲティン・ソビエト運動（ゲティンはゲアン、ハティン両省）を頂点とする大衆運動の高揚をつくりあげるが、植民地政権の激しい弾圧を招き、一九三一年半ばには、インドシナ内の党組織はほぼ壊滅状態におちいってしまう。この時期の党再建工作は、コミンテルンの指導のもとに展開されるが、その際に、インドシナに隣接する拠点として重要な意味をもったのが、南中国とシャムのベトナム人共産主義者であった。ここからベトナム国内へ向けた党組織の再建工作が展開されたため、南中国からベトナム北部平野部に出る間にある越北地方や、シャムからベトナムに行く途中にあるラオス、カンボジアの重要性が注目されることになり、これらの地域に住む諸民族への党の関心も高まっていくのである。

一九三〇年代前半のインドシナ共産党（正確にいえばコミンテルンによって設置された党再建のための機関がその内実である）は、インドシナ革命を強調し、ベトナム人活動家が、ベトナムという言葉を民族的な思いをこめて使用することを、「国家主義」として厳しく批判した。民族の論理にかわって共産党が運動構築の基本原理にしようとしたのが、階級の論理であった。当時のインドシナ共産党の考えは、次の文書の中に典型的に表現されている。

「われわれには、階級敵がいるだけであって、国家の敵、民族の敵がいるわけではない。われわれは、フランス帝国主義、地主、資本家、土豪、官僚によって抑圧され搾取されている、労働者、農民である。……フランス帝国主義を打倒するだけでなく、いかなる民族に属するのかを問わず、すべての地主、官僚一味を打倒し、インドシナ・ソビエト連邦をつくる。」（一九三五年三月、インドシナ共産党北圻幹部会議決議より）

ここに示されている論理は、階級を組織原理とした運動により、インドシナを、民族の区別を乗り越えた「階級的連帯」の枠組みとして、再編成しようとするものだった。この構想では、カンボジア、ラオスという枠組みは、ベトナムがベトナム人の民族的解放の枠組みではないのと同じく、民族的意味をもたない、ベトナムの三圻と同じ、インドシナを構成するサブ地域でしかなかった。そして、インドシナを基本的な枠組みとして、ベトナム人が「インドシナの多数民族」であり、カンボジア人、ラオス人を含めたその他の民族は「インドシナの少数民族」とされた。

インドシナ共産党が、この「インドシナの少数民族」に対する体系的な政策を提示するのは、党の再建大会となった一九三五年三月の第一回党大会（マカオで開催）の時である。この大会で採択された「各少数民族内での工作に関する決議」は、次のようなことを提起している。まず第一に、インドシナにおけるフランスの支配を打倒したのちに、各民族は自決権を行使して、「インドシナ・ソビエト共和国連邦」に加入するのか、独自の国家を樹立するのかを、自分の意思によって決定できる。第二に、インドシナ共産党自身は、「少数民族」に「連邦」からの離脱を強制するような政策はとらず、彼らの間で「兄弟的連帯の必要性と利益」を宣伝する。第三に、「連邦」結成後も、各民族は「連邦」加入の是非について、自由に決定でき、「連邦」内部では自治権を享受できる。これらは、レーニン以来のコミンテルンの「民族」政策の最も基本的な考えである、自決権、つまりは分離・独立の権利の承認という考えに忠実な政策で、分離・独立権をもつ共和国から構成されるソ連のモデルをインドシナに機械的に適用したものであった。ここでは、「インドシナの少数民族」は、すべて「自決権」の主体と想定されていたのだから、カンボジア人やラオス人だけでなく、山地の諸民族も「自決権」を行使する権利を承認されていたことになる。

このような、民族の枠を越えた「階級的連帯」の論理によって、多民族的な結合をもったインドシナを構築するという、この一九三〇年代前半のインドシナ共産党の路線はうまく機能したのであろうか。答えは否である。

まずカンボジア人、ラオス人のことを中心に考えてみると、この時期にインドシナ共産党の党組織は、カンボジアやラオスにも広がるが、そこでも組織の主な担い手はベトナム人であって、インドシナ共産党はカンボジア人やラオス人の結集という点では、三〇年代にはみるべき成果をあげられなかった。これは一つには、この時代にはカンボジア人やラオス人の間に、ベトナム人共産主義者が連携できるような政治運動が存在していなかったことによるものである。先にも述べたように、インドシナの中に位置づけられることによって、カンボジアとラオスでは、フランス式教育を受けた知識人層が薄いなど、ナショナリズムの発展の条件が著しく制約されていた。このことを端的に物語っているのは、自言語による新聞の発行状況で、一九世紀末にはすでにクォックグーによる新聞が出ていたベトナムに対して、カンボジア語紙が登場するのは一九三五年、ラオス語紙が出るのは四一年であった。しかも、植民地的なインドシナ「巡礼圏」から疎外されていたカンボジア人やラオス人の間では、官僚機構の中で多数を占めるベトナム人に対する反感は生まれていたが、ベトナム人と同じような形でインドシナを主体的に再解釈して、インドシナを舞台とする政治でベトナム人と連携をするような人が出現する可能性も少なかった。

植民地時代の東南アジアを「複合社会」としてとらえる議論がある。これは、複数の人種ないし民族が、同じ社会の中に存在しながら、互いに融合することがない社会をさす概念である。植民地時代の東南アジアでは、白人支配者と大半が農民である「原住民」の間を媒介する、植民地政権の徴税請負人や、「原住民」の生産する農産物を集荷して白人の経営する貿易会社に売り渡す商人などの中間階級、および「原住民」社会が供給しにくかった、港湾、鉱山、農園などで働く労働者として、中国人やインド人などの「東洋外国人」の移民が多数存在するようになった。華僑や印僑である。「原住民」から見れば、自分たちの社会に入り込んで、じかに税金を徴収したり、農産物を安く買いたたくのは、白人ではなく「東洋外国人」であるため、植民地支配に対する不満は、直接的には、白人よりも「東洋外国人」に向きやすい。逆に、移民である「東洋外国人」にとっては、かつてのように「原住民」の王朝が実権を握っていれば、その王族や有力者と婚姻関係を結ぶことは、居留地での地位向上の重要な手段となりえたが、いまや「原住民」として社会の最底辺に位置づけられた人々との婚姻は、なんの魅力もないものとなる。このような事情から、「原住民」と「東洋外国人」は、互いに融合することなく、むしろ植民地支配の矛盾がこの両者の間の対立として爆発しやすくなり、それだけ白人支配は安定する構造が生まれることになる。これが「複合社会」である（白石隆、一九八四）。

カンボジアやラオスでは、華僑の進出もあったが、他の東南アジアで華僑や印僑と似た役割を果たしたのはベトナム人（越僑）であった。インドシナ共産党の組織が、カンボジアやラオスのベトナム人の間に生まれると、このような「複合社会」状況のもとでは、それが「原住民」であるカンボジア人やラオス人の組織化に成功することは、きわめて困難であった。これも、インドシナ共産党によるカンボジア人やラオス人の結集が進まなかった一因であった。

さらに、インドシナ共産党の運動論そのものにも問題があった。「階級的結集」を重視した当時のインドシナ共産党が、最も重要な組織対象としたのは労働者であった。ところが、インドシナの労働者の間で、カンボジア人やラオス人の占める比重はきわめて低かった。一九二九年の統計では、インドシナの雇用労働者の民族構成は、ベトナム人が一八万九〇八一人、華僑が一万五九七四人、カンボジア人が六三九二人、ラオス人が三三一〇人であった。このような状況では、「労働者階級」の結集という階級の論理で、民族の枠を越えた運動を構築することは、著しく困難であった。

また、この時期のインドシナ共産党は、「少数民族」すべてを自決権行使の主体とすることをうたってはいたが、それぞれの民族が自らを民族として組織していく運動論はもっていなかった。例えばラオスという枠組みは、ラオス人の民族的解放の枠組みではなく、インドシナを構成するサブ地域にすぎなかった。したがって、そこの党組織や大衆団体は、ラオス人を多数包摂する組織となることが望ましかったが、かりにベトナム人の組織であっても、原理上は問題がなかったのである。

植民地的なインドシナ「巡礼圏」には、多民族的な結合をつくりあげるという契機は、あまり含まれていなかった。ところが、この時代のインドシナ共産党は、労働者とか越僑といった、この植民地的なインドシナの産物によりながら、多民族的な結合をもつインドシナを形成しようとしていたわけで、そこにそもそも無理があったともいえるだろう。

しかし、ベトナム人党員が大半を占めるインドシナ共産党に、路線転換をせまることになったのは、こうしたカンボジア人やラオス人の問題ではなく、当のベトナム人の間での運動が直面した問題であった。

ヨーロッパにおけるナチス・ドイツの台頭（ナチスの政権獲得は一九三三年）は、インドシナ共産党をめぐる状況にも、新しい変化を生み出すことになった。ヨーロッパでは、ファシズムと戦争の危機に対抗し、それまで抗争を繰り返していた社会民主主義者と共産主義者が協力して、自由主義的な人々とも手を結び、人民戦線という形で結集する動きが出現した。コミンテルンも、一九三五年に開催された第七回大会で、この人民戦線を支持する方向に路線を転換した。第六回大会からの階級闘争至上主義的な路線に歯止めがかかり、ファシズムと戦争に反対する国民的な団結を形成するために、国際共産主義運動が大衆運動における「民族的契機」を再評価するようになったのである。

このコミンテルンの路線転換の影響もあって、フランスでは一九三六年春の総選挙で左翼勢力を結集した人民戦線派が勝利をおさめ、社会党を中心とする人民戦線内閣が形成され、共産党も閣外で協力をする姿勢をとった。人民戦線内閣は、本国では極右団体を解散させたり、週四〇時間労働法を導入するなど、それなりの改革を実施したが、植民地に関しては積極的な改革には手をつけなかった。それでも、インドシナの場合には、政治犯の釈放、検閲の緩和などの措置が実施され、植民地的抑圧は若干緩和され、インドシナ共産党も、公然と活動することが可能になった。人民戦線内閣が、植民地社会でも積極的な改革に取り組んでくれるのではないかという期待はインドシナにも広がり、三六年以降は、都市のベトナム人を中心として各地で政治運動が高揚することになったのである。

インドシナ共産党は、このような状況のなかで、当面は「フランス帝国主義打倒、インドシナの独立」というスローガンを掲げず、本国の人民戦線と連帯して植民地における民主主義の拡大を追求するという、新しい政策を提示した。共産党が提唱した人民戦線型の統一戦線は、「インドシナ民主戦線」と呼ばれた。政治犯の釈放によって国内の党組織を再建した共産党は、各地における大衆運動の組織者として、その組織と影響力を拡大したが、そのなかで同党がベトナム人の民族的結集という運動論をもっていないことの問題性も浮き彫りになる。

本国に人民戦線内閣が成立し、植民地的抑圧が緩和されたために、植民地で噴出した大衆運動という性格の強いこの時期の運動においては、クォックグーを武器とするベトナム人の民族的結集力が誇示された。

クォックグーを使用できる識字人口は、一九二〇年代の半ばの段階では、まだベトナム人人口の約五％、七五万程度であったが、その後の公教育の拡大、クォックグーの表現能力の向上、識字意欲の増大などによって、三九年には人口の約一〇％、一八〇万人にまで達するようになった。これに、検閲制度の緩和が重なって、三六年〜三九年はクォックグーによる定期刊行物が爆発的に増加する時期となった。この、クォックグーを武器とした改良要求運動では、ベトナム人官吏の待遇をフランス人官吏並みに引き上げよ、などの、ベトナム人の地位向上の要求が強く出されることになった。ところが、民族的枠組みとしてのベトナムを運動論に位置づけることを、「国家主義」として排斥してきたインドシナ共産党は、このような問題に関しても、「原住民官吏」とフランス人官吏の同等の待遇という主張しか、展開することができなかったのである。

さらに、本国の人民戦線との連帯という枠組みのなかで植民地の運動を展開しようとしていたインドシナ共産党の政策は、人民戦線内閣による植民地統治の改革が進展しないことが明らかになるにつれて、さらに困難な状況に追い込まれることになった。一九三九年の南圻の議会選挙で、共産党の候補者が、反帝国主義という姿勢を鮮明にしてフランス政府の政策を批判したトロツキスト・グループ（反コミンテルン的立場をとり、共産党と対立していた共産主義者グループ）に敗北したのも、そのためであった。

一九三〇年代後半の人民戦線の時代に噴出した、ベトナム人のクォックグー・ナショナリズムは、インドシナ共産党に、民族的枠組みとしてのベトナムを運動のなかに位置づけるという、路線転換をせまったのである。

六　シャムのベトナム人共産主義者

ベトナム中部からの「出洋」青年が、最終目的地である中国へ行くための「通過点」であったシャムを、ベトナム人の政治活動の恒常的な拠点にかえる努力をしたのは、シャムの東北地方のベトナム人社会の中に組織を形成した青年革命会であった。特に、一九二八年八月から二九年の末にかけて東北地方で活動したグエン・アイ・クォックは、「出洋」青年にシャム語の学習を求めたり、「青年」傘下の組織が「出洋」青年だけでなく、シャムに長く在住しているベトナム人のより積極的な参加を求めるべきだと提言したりして、ベトナム人の政治活動にとってのシャムの位置のこのような方向への転換を促進したのである。

シャムが「青年」の活動拠点の一つになったため、一九三〇年二月にベトナム共産党が結成された時点で、そこには四〇名あまりのベトナム人共産主義者が存在していた。これは、結党当時の党員数三一九名の中では比較的大きな数字であった。

ところが、ベトナム共産党結成後の一九三〇年三月にシャムに戻ってきたグエン・アイ・クォックが、「青年」の中で共産党結成を準備していた人々にもたらした方針は、彼らがベトナム共産党の党員になるのではなく、バンコクにいる華僑共産主義者とともにシャム共産党の結成に加わるというものであった。これらの華僑共産主義者は、それまでシンガポールを中心として東南アジア在住の華僑を結集していた南洋共産党の党員であった人々であった。

この時点で、グエン・アイ・クォックは、コミンテルンから南洋共産党の改組という課題を与えられていたようである。その改組の指針は、コミンテルンの「一国一党」の原則と「居留国主義」であり、南洋共産党はマラヤ共産党とシャム共産党に分離されることになった。そして、シャム在住のベトナム人共産主義者は、「居留国主義」に従ってシャム共産党に加わることになったのである。

もっとも、ベトナム人共産主義者のエネルギーは、シャム共産党の党員となってからも、しばらくはベトナムの革命運動と密接に関係する分野で発揮されることになった。それは、ゲティン・ソビエト運動に対するフランス植民地政権の弾圧を逃れてシャムに脱出してきた、ベトナム中部のインドシナ共産党員を糾合して、ベトナム国内での党再建工作をシャムから行うという活動であった。このような活動のために、一九三二年にシャム共産党内に設置されたのが、インドシナ援助部という機関であった。インドシナ援助部の活動は、ゲアン、ハティン両省の党組織再建に大きな役割を果たすと同時に、シャムの東北地方からベトナム中部へ行く途中にあるラオスの諸都市における共産党組織の結成にも成果を生んだ。三三年には、ビエンチャン、サバナケット、タケク、パクセなどの都市や、ボーネンとフォンチュウの鉱山のベトナム人の間に党組織が結成され、三四年九月には、こうしたラオス各地の党組織の代表者があつまって、インドシナ共産党のラオス地方委員会が結成された。ラオスの党組織は、形式上、インドシナ共産党の組織であったが、実質的な組織者はシャム共産党のインドシナ援助部であった。

このインドシナ援助部の活動は、ベトナム国内の運動と直結したものであり、ラオスにおけるその活動も、ベトナム人を主な組織対象としたものであった。これは、ベトナム人共産主義者の民族的な精神にはあう活動であったが、共産主義者は国際主義者として、居留国の革命運動の発展に尽くすべきだとする、当時のコミンテルンの正統的立場からすれば、問題のあるものだった。コミンテルンのインドシナ共産党再建機関から、ラオスの党組織は「種族主義的、愛国主義的」傾向が強いという非難を受けるが、それはラオス人ではなくラオスで活動しているベトナム人共産主義者の傾向を問題にしたものだった。

このようなことから、シャム共産党内のベトナム人共産主義者も、一九三四年頃からは、「シャム革命」への貢献、具体的にはシャム人の組織化という課題をより重視するようになった。その背景には、三二年のシャムの立憲革命以後、立憲派政府は、タイ人のナショナリズムを強調し、華僑やベトナム人などへの排斥を強め、これら外国人が中心的な役割を果たしている共産党への弾圧を強化するようになっていたという事情もあった。しかし、「シャム革命」への傾斜は、当然のことながら、ベトナム人共産主義者をシャム政府との衝突に向かわせることになる。その結果、三七年頃までにはシャム共産党のベトナム人党員の大半は、逮捕されるか国外に追放されてしまった。

シャム政府の獄中では、ベトナム人共産主義者の間で、激しい論争が展開された。それは、ベトナム人共産主義者は、ベトナム人の組織化を主要任務とし、シャムをベトナム人の革命運動の長期的な拠点とするように努力すべきだという主張と、シャム人を組織し「シャム革命」に貢献することこそ基本任務であるという意見の間での論争だった。

七　越北地方の共産党組織

このように見てくると、一九三〇年代のインドシナ共産党は、ベトナム人以外の諸民族の結集には全く成功していないように思われるかもしれないが、一つだけ例外があった。それは、中国と国境を接するベトナム北部の越北地方の諸民族の組織化であった。

越北地方の主要民族は、今日のベトナムの民族分類でタイー族とヌン（Nung）族と呼ばれている民族である。この両民族は、中国の南部からベトナム北部にかけて分布していたタイ系民族が、歴史的に分化をして成立したと考えられている。この分化は、一一世紀の中頃にこの地域に一時タイ系民族の独立王国をたてた儂智高の運動が鎮圧されて以降に進展したもので、中国側には「中国化」の進んだチワン族が、ベトナム側には「ベトナム化」の進んだタイー族が形成された。このチワン族の一部は、戦乱や自然災害が発生した時などに南下して、越北地方に住み着いた。これが、現在のヌン族である。

フランス植民地時代の越北地方のタイ系民族の社会の変化は、土司の弱体化であった。特に第一次世界大戦後の植民地開発のなかで、新興地主層による土司の土地の侵食が進んだ。また、タイー族の土司はベトナムの朝廷と結びつくことによってその権威を形成していたため、少数民族首長をベトナムとは切り離して直接に掌握するというフランスの政策は、彼らに対しては権威の源の切断を意味していた。

タイー族社会の有力者は、このような社会変化に対する対応策として、ベトナム人との文化的障壁が少ないことを活用し、その子弟を積極的にベトナム人と同じ学校に送るようになった。こうして一九二〇年代には、タイー族の間に、ベトナム人青年と「巡礼圏」を共有する知識青年が、出現するようになったのである。この中から、二〇年代半ばに学生運動に参加し、その後「青年」に加わって共産主義者となる、ホアン・ヴァン・トゥ（Hoang Van Thu. 一九〇六～一九四四）などが現れたのである。一九二九年末、中国の広西省の機械工場にいたトゥを含む三人のタイー族出身者が、「アンナン共産党」グループに属する共産党支部を結成した。彼らが、現在知られているかぎりでは、ベトナム人の共産党に加わった最初の少数民族出身者であった。

中国のチワン族の社会にも容易に溶け込めたこれらタイー族出身の共産主義者は、一九三〇年代の前半の運動が困難な時期にも、活動を継続することができた。これに注目したのが、コミンテルンからインドシナ共産党再建工作のために派遣されて南中国に来ていたレ・ホン・フォンである。フォンは、三二年末にトゥらの党組織と出会い、それをインドシナ共産党カオバン＝ランソン臨時連省委員会として、タイー族出身党員の故郷のカオバン、ランソン両省での活動だけでなく、ベトナム北圻平野部との連絡路の形成にもあたらせた。トゥらタイー族出身党員たちは、越北地方のヌン族の間にも党組織を広げ、北圻における党組織の再建に大きな役割を果たした。そのため、三五年三月に開催されたインドシナ共産党第一回大会の政治決議は、「トー族（タイー族のこと―引用者）、ヌン族の積極分子」が党の指導機関に参加していることを、重要な成果の一つとして指摘している。

三〇年代後半の人民戦線の時代になると、越北地方の党組織は大衆運動の組織化にも積極的な役割を果たすようになった。こうした状況は、インドシナ共産党内部でのホアン・ヴァン・トゥの位置を上昇させることになった。彼は、三八年に北圻地方委員会委員、三九年に同地方委員会書記（書記は責任者のこと）、四〇年には臨時中央委員、四一年には党の最高指導部である三名の中央常任委員会の委員の一人となったのである。

インドシナ共産党のラオスの党組織は、一九三四年に地方委員会が成立するものの、ラオス人の結集に成功しないまま、三五年にはフランスの弾圧で事実上崩壊してしまった。これに対して、越北地方の党組織は、タイー族共産主義者という地元出身者によって構成され、タイー族やヌン族の社会に根をおろしたものであったため、組織を維持し持続的な発展をすることができたわけである。

しかし、タイー族党員が、その出身である越北地方のタイ系民族の組織化に大きな役割を果たすという構図は、当時のインドシナ共産党から見れば、やや問題のあることだった。一九三五年の第一回党大会の決議では、「少数民族出身（特にトー人）の同志の、トー人の運動とインドシナのその他の諸民族との連携を軽視し、国際主義的精神が欠如した地方主義」と闘わなければならないという指摘がなされている。これは、タイー族出身幹部が、タイー族やヌン族の間での運動の形成にのみ熱心で、ベトナム人との連携という課題には消極的であることを問題視したものであったと思われる。

当時のインドシナ共産党の革命論では、ホアン・ヴァン・トゥらに期待されたことは、タイー族の新たなエスニック・リーダーになることではなく、民族の枠を超越したインドシナ革命の組織者として活躍することだった。そのため、三五年以降はトゥにも、平野部のベトナム人居住地域でも活動することが求められるようになった。彼が、北圻地方委員や中央委員に任命されたのも、そのような考えからだった。一方、ベトナム人青年と「巡礼圏」を共有していたトゥらは、高いベトナム語能力をもち、こうした期待に応えることができたのである。

ところが、当時のインドシナ共産党は、他方ではトゥらを、ベトナム人幹部とは区別された、「少数民族出身幹部」として扱っていた。国際主義を重視していた当時の党としては、その指導機関に「異民族」出身者がいることを強調する必要があったためである。民族を超越するはずの国際主義が、ベトナム語の能力などの面でベトナム人とほとんどかわりなかったトゥたちを、あくまでも「異民族」扱いするという、民族の相違を強調するような結果を招く逆説が、ここには存在していた。あるいは、これは、同胞の異化という、小中華思想の伝統の反映ともいえるかもしれない。

一九三九年にはフランス本国で人民戦線内閣が最終的に崩壊し、第二次世界大戦が勃発して、インドシナ共産党もふたたび非合法の地位に追い込まれ、「インドシナ民主戦線」という国際主義的な試みにも終止符が打たれた。ここに、インドシナの運動も世界史も、新しい時代を迎えることになるのである。タイー族知識青年という、ベトナム人と「巡礼圏」を共有した人々を媒介とした、越北地方での党活動の発展は、この新しい時代により大きな意味を発揮することになる。

第四章
独立が現実となった時代と「地域国家」ベトナム

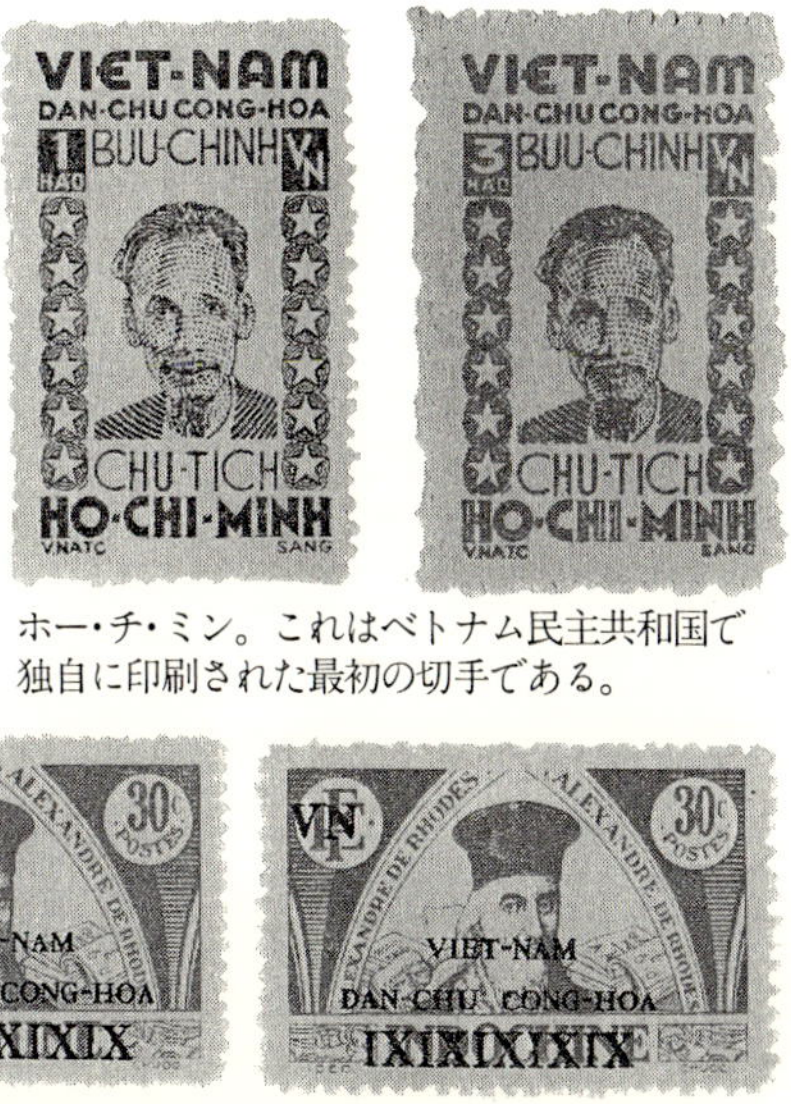

ホー・チ・ミン。これはベトナム民主共和国で独自に印刷された最初の切手である。

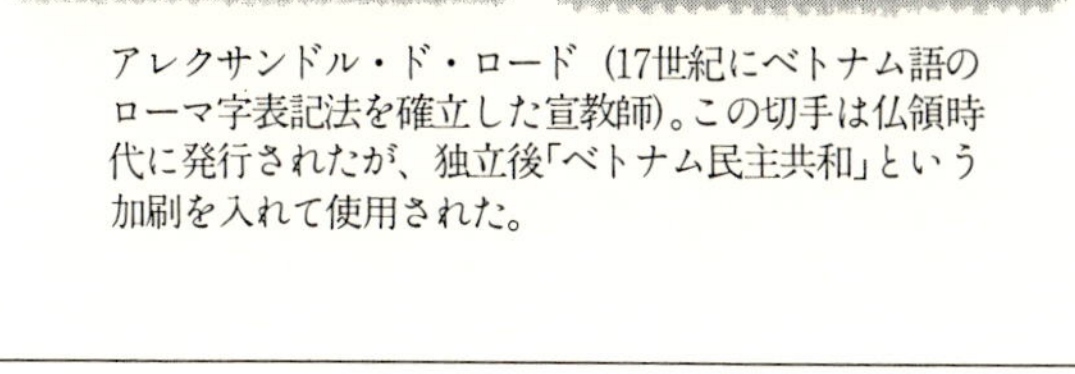

アレクサンドル・ド・ロード（17世紀にベトナム語のローマ字表記法を確立した宣教師）。この切手は仏領時代に発行されたが、独立後「ベトナム民主共和」という加刷を入れて使用された。

年 表

1939年　第二次世界大戦勃発
　　　　インドシナ共産党第6回中央委員会
1940年　日本軍，北部仏印進駐
　　　　インドシナ共産党第7回中央委員会
1941年　インドシナ共産党第8回中央委員会，ベトミン結成
　　　　日本軍，南部仏印進駐
　　　　太平洋戦争勃発
1945年　日本軍，仏印処理，インドシナ三国に「独立付与」
　　　　ベトナム八月革命，ベトナム民主共和国独立宣言
1946年　第一次インドシナ戦争本格化
1947年　東南アジア連盟結成
　　　　自由タイ政府，クーデタで崩壊

一　第二次世界大戦

第二次世界大戦勃発後の一九四一年、三〇年ぶりにベトナムの土を踏んだグエン・アイ・クォックは、翌四二年に「わが国の歴史」という詩を作成しているが、その最後の一節は「一九四五年・ベトナム独立」となっていた。この「予言」は、独立がにわかに現実的な課題として考えられるようになった、この時代の雰囲気をよく物語っているといえるだろう。

一九四〇年六月、フランス本国がドイツに降伏し、このフランスの苦境につけこんで、同年九月には日本軍が北部インドシナに進駐した（北部仏印進駐）。さらに、四一年七月に日本軍が南部インドシナにまで進駐した（南部仏印進駐）ことは、アメリカやイギリスなどの強い反発を招き、同年一二月の太平洋戦争の開始へとつながる。この一連の出来事は、それまで一見揺るぎないように見えていたフランスのインドシナ支配が、きわめて深刻な危機にあることを示すものであった。このような状況のなかで、インドシナ共産党も、植民地支配に終焉をもたらす機会が接近しつつあることを確信するようになる。この確信は、三〇年代のインドシナ共産党の国際主義的路線の限界が顕在化していたこととあいまって、同党を「民族的契機」を重視する路線に導くことになった。そして、そのことが、一九四五年のベトナム八月革命の成功とベトナム民主共和国の樹立という、グエン・アイ・クォックの「予言」の実現につながったのである。

第二次世界大戦は、ベトナム―インドシナに限らず、東南アジアの歴史にとっても、大きな転換点となった（J・M・プルヴィーア、一九七七）。それまで、その大半が欧米の植民地支配のもとにあったこの地域は、大戦後には次々と独立を達成することになる。太平洋戦争がはじまると、日本軍は、東南アジアの欧米植民地政権を軍事力で排除し、東南アジア全域を自らの支配下に置いた。この日本支配と、戦後の東南アジア諸国の独立の因果関係については、前者が後者に貢献したとする見方を含め、さまざまな議論がある。ここでは、第二次世界大戦期までには、東南アジアの人々の「民族的覚醒」が、独立を認めないかぎりは、戦争協力はできないという水準にまで成長していたということを強調しておきたい。第一次世界大戦の時には、東南アジア植民地は、ヨーロッパ戦線での宗主国の戦いに多数の人力を提供したが、この植民地の貢献は見返りの約束なしに行われたものであり、大戦後になってようやく、こうした貢献の代償として、植民地の自治や待遇改善を要求する動きが見られただけであった。これに対して、第二次世界大戦が勃発し日本の脅威が迫って来た時、東南アジアの欧米植民地政権は、植民地防衛のために人々の協力を求めるが、多くの東南アジアの政治家は、もはや明示的な独立の約束なしには戦争協力はできないという姿勢をとったのである。日本が「大東亜解放」を標榜し、一部の東南アジア諸国に「独立付与」をしたのは、明らかに、これ以外に日本の戦争に対する東南アジアの人々の協力を組織する手段がなかったからである。中国戦線に加えて、広大な東南アジアを連合軍の包囲の中で防衛しなければならなかった日本にとっては、こうした現地住民の協力は支配の維持のために不可欠であった。しかも、日本が付与した「独立」と戦後の独立は、単純な延長線上にあるのではなく、東南アジアの人々が、「天から降ってきた独立」としての、日本が与えた「独立」の限界を認識し、独立はあくまで「自力」によって獲得すべきものであることを自覚したところに、戦後の独立が存在したのである。したがって、東南アジア諸国の独立を、「日本の与えた恩恵」と見る議論は、日本人の一人よがりといわれてもしかたがない面をもっているといえるだろう。

東南アジア史にとっての日本支配の意味には、もう一つの側面がある。それは、日本支配によって、歴史上はじめてこの地域が単一の支配者によって統治されたということである。東南アジアを意味するSouth-east Asiaという言葉が、国際社会で広く使用されるようになるのは、この日本支配下の東南アジアに対する連合軍の反攻のために、一九四三年に「東南アジア司令部」が設置されてからであった(矢野暢、一九八六)。このような意味で、第二次世界大戦は、東南アジアという新しい地域枠組みを世界史の舞台に登場させたわけである。

二　ベトナムの「復活」

第二次世界大戦が勃発した一九三九年から四一年にかけての三回の党中央委員会(第一期第六回中央委員会＝三九年一一月、第七回中央委員会＝四〇年一一月、第八回中央委員会＝四一年五月)を経て、インドシナ共産党の方針は、「民族解放革命」路線に大きく転換した。この新路線は、次のような特徴をもっていた（ここでいう「民族解放」とは、国民国家としての自立を達成することを目標としたものであり、本書の用語法では国民とすべきところであるが、「民族解放」という概念が歴史上すでに定着しているので、ここでは「　」をつけて「民族解放」としてある。「民族」は国民の意味にとられたい）。

第一は、「民族」解放つまりは独立の達成を、当面する革命の最も重要な課題として明確に認識したことである。第八回中央委員会は、「現在の段階では国家が第一であり、全体の利益に害を与えるような部分的な要求、民族的な権利の障害となるような階級的要求は、一時棚上げして、あとで解決するようにしなければならない」として、地主階級の打倒をめざす土地革命などは当面の課題とせず、「帝国主義の打倒」＝独立の達成に全力を結集するという意味で、革命の性格を「民族解放革命」と規定した。

第二は、ベトナム人の「民族」的解放の枠組みとして、ベトナムという枠組みを明示する必要が認識されたことである。ベトナム民主共和国という国家構想を提示し、その樹立を推進する統一戦線組織としてのベトナム独立同盟（Viet Nam Doc Lap Dong Minh. 略称ベトミン）の樹立を決定した第八回中央委員会は、ベトミン提唱の理由を次のように説明している。

「わが党の現在の戦術は、きわめて一貫した呼びかけ方法を運用して、なんとかして人民の中に古来ある民族精神を呼び覚ますということである。したがって、現在のわが党が結集する統一戦線は、以前のようにインドシナ反帝民族統一戦線と呼ぶことはできず、より民族的で、より呼びかけやすい鮮烈さをもち、そして何よりも現在の情勢の中で実現可能なものに名称を変更しなければならない。そこで、ベトナムで現在わが党が呼びかける戦線は、ベトナム独立同盟、略称ベトミンである。」

ここに、ベトナム人共産主義者の革命戦略の中にベトナム革命という枠組みが「復活」したわけである。この「復活」は、上記の引用からも明らかなとおり、ベトナム人の民族性が革命運動に位置づけられる場が必要であるという認識から出発したものであり、あくまでもベトナム人の事情から出発した転換であったという意味では、ベトナム第一主義的な性格の転換であった。

しかし第三に、この転換は、インドシナ共産党が従来のインドシナ革命を放棄し、ベトナム革命という旧来の路線に「復帰」したことを意味するわけではないことも、強調しておかなければならない。この時期のインドシナ共産党は、第七回中央委員会決議が、「インドシナに生きている諸民族は、みなフランス、日本の統治のくびきのもとにある。したがって、もしやつらを追い払うことを望むならば、この民族やあの民族だけの力では不十分であり、インドシナ各民族すべての統一した力が必要である」としていることからも明らかなように、引き続き、インドシナという次元での「統一した力」の結集、つまりはインドシナ革命が必要であると考えていた。

この第七回中央委員会の決議で、インドシナ次元の「統一した力」の構成要素が、一九三〇年代のような「インドシナのプロレタリアート」ではなく、「インドシナ各民族」とされていることに、注目しなければならない。この時期のインドシナ共産党の転換は、インドシナ革命を放棄したのではなく、インドシナ革命の構成原理を、「階級」から「民族」に転換したものであった。

それでは「民族」を原理としたインドシナの「統一した力」は、具体的にはどのように結集することが展望されていたのであろうか。第八回中央委員会は、「わが党とベトミンは、カンボジアとラオスの各民族がカンボジア独立同盟、ラオス独立同盟を結成するのを全力をあげて支援し、のちにインドシナ独立同盟が形成されるようにしなければならない。……そしてベトナム、カンボジア、ラオスに住んでいるその他の少数民族に関しては、われわれは、彼らを独自の団体に組織したうえで、それぞれの地域の同盟（ベトナム独立同盟、カンボジア独立同盟、ラオス独立同盟—引用者）に参加させるようにする」という提起を行っている。ここでは、「ベトナム独立同盟」、「カンボジア独立同盟」、「ラオス独立同盟」が、狭い意味のベトナム人、カンボジア人、ラオス人（それぞれの多数民族であるキン族、クメール族、ラーオ族）だけでなく、ベトナム、カンボジア、ラオスに居住しているそれぞれの少数民族をも結集した、国民戦線であることが構想されている。インドシナ次元の「統一した力」の結集は、この三つの国民戦線の同盟として形成されることが構想されたわけである。

この構想は、ベトナム人をインドシナの「多数民族」とし、カンボジア人、ラオス人を含むその他の民族を「少数民族」としていた、一九三〇年代のインドシナ共産党の考えとは、大きく異なっている。まず第一に、ベトナム、カンボジア、ラオスという枠組みが、当面の独立＝国民国家樹立の枠組みと考えられるようになった。例えばラオスという枠組みは、三〇年代のようなたんなるインドシナ連邦を構成する一つの地域ではなく、ラオス人がその他のラオスに居住する諸民族とともに国民的解放を達成する枠組みになったのである。このベトナム、カンボジア、ラオスという枠組みで独立を達成したのち、もし三国の間で合意が成立すれば、「インドシナ民主共和国連邦」という、インドシナ次元の連邦国家が樹立されることが展望されていた。第二に、それまでインドシナの「少数民族」であったカンボジア人、ラオス人は、それぞれ国民国家カンボジア、ラオスの主要民族として、その国民的団結の中心を担うものと見なされるようになった。第三に、従来は、カンボジア人、ラオス人以外の「少数民族」も、すべて自決権行使の主体と考えられていたわけだが、この構想では、これらの少数民族は、「ベトナム国民」、「カンボジア国民」、「ラオス国民」の一部を形成するものと考えられるようになり、その自決権は原理的には否定されることになる。

かくして、一九三〇年代にはベトナム人共産主義者の革命運動から追放されていた、ベトナムという枠組みが「復活」をした。しかし、この「復活」したベトナムという概念は、それまでのものと異なっていることに注意しなければならない。それまでは、インドシナ共産党の文献でも、「ベトナム民族（dan toc Viet Nam）」という場合には、狭義のベトナム人、キン族を意味していた。この点では、ベトナムをキン族の排他的な枠組みと考えるナショナリストと、共産党の間には差がなかった。だからこそ、三〇年代の共産党は、この「ベトナム民族」という概念を「狭隘な民族主義」として排斥していたのである。しかし、この四〇年代の初期に形成された路線では、ベトナムという枠組みは、キン族を中心としつつも、ベトナムに居住するその他の少数民族を包摂した枠組みとなった。そのため、しだいにインドシナ共産党も、「ベトナム民族」という用語は「ベトナム国民」の意味で使用し、狭義のベトナム人のみを指す時には「キン族」ないし「ベト族」という言葉を使用するようになる。ベトナムという枠組みは、共産主義運動のなかで、一度インドシナという枠組みの中に溶解させられ、それが四〇年代に「復活」した時には、多民族的構成をもつものとして、新しい意味が付与されたのである。このかぎりでは、三〇年代のインドシナ革命論は、ベトナム人に異質な人々との結合という課題を明示し、そのエスノ・ナショナリズムを相対化させ、ベトナム人の独占物でないベトナムが四〇年代に入って構想されるうえで、積極的な意味をもったといえるだろう。

さてベトミンの組織化にあたっては、一九三〇年代には共産党が禁句としていた、「龍仙の子孫」という言葉がふたたび使用されるようになった。しかし、この言葉の意味は、二〇年代とは全く違って解釈されるようになった。二〇年代までは、この言葉が使用される時には、神話の前半のベトナム人の「貴種性」を提示した部分が注目され、ベトナム人が周辺諸民族とは異なることが強調されていた。だが、四〇年代以降は、神話の後半部分、すなわち貉龍君にしたがって海岸平野に行った子供と、嫗姫にしたがって山地に行った子供が、同じ卵から生まれたという部分が重視されるようになった。つまりこれは、「平地民」であるベトナム人と、「山地民」である周辺諸民族が、同じ胞から生まれた「同胞」であることを示していると解釈されるようになり、「龍仙の子孫」は、ベトナム人とベトナムの少数民族の結合のシンボルと見なされるに至ったのである。

このような、民族を組織原理の中心にすえたインドシナ革命論を形成したベトナム人共産主義者は、民族的な政治主体を構築する条件が、狭義のベトナム人とその他の諸民族の間では異なっており、ベトナム人が先行せざるをえないことを、はっきり自覚するようになっていた。ここで、ベトナム同様の国民国家形成の枠組みとして考えられはじめていたカンボジアとラオスに関しては、ベトナムよりも、国民的な運動の発展の基盤が脆弱であることを認識し、その国民的政治主体の形成を「援助」することが、ベトナムの運動の「義務」であると見なされたのである。ここに、ベトナム人の「大国主義」的発想を見ることも可能ではあろうが、さしあたり重要なことは、これが、植民地的なインドシナ「巡礼圏」の特質に対する、ベトナム人共産主義者なりの対応であったという点である。ベトナム人およびベトナム国民の積極性を最大限有効に発揮させ、その「援助」によって、カンボジア国民、ラオス国民の運動も発展させ、インドシナを三つの国民国家の同盟（さしあたりはそれをめざす三国の国民戦線の同盟）として再編成しようというのが、一九四〇年代前半に形成された、インドシナ共産党の新しいインドシナ革命論であった。

三　越北根拠地

「ベトナム民族」という言葉が、狭義のベトナム人の独占物ではなく、少数民族を含めて使用されるようになった場所は、ベトミン運動の最大の拠点となった越北地方であった。ここでは、越北地方がベトミンの根拠地として発展する経過を見ておきたい。

一九四〇年九月、日本軍の北部仏印進駐は、日本とフランスの協定に基づいて行われたが、日本軍の一部武力南進論者はこの協定の存在を無視して、中越国境のランソン地区でフランス軍との衝突事件を引き起こした。この事件によって、この地方のフランス支配機構が恐慌状態におちいったのを見て、越北のバクソンというところのインドシナ共産党支部は、独自の判断で蜂起を組織した。これがバクソン蜂起である。この蜂起自体は、態勢を建て直したフランスの弾圧に直面するが、蜂起のなかから生まれたゲリラ組織は、越北地方の少数民族が国境をはさんで中国側のチワン族ともっていた親族関係などを活用して、その勢力を温存することに成功し、救国軍という名称で、インドシナ共産党中央直属の最初のゲリラ部隊となって、越北地方におけるベトミンの拠点建設に貢献した。このバクソン蜂起の結末は、同じ四〇年一一月に南部で発生した南圻蜂起が、それに対する植民地政権の弾圧のために、それまでインドシナ共産党最大の党勢を誇っていた南圻の組織に壊滅的な打撃を与えることに帰結したことと比較すると、大きく異なっていた。これは、越北地方の山地というフランスの弾圧を回避しやすい立地と、その少数民族の国境を越えた中国との密接な関係が生み出した相違であったと思われる。

これに加えて、越北地方がベトミンの最大の拠点として発展するうえで大きな意味をもったのが、グエン・アイ・クォックをはじめとする当時のインドシナ共産党の中央指導部が、カオバンを拠点として活動したということであった。グエン・アイ・クォックは、一九三八年末にソ連を離れ、中国共産党の拠点であった延安を経由して、四〇年の初頭には南中国へやってきた。同年一二月、グエン・アイ・クォックは、中国広西省の靖西で、党中央を代表して彼に会いに来たホアン・ヴァン・トゥと会い、バクソンと南圻での蜂起や第七回中央委員会に関する報告を受けた。ここで彼は、緊急に自らの主宰で党中央委員会を開催することとし、その場所として越北のカオバンを選んだ。グエン・アイ・クォックがカオバンを選んだのは、地元に比較的強力な組織と運動が存在していることに加え、中国ともベトナム北部平野部とも連絡をしやすく、また武装闘争を発動した際に、攻めるにも守るにもよい地形をもっていると考えたためだといわれている。

翌一九四一年二月、グエン・アイ・クォックは、中国国境に近いカオバン省のパクボに入り、ここに活動拠点をおいた。ここで五月には、第八回中央委員会が開催され、その後も、グエン・アイ・クォックのほか、ファム・ヴァン・ドン（Pham Van Dong. 一九〇六～。その後長年ベトナム民主共和国首相をつとめ、九四年現在ベトナム共産党中央委員会顧問）、ヴォー・グエン・ザップ（Vo Nguyen Giap. 一九一〇～。その後長くベトナム民主共和国国防相をつとめる）などの党の中央幹部は引き続きカオバンにとどまり、ここで少数民族の間に、救国会と呼ばれるベトミンの基礎組織を建設する活動に従事することになったのである（ボー・グエン・ザップ、一九七二）。

かくしてカオバンは、ベトミン組織発祥の地となる。このカオバンでのベトミンの組織化に大きな役割を果たしたものに、一九四一年に作成されたベトミンの政策を簡明に解説した「ベトミン五字経」という歌がある。それには、次のような一節がある。

フランスと日本の軍を破り、国が独立してこそ、幸せと喜びがえられる、
かくてはじめて人は人となり、牛馬のごとき運命を脱することができる、
民が政府を選び、民が自由をえて、自由に集まり是非を論じ、商売、往来も自由、
自分の国の国土の中で、トーもムオンもマンもヌンもキンも、
慈しみあって親愛の情で結ばれる。

この「ベトミン五字経」は、ヴォー・グエン・ザップがザオ語版をつくるなど、さまざまな少数民族の言葉に翻訳され、その組織化に活用された。筆者の知るかぎりでは、「ベトミン五字経」は、新しく形成

されるべきベトナム国家が多民族国家であり、ベトナムという枠組みを、キン族は他の諸民族と分かち合うのだということを、インドシナ共産党の宣伝文書の中ではじめて明示したものである。少数民族が住民の大多数を占めるカオバンにおいて、ベトナム独立同盟というベトナムを看板に掲げた組織に人々を結集しようとするならば、ベトナム＝狭義のベトナム人のものという図式は打破されなければならなかったわけである。

このカオバンをはじめとする越北地方では、ベトミンの基礎組織としての救国会は、日常生活のなかで機能していた民族の壁（エスニック・バウンダリー）を越えた、新しい世界を人々に提供する役割を果たしていた。当時の越北地方では、「トー」（タイー）、「マン」（ザオ）、「ヌン」といった民族的区別は、日常生活での資源をめぐる人々の間の争いの枠組みであった。越北地方の盆地平野の土地をめぐる、「先住民」と「新参者」の競争の枠組みとして機能していたのが、「トー」と「ヌン」の区別であり、平地での農業が困難になった人々が山地の焼畑に進出し、そこでもともとの高地民との間で緊張が生まれた時に機能するのが、平地民と「マン」の区別であった。

救国会では、入会にあたって行われる宣誓の儀礼によって、従来の日常生活のなかにあったさまざまな確執を越えて、「フランスと日本をうつ」ために一つの結社の中で団結する「同志」であるという自覚を、会員にもたせる努力が行われていた。また、秘密保持の要請から、会員には変名がつけられたが、これも宣誓同様、従来の生活における人間関係とは異質な人と人との関係を形成するうえでは大きな意味をもったように思われる。このような方法で、救国会は、それに加盟した人々にとって、従来のエスニック・バウンダリーを越えた新しい世界を提供する役割を果たした。初期のカオバンのベトミン運動の主な担い手は、タイー族やヌン族であったが、そこではタイー族やヌン族の運動という性格は、ほとんど強調されていない。むしろ「トー人」という蔑称をベトミン運動がそのまま使用していたことにも示されるように、この時期に革新されたのは、このような次元での民族性（エスニシティ）ではなく、それを超越した新しい世界を構築したという点にあった。このような組織方法は、伝統的なエスニック・リーダーであった土司の権威が崩壊しつつあった、越北のタイ系住民の間では特に有効であった。

ベトミン運動は、カオバンを中心として隣接するバクカン、ランソン両省の各地に広がり、一九四二年の末にはカオバンには州（日本の郡にあたる行政単位）の実権を事実上ベトミンが掌握した「完全州」が出現するようになった。これに対してフランスは、四三年から四四年にかけて、越北地方のベトミン根拠地に対する激しい掃討作戦を展開した。この弾圧によって、例えばカオバン省の「完全州」であったハクアンでは、四三年には五四五三名に達していた救国会会員が、四四年には三九九名に減少している。しかし、激しい弾圧にもかかわらず、このような依然として強力な救国会組織を維持できたことは、ベトミン運動がこの地域にはすでに深く根をおろしていることを示していた。

このカオバンの武装勢力を基礎として、四四年一二月二二日には、ベトナム解放軍宣伝隊が結成された。今日のベトナムの正規軍である人民軍の前身の誕生である。この宣伝隊という名称は、政治宣伝を軍事作戦よりも優先するということで、つけられた名前であった。一定の地域の軍事的力関係を転換しうる程度の軍事力を備えた小部隊が、政治宣伝を基本的な任務として、住民の組織化に大きな役割を果たすというありかたは、これまでの越北地方での革命武装勢力の活動の経験をふまえたもので、この方法は、その後、越北以外の少数民族地域やカンボジアやラオスに派遣されることになる武装宣伝隊のモデルとなった。

越北地方のベトミン運動は、一九四五年三月、日本軍がフランス植民地政権を打倒するクーデタを行って以降、さらに成長して、四五年六月四日には、カオバン、バクカン、ランソン、タイグエン、トゥエンクアン、ハザンの六省にまたがる越北解放区が正式に樹立されたのである。これは、八月革命の前夜における、ベトミン最大の根拠地であった。このことは、ベトナム人共産主義者に、越北地方の少数民族を「ベトナム国民」の構成員として認知させ、ベトナムという枠組みをキン族の排他的な所有物ではなく、多民族が共有すべき枠組みとして認識させるうえで、決定的な役割を果たした。この越北解放区の中心のタンチャオで同年八月一三日から開催されたインドシナ共産党全国会議と、ベトミンの国民大会で、八月革命の総蜂起が決定されるが、その直後にホー・チ・ミン（この名称は、グエン・アイ・クォックが一九四二年八月に中国にいった時にはじめて使用した変名で、漢字では胡志明――志明らかなる外国人の意――となる）が「ベトナム国民（quoc dan Viet Nam）」に宛てて書いた書簡には、「ベトナム独立同盟は、士、農、工、商、兵士などの各階層、ベト族、トー族、ヌン族、ムオン族、マン族などの諸民族を含む、千数百万の会員をもっている。ベトミンの中でわが同胞は、男女、老若、宗教、貧富の区別なく、固く手をとりあっている」とある。かくして、越北地方を最大の根拠地としたベトミン運動が形成した国家＝ベトナム民主共和国は、多民族国家を自任して誕生することになる。

四　日仏共同支配と一九四五年飢饉

フランスとの協定によって日本軍が進駐していたインドシナでは、太平洋戦争がはじまって、日本軍が東南アジアにおけるアメリカ、イギリス、オランダの植民地政権を武力で打倒してからも、フランス植民地政権が存続していた。インドシナは、日本が支配した東南アジアで、ヨーロッパの植民地政権が存続する、例外的な地域となった。もっとも、フランス植民地政権は、日本から出されるさまざまな無理難題に応じる以外にその存在を守る道はなかったわけで、今日のベトナム史では、この時代のことを「日本＝フランス共同支配期」と呼んでいる。

日本がフランス植民地政権を温存した理由は、二つあったと思われる。第一は、当時のインドシナのフランス植民地政権が、本国のヴィシー政権の管轄下にあったということである。ヴィシー政権は、フランスのドイツに対する降伏の後、非占領地に成立した親独政権であった。したがって、日本がインドシナを奪うことは、同盟国ドイツへの背信行為になりかねない面があったのである。第二は、資源獲得という、日本の最大の戦争目的からすれば、日本が欧米の植民地政権を武力で排除し、その経済、行政機構を日本の手で再建しなければならない方式よりは、既存の植民地政権をまるまる活用できるほうが、効率的であったということである。

第二次大戦中の日本のインドシナに対する投資額は、二億三〇〇〇万円で、日本が軍政支配下においていた他の東南アジア諸国に比べるとかなり少なかったが、貿易相手国としては、一九四一年で第三位（中国、タイにつぐ）、四二年・四三年で第二位（中国につぐ）、四四年で第三位（中国、インドネシアにつぐ）と高い位置を占めていた。日本がインドシナに期待した最も重要な資源は米であったが、インドシナから日本内地への米の輸入は、四〇年で輸入総量の二五・九％、四一年が二五・二％、四二年が三七％、四三年は五六・三％と、船舶輸送が可能な時期には、きわめて高い比率を示していた。このほかに、インドシナは東南アジアに展開した日本の南方軍の兵站基地として位置づけられ、インドシナ米は食糧不足地域に展開する日本軍にも補給されていた。

大戦末期に、連合軍のインドシナ上陸という事態が予想されるようになり、その際のフランス植民地政権の対日協力が期待できなくなった日本は、一九四五年三月九日に植民地政権を打倒するクーデタを起こし（仏印処理）、インドシナを事実上単独で支配するようになったが、この時までフランスとの共同支配を続ける積極的な理由が日本にはあったのである。

太平洋戦争中、インドシナは大きな戦闘もなく、特に南部地域は物資も豊富で、当時東南アジアにいた日本人の間では平和で豊かな東南アジアの「オアシス」といったイメージがもたれていたが、他方では日本＝フランス共同支配下での効率的な資源収奪により、住民の生命と植民地支配の矛盾が極点にまで達した面があった。それが、一九四四年から四五年にかけてベトナム北部を襲った大飢饉であり、このような事態のなかで、ベトミン運動という東南アジアで最も強力な解放運動が成長したのも偶然ではなかった。

一九四四年の秋作から四五年の春作にかけて、ベトナム北部は天候の不順に襲われたが、この時発生した飢饉が、一説に餓死者二〇〇万人（この数字は、一九四五年九月二日にホー・チ・ミンが読んだベトナム民主共和国の独立宣言にある〔早乙女勝元、一九九三〕といわれる、大惨事にまで至ったのは、戦争がからんだ以下のような事情が加わったためであった。

まず第一に指摘しなければならないのは、日本の米への要求に応える一方で、対日反抗に踏み切る場合に必要な自らの備蓄も満たすためにフランス植民地政権が実施していた、米の強制買付け制度である。これは、一定量の米をきわめて安価で植民地政権に供出することを求める制度で、四三年のトンキン理事長官の決定で、籾一〇〇キロの買付け価格は一四・五ドン（米の場合は二六ドン）と定められていたが、これは当時の市場価格の半分程度であり、インフレが進行する四四年になると、市場価格の八分の一で、生産に必要な八〇ドンにすら及ばない価格であった。

四四年の秋作の場合、フランスがベトナム北部で買い付けたのは一二一・五万トンの籾で、この時の収穫の八分の一であった。このうち、約五万トンは都市民への配給用であったから、七万五〇〇〇トンあまりが、日本とフランスの備蓄にまわされた計算になる。このような方法でフランスが溜め込んだ米は、四五年三月の仏印処理までに五〇万トンに達したといわれている。この米の強制買付け制度のために、農村の窮乏化が進行するとともに、通常は農村に蓄積されている飢饉用の備蓄がほとんどなくなるという事態を生み出していた。これが、飢饉の被害を一挙に深刻なものにする原因となったのである。

第二は、軍事的需要のために、繊維性、油性作物の栽培が強制され、食糧生産が低下していた事情が指摘されなければならない。ベトナム北部でも、戦時中には綿、ジュート、落花生、ヒマ、胡麻などの繊維性、油性作物の栽培が奨励され、一部の地域では農民に転作を強制するようなことまで行われた。この結果、ベトナム北部では、戦争前には五〇〇〇ヘクタールしかなかったこれら作物の栽培面積が、四四年には四万五〇〇〇ヘクタールにまで拡大していた。これは、食糧、特に非常時には大きな役割を果たす雑穀の生産を減少させることになった。四万ヘクタールの耕地があれば八万八〇〇〇トン程度のとうもろこし（籾換算で六万四〇〇〇トン）が収穫できたはずであり、この分、飢饉の被害が拡大することになったわけである。

第三は、ベトナム南部から北部への米の輸送の減少である。ベトナム北部は、慢性的な食糧不足地域であるため、以前から世界の三大米輸出地の一つである南部のメコン・デルタからの米の移入に依存をしており、四一年には約一八万五六〇〇トンの米が南から北へ運ばれていた。ところが、四四年になるとインドシナの輸送路に対する米軍機の爆撃が激しくなり、かつフランスも日本も自らの軍事的必要を優先させたため、南から北への民生用の米の輸送は激減し、六八三〇トンの米が運ばれただけであった。

このような要因が重なって、紅河デルタから中圻北部にかけて、四五年一月頃から餓死者が出るようになり、その被害の規模はきわめて深刻なものになった。この飢饉は、フランス植民地政権の崩壊からベトナム民主共和国の誕生までの間という、激動期に発生したため、その実態に関しては十分な記録が残されていない。そのため、被害の規模を特定することは、今となっては著しく困難であるが、次の三点は確認できる。

第一に、餓死者二〇〇万というのは、八月革命直前の時期から言われていた数字であり、この飢饉の被害が甚大であったことを象徴するものとして、長い間ベトナムの人々の間では信じられてきた数字であるということである。

第二に、現時点で飢饉の被害をかなり正確に特定できるのは、村落単位の調査である。このような調査によると、ベトナム北部には、第二次世界大戦後三〇年間続いた戦争（抗仏戦争、抗米戦争）での犠牲者よりも、この飢饉の時の犠牲者の数のほうが多い村が多数存在していることが確認できる。つまりは、この飢饉が、二〇世紀最大の惨劇であった村がたくさんあるということである。ここに若干の具体的例をあげておく。

	〔四五年飢饉時の死者〕	〔抗戦の「烈士」*〕
タイビン省クインフー県クイントー村	四九八名	六〇名（抗仏のみ）
ハイフン省カムビン県カムドン村	二七二名	一一七名
ヴィンフー省ヴィンラク県トゥオンチュン村	二五八名	二二六名

*「烈士」は革命勢力の一員として戦争で犠牲になった人。

第三に、このような比較的精度が高いと思われる調査から出てくる数値を、当時の人口との比率で考えてみると、数％から四〇％以上ときわめて地方差が大きいのだが、現在得られているさまざまな数値から見て、飢饉の被害は、どんなに少なく見ても数十万、おそらくは一〇〇万を超えることは、ほぼ間違いないように思われる。例えば、省レベルの数字が出ている例として、旧ナムディン省の二一万二二一八人という記録があるが、これは四五年当時の同省の推計人口の約一七～一八％程度の数値である。ナムディンは飢饉の被害の大きかった省であること、および飢饉発生地域の総人口が約一〇〇〇万弱であったことからすれば、上述のような推論が成り立つのだが、この時の飢饉の全体的な被害状況を解明するには、まだ多くの調査が必要な状況であることを強調しておいたほうがよいだろう。

五　仏印処理と八月革命

日本＝フランス共同支配は、結果として長期化することになったが、東南アジアの他の地域で排他的な軍事支配を行っている日本が、いずれはフランス植民地政権の排除に乗り出すであろうという観測は広く存在していた。ベトナム人ナショナリストの一部にも、日本の支援によって独立を回復しようと考えた人々がいた。このような親日的ナショナリストが、一九四三年に結成したのが、ベトナム復国同盟会（Viet Nam Phuc Quoc Dong Minh Hoi）という組織だった（以下「復国」と略称する）。

このグループは、かつてファン・ボイ・チャウらによって光復会の盟主に担がれ、その後も日本との関係を保持していた、阮朝王族のクオンデ（Cuong De. 一八八二～一九五一）を首班とする「ベトナム臨時政府」を樹立する計画をもっていた。そして、日本の支援をえて、ベトナム、カンボジア、ラオス三王国が独立を回復した後、この三国で連邦を結成し、その連邦の「首領」にはクオンデが、「副首領」にはカンボジア王とラオス王がなるという「インドシナ改組計画」が存在していた。

この「復国」グループの計画は、その後、日本がインドシナにおけるフランス植民地政権打倒のクーデタの実施を決断するに及んで、インドシナ駐在の日本大使府のインドシナ統治案の基礎となった。一九四五年一月一六日に大使府から重光《しげみつ》葵《まもる》大東亜大臣に送られた「仏領印度支那処理要綱案」には、「仏領印度支那ノ処理ハ安南国（ベトナムのこと―引用者）独立ヲ当面ノ目標トシテ施策ヲ推進シ次イテ『カンボヂア』及『ラオス』ヲ加エテ越南連邦ノ結成ヲ促進ス」という、フランス領インドシナに代わる「越南連邦」構想というものが提示されている。また、この「要綱案」は、「安南」に関しては「クーデタ」を行うということで、現皇帝バオダイを廃位して、クオンデを擁立する「独立政府」の樹立を想定していた。

しかし、この親日派ベトナム人と日本大使府の構想は、実際に一九四五年三月九日に日本軍が仏印処理を行った時には、全く実行されないで終わってしまった。これは、日本軍部が、連合軍のインドシナ上陸への対処に全力を注がなければならない時に、ベトナム政府の親日的再編成やインドシナ次元の連邦の再組織などに労力をさく余裕などなく、できるだけ現存統治機構を活用することで事態に対処すべきだと、強く主張したためだった。日本は、仏印処理後に、ベトナム、カンボジア、ラオスの三王国が、既存の体制のままで「独立」を宣言することだけは認めたが、それは、現地のナショナリズムの吸収を積極的にはかるというよりは、当時、日本が終戦仲介者として期待していたソ連に対する外交的な配慮からなされた、きわめて名目的なものであった。つまり、敗色が濃かった日本の指導者は、中立条約を結んでいたソ連を仲介者とする終戦工作に期待をかけていたが、そのソ連がフランスと同盟関係にあったため、仏印処理が日ソ関係に影響することを危惧していた。そこで考えられたのが、ソ連は「自決」には賛成だから、インドシナ三国に独立を宣言させれば、ソ連を刺激しないですむだろうという案だったわけである。

日本は、ベトナム、カンボジア、ラオスの三国王に「独立」を宣言させた。ベトナムの場合には、バオダイの廃位は行われず、クオンデの帰国すら実現しなかった。また、インドシナ総督府の権限に関しては、土橋勇逸第三十八軍司令官が「インドシナ総督職務執行」になったのをはじめ、旧総督府の要職を日本人が「代行」するという形の統治が行われることになった。

この日本の政策は、その後のインドシナ—ベトナムのありかたに大きな影響を与えることになった。まず第一に、ここで「越南連邦」といった現地の人々の手によるインドシナ次元の連邦組織が結成されず、ベトナム、カンボジア、ラオスが別個に「独立」を宣言するという形式が採用されたことは、この地域における国家形成の枠組みが、ベトナム、カンボジア、ラオスという三国になるという方向で定着するうえで、大きな意味をもった。第二に、ベトナムに関してみると、クオンデの帰国が実現しなかったことは、親日ナショナリストを失望させ、その結果としてバオダイのもとで形成された新政府は、それまで政治活動の経験をあまりもたない、無党派の知識人を中心とするものとなった。それが、四月に成立するチャン・チョン・キム（Tran Trong Kim. 一八八二～一九五三）内閣である（白石昌也、一九八四）。第三に、日本の既存統治体制温存策は、飢饉への政治権力の対処を困難にした。仏印処理後に事実上インドシナの単独支配者となった日本軍は、来るべき連合軍上陸への備えを固めることに関心を集中させており、「独立」を付与したベトナムの民政には無関心であった。一方、チャン・チョン・キム政府は、行政の実権をフランスの総督府が握り、名目上の統治機関にすぎなかった阮朝の権限と組織をもっていただけで、飢饉に対する有効な救済策をうちたくても、それを実施する実力をもっていなかった。特に、フランスの直轄領であったコーチシナは、引き続き日本の管理下に置かれ、その「返還」が決定されたのは八月であったため、米が余っていたコーチシナから飢えた北部への食糧輸送を、キム内閣は本格的には組織できなかった。

このようななかで、大飢饉という危機からの離脱方法を提示しえた唯一の政治勢力がベトミンであった。ベトミンは、「籾倉を襲って食糧を奪い、人々に分配せよ」というスローガンを掲げて人々を結集し、各地で日本軍やベトナムの地方政権が管理していた食糧倉庫襲撃運動を組織した。仏印処理以前は、人口が密集している平野部でのベトミンの影響力は、フランス植民地政権の有効な弾圧体制に封じ込められていたが、仏印処理後は、植民地体制の警察機構が弱体化したこともあり、この食糧倉庫襲撃運動を通じて、ベトミンの影響力は飢饉に苦しむ北部農村一帯に急速に拡大したのである。

この飢饉の問題は、都市の無党派知識人の動向にも大きな影響を与えた。仏印処理の直後には、日本による「独立付与」を「天から降ってきた独立」として歓迎し、チャン・チョン・キム内閣を支え、飢饉救済などのボランティア活動を行う都市の合法的な青年運動の中心を担うようになった彼らも、キム内閣が飢饉に有効に対処しえない状況を見て、しだいに、独立とは他人の恩恵として与えられるものではなく、自力で獲得すべきものであるという認識をもつようになった。こうした認識は、当時の状況では、彼らをベトミンへの参加へ導くことになった。このような知識人とその影響下にあった合法的青年運動の動向は、ベトミンが、それまで基盤が弱かった大都市でも勢力を確立するうえで重要な意味をもったのである。

かくして、一九四五年八月、日本の連合国への降伏の知らせをつかんだベトミンが、総蜂起の指令を出した時には、越北根拠地のようなベトミンの武装勢力が展開していた地域だけでなく、ベトナム全国の都市や農村に、この呼びかけに積極的に呼応する準備ができており、阮朝の高官やチャン・チョン・キム内閣の閣僚にも、密かにベトミンと連携する者が生まれていた（白石昌也、一九八四、一九九四A。ファム・カク・ホエ、一九九五）。ベトミンの八月革命は、きわめて大衆的な革命であり、そのために、北部だけでなく南部を含め、ほぼ全国でベトミン政権が樹立されるという、全国性をもつことができた。インドシナ共産党の組織の強弱には、大きな地域的格差があったが、この八月革命の全国性は、ベトナム民主共和国に他の政治勢力にはない正統性を付与することになった。

この大衆的で全国的だった八月革命への参加を通じて、人々は新しい自分を発見していた。八月革命の総蜂起のなかで、多くの人が、自分とまわりの人々が生まれ変わったように感じていた。このように感じた人々の集合が、「ベトナム国民」という新しく「発見」された集団性であった。作家のグエン・ディン・ティ（Nguyen Dinh Thi. 一九二四〜）は、「われわれひとりひとりは、もはやバラバラの弱々しい存在ではないのだ。われわれ全体を、われわれの家族や村や隣近所を大きく包むなにものかを、われわれは発見したのだ。それが国民である」と述べている。四五年八月に熱狂的に金星紅旗（ベトナム民主共和国国旗。現在の社会主義共和国の国旗でもある）をうちふった体験を共有する集団、それが新生ベトナム民主共和国を支えたベトナム国民であった。この体験は、少数民族を含めて、ベトナム三圻に住む多くの人々によって共有されていた。フランス植民地支配が境界線を引いたベトナム三圻という空間を、自らの「神聖な領土」とするベトナム民主共和国において、人々がベトナム三圻の統一性という、それまで必ず

出典） *45 Nam Hoat Dong Cua Dang Lao Dong Viet Nam (1930-1975)*, Cuc Xuat Ban Bao Chi An Hanh, Saigon, 1975. 図7・8も同.

図6　八月革命後フランスへの抗戦支援のため北から南へ向かう青年の集会（1945年）

図7　1946年ベトナム民主共和国の最初の総選挙によって成立した内閣

しも自明とはいえなかった原理を、「神聖」にして「不可分」の原理と認識したのも、この四五年八月の体験の共有によってであった。

六　東南アジアの「地域国家」ベトナム

この一九四五年の八月革命によってベトナムの人々が築いた秩序としてのベトナム民主共和国を、国際社会が受け入れていれば、その後のベトナム―インドシナの歴史は、大きくかわっていたであろう。しかし実際には、旧植民地宗主国のフランスが、インドシナ植民地を放棄する意図をもっていなかったのをはじめとして、当時の国際社会には、まだその用意はできていなかった。第二次世界大戦後のベトナムは、独立への願望を組織したベトナム民主共和国という秩序に並行して、連合国のポツダム会議が決定した、日本軍の武装解除のために、北緯一六度線を境として、北部には中国軍（国民党軍）が、南部にはイギリス軍が進駐するという、国際社会が押しつけた秩序が存在することになった。この南部に進駐したイギリス軍の支援を受けて、四五年九月二三日には早くもフランスのインドシナ復帰が開始されたのである。このフランスのインドシナ復帰には、ベトナム民主共和国だけでなく、カンボジアやラオスの反フランス独立勢力も抵抗した。ここに、五四年七月のジュネーブ協定の調印まで続く、第一次インドシナ戦争がはじまる。

この第一次インドシナ戦争の初期、つまりは、中華人民共和国の成立によって、この戦争が世界の東西両陣営の対決の一角をなす戦争、すなわち、冷戦体制の中の熱戦という性格を帯びるまでの時期は、ベトナム民主共和国は、国際共産主義運動からは地理的に孤立した状態に置かれていた。ベトナム民主共和国の権力の中枢を支配していたのは、共産主義者であったが、それは八月革命という自生的な革命の結果生まれた権力であり、東欧や北朝鮮のように、進駐したソ連軍の支援で成立した共産党政権ではなかった。この時代にベトナム人共産主義者が試みたことは、その後、国際的に冷戦体制が固まってから以降は、社会主義陣営がまだ形成されておらず、ベトナムが孤立していた、いわば第二次世界大戦後の歴史では「異常」な時期の、例外的な試みと見なされることが多かった。しかし、国際的な冷戦体制が崩壊し、「社会主義ベトナム」を支える社会主義世界体制がもはや存在しなくなった今日からみると、この時期はけっして「異常」な時期ではないということになり、この時期にベトナム人共産主義者が試みたことは、むしろポスト冷戦のベトナムにつながる試みとして、再評価されるべき側面を有しているように思われる。

ここでは、第一次インドシナ戦争の初期、具体的には一九四五年から四七年にかけての時期に、ベトナム人共産主義者が試みたことのなかから、上述のような視点からみて重要だと思われる、東南アジアの「地域国家」としてベトナムを位置づけようとする試みを取り上げて、検討してみたい。ここでいう「地域国家」とは、ある国家が、自らのアイデンティティを、特定の地域の一員であることに求める、そのようなタイプの国家をさす、筆者の造語である。

この時期に、ベトナム人共産主義者が、新生ベトナムと東南アジアとの結びつきを強調した理由の一つは、東南アジアが第二次世界大戦後の世界で最も早く独立運動が展開される地域となったためであった。

第二次世界大戦は、植民地帝国の崩壊と植民地の独立により、国民国家システムが地球全体を覆うようになるうえで、大きな転換点になる世界戦争であったが、戦後の植民地独立の動きが最も早く顕在化したのは東南アジアであった。インドネシアが一九四五年八月一七日に独立を宣言したのに続いて、ベトナムが九月二日、ラオスでも一〇月一二日に独立派からなる臨時政府が成立した。翌四六年には、戦前からアメリカによって約束されていたことではあったが、フィリピンの独立が実現し、四八年にはビルマも独立を達成した。このなかでも、オランダの復帰に対抗したインドネシアの独立戦争は、冷戦構造が生まれるまでは、フランスの復帰に抵抗するインドシナの戦争と同じ性格の戦争であると、国際的にも考えられていた。国際共産主義運動から、地理的には孤立していたベトナムにとっては、この独立運動が激しく展開されている東南アジア諸国との連携は、大きな励ましとなるものであった。

第二次世界大戦中に国際社会で広く使用されるようになった東南アジアという概念は、大戦直後の一九四五年一一月二五日付けのインドシナ共産党中央の指示の中に早くも登場している。この指示が、「被抑圧民族と植民地支配の間の矛盾は、東南アジアで最も激しく、現在でもインドシナの民、インドネシアの民の『民族』解放戦争や、インドにおける流血デモが発生している」と指摘しているように、インドシナ共産党は、自分たちの抗戦をとりあえず東南アジアという地域の中に位置づけたのである。ベトナム民主共和国が、独立へ向けて歩み出したアジアの国々を結集して、四七年の三月から四月にかけてインドのニューデリーで開催された「アジア関係会議」(Asian Relations Conference) に参加したのも、自分たちの抵抗戦争を近隣諸国の独立運動と結びつける努力の一環であったと見てよいだろう (この会議は、インド世界問題協会主催の民間代表の会議という形式で行われ、植民地・属領を含む二九ヵ国の代表が参加した（岡倉古志郎編、一九八六〔〕）。

このベトナムの東南アジア指向の、現実的な基盤になったのは、タイの自由タイ運動関係者の協力であった。タイでは、第二次世界大戦直後の一九四五年八月から四七年一一月まで、大戦中の抗日組織であった自由タイ運動の関係者が政権を掌握していた（市川健二郎、一九八七）。この自由タイ運動関係者、特にその中心人物の一人で、四六年三月から八月までは首相だったプリディ・パノムヨン（Pridi Phanom-yong）は、インドシナ三国のフランスの復帰に対する抵抗運動に同情的であった。そのため、バンコクにはベトナム民主共和国政府派遣員がいる通称ベトミン代表部が置かれ、正式の国家承認をどこからも得られなかったベトナムにとっては、バンコクはその外交活動の拠点となったのである。

さらに、タイは、ベトナム人共産主義者が、カンボジア人やラオス人の反フランス勢力と連携を構築し、カンボジアやラオスでの抵抗運動の強化をはかるうえでも、重要な場所であった。第二次世界大戦の末期から直後にかけての時期には、カンボジアやラオスにおいてもようやく本格的なナショナリズム運動が形成されてくる。それが、大戦後のフランスの復帰への反対運動の中心を担うことになるクメール・イサラク（Khmer Issarak）、ラオ・イサラ（Lao Issara）と呼ばれた運動である。第一次インドシナ戦争初期の両運動には次のような特徴があった。

第一に、両運動とも、ベトミンのような明確な綱領と堅固な組織をもつ運動ではなく、フランスの復帰に反対すること以外には明確な綱領をもたない、さまざまな政治傾向をもつ反仏グループの連合体であった。

第二に、両運動ともに自由タイ運動と密接な関係をもっていた。カンボジア人やラオス人の間では、ベトナム人と「巡礼圏」を共有する、ヨーロッパ式教育を受けた知識人の数は少なかったが、そのかわりに、政治的覚醒の中心を担った伝統的知識人としての仏教僧侶をはじめとして、南方上座部仏教という同一の文明圏に属するタイとは密接な関係をもつ人々が多かった。第二次世界大戦中には、反フランス的なカンボジア人やラオス人で、国内での弾圧を逃れてタイへ行き、そこで自由タイ運動と結びつく人がかなり生まれた。イサラク、イサラは「自由」という意味であり、クメール・イサラク、ラオ・イサラは、名称にも示されたとおり、自由タイ運動の影響のもとに成立した運動であった。

この関係は、自由タイ運動が大戦後にはタイで政権を掌握したため、さらに強化されていた。一九四六年三月以降、フランス軍のラオスに対する再侵略が本格化し、メコン河畔の主要都市が占領されると、ラオ・イサラの武装勢力はメコン河を越えてタイ領内に避難し、ペッサラート（Phesarath）殿下を首班とするラオ・イサラ臨時政府もバンコクに亡命した。クメール・イサラク運動の本拠も、バンコクに存在していた。

第三に、両運動にとってベトナムは、フランスに対する抵抗を考えれば重要な連携の対象であったが、一九四七年までの時期にはベトナム民主共和国はカンボジアやラオスの抵抗運動に系統的な支援を行う余裕はなく、両運動に対するベトナム人共産主義者の協力態勢の構築も、もっぱらタイを基盤として展開されることになったのである。

東北タイのベトナム人社会を基盤とするベトナム人共産主義者の活動は、第二次世界大戦期になると復活を見せるが、一九四三年のコミンテルンの解散によってコミンテルン的国際主義の束縛から解放されたこの時期には、彼らの政治活動のエネルギーはベトナム―インドシナの革命運動と直結する方向に発揮されるようになり、ベトミンの基礎組織としての救国会が結成され、その武装部隊は、ラオスの初期の抗仏抵抗に参加するなどしていた。一九四六年には、インドシナ共産党は、チャン・ヴァン・ザウ（Tran Van Giau. 一九一〇～）らによる西部戦線軍事委員会をバンコクに置き、救国会を基盤にタイ在住ベトナム人の武装部隊を編成してカンボジア、ラオスに派遣する一方で、クメール・イサラク、ラオ・イサラとの連携をはかったのである。

フランス植民地支配が崩れると、あらためてインドシナ三国の中ではベトナムが「大国」であるという事実が浮かび上がってくることになった。これに、植民地時代の「複合社会」状況の遺産が加わって、カンボジア人やラオス人のベトナム人への感情は独立勢力の間でも複雑であった。例えば、ラオスの場合、メコン河畔にある都市ではベトナム人が人口の多数を占めていた。ビエンチャンでも、一九四五年当時で、ラオス人人口が九五七〇人であったのに対して、ベトナム人は一万二四〇〇人に達していた。仏印処理後にラオス王国にも「独立」が付与されたが、そこではラオス人とベトナム人の間に緊張関係が生まれていた。ラオスに入った日本軍は、それまでラオス人の政治グループとほとんど関係をもっていなかったために、都市部の治安維持を親日的なベトナム人武装グループに委ねた。そのため、ビエンチャンで日本の政策を歓迎する集会が開催されると、それはベトナム人の主導で、ラオスの「独立」を歓迎するのではなく、ベトナムの「独立」を歓迎する集会になってしまった。このような状況は、ラオス人ナショナリストの反発を買い、一部には仏印処理後に東北タイに脱出してラオ・イサラなどに合流する人も生まれた。そして、ペッサラートは、この機会に、ラオスに存在した行政機構で従来はフランス人やベトナム人官吏が占めていた地位を、ラオス人がとってかわる計画を推進しようとした。

日本の降伏に対してラオスで最も早く反応したのも、ベトナム人であった。一九四五年八月二三日には、ビエンチャンで「ラオスの独立万歳」と「ベトナムの独立歓迎」をスローガンとする大規模なデモ行進が行われたが、これも、組織者が親日勢力からインドシナ共産党にかわったことを除くと、ベトナム人中心の行動であった。当時、日本に権力の委譲と武器の引き渡しを要求していたペッサラートは、この日のデモがベトナム人中心であることに危惧を抱いて、タイから来たイギリスの情報部員に対して「ベトナムの反乱」の危険からラオスを守るために武器を援助するよう要請したといわれる。

八月革命を通じて、ベトナム人の政治活動の中心的組織者となったインドシナ共産党は、この時期にはラオスをラオス国民の独立の枠組みと考えるようになっていた。一方、大戦直後のラオスの諸都市にいた最大の武装集団はベトナム人であり、フランスの復帰を阻止しようとしていたラオス人ナショナリストにとっても、このベトナム人との関係調整は不可欠の課題であった。

したがって、ベトナムとラオスの独立勢力の協力においては、ある種の緊張に満ちた同盟関係が築かれることになる。サバナケットでは、一九四五年の八月末に、東北タイから来たラオス独立勢力の武装部隊と、ベトナムから来たベトミン本部代表の間で、両者の協力に関する合意が成立したが、それは、ベトナム人とラオス人が「兄弟として相互に協力する」こと、ベトナムに帰国できるまでラオスにとどまる」というベトナム側の主張を、ラオス側が「ラオスではラオス人が主人」であり、ベトナム人は「ラオス側の命令に従う」ことを条件に受け入れることによって成立したものだった。このような形で成立したラオス＝ベトナム連合軍が、四五年一〇月のラオ・イサラによる独立臨時政府の樹立と、四六年のフランスの復帰に対する初期の抵抗を担ったのである。

ラオス人とベトナム人の間には、独立派の間でもこのような緊張した関係が存在したが、このような事実からラオス人の「反ベトナム感情」を絶対視するのは早計である。例えば、ペッサラートの場合でも、イギリスの情報部員には「ベトナム人の脅威」を説きつつ、他方ではルアンプラバン王にハノイに代表を送ってベトナム民主共和国との協力関係樹立を模索するよう勧告している。ペッサラートの回想によれば、ラオ・イサラ政府のバンコク亡命以後、タイにいたインドシナ三国の反フランス勢力の間では、相互の協力に関して、次のような合意が形成されたという。

① いずれの国の人でも他の国の領域に避難することができるが、その際には避難先の国の当局の統制下に置かれなければならない。例えば、ベトナム人がラオスに入った場合には、ラオス人と行動をともにしなければならない。

② ラオスとカンボジアは人口が少なく、大きな戦闘をすることはできない。しかし両国民はゲリラ組織として働き、あらゆる機会をとらえてフランスを弱めることはできる。両国の抵抗勢力は、カンボジアとラオスにとどまって戦い、ベトナムの勢力に加わることはしない。しかし、ベトナム人は大き

な人口をもっているので、あらゆる機会をとらえてその力を使用し、ベトナムでフランスを粉砕するだろう。ベトナム人が大きな戦闘を行う時には、カンボジア人とラオス人はゲリラ戦争を開始して、フランスに可能なかぎりの打撃を与える。

こうしたインドシナ三国の緊張関係をはらんだ同盟を促進することになったのが、この三国の抵抗勢力の協力を、より広い東南アジアの協力という枠組みの中に位置づけるということであったように思われる。東南アジアという枠組みは、インドシナという枠組みを「ベトナム人の優位」という角度から見る傾向の強かったカンボジア人やラオス人が、こうした発想からいったん自由になって、ベトナムとの協力を考えるうえで、重要な意味をもったように思われる。ラオ・イサラの指導者であったスパーヌウォン(Souphanouvong)殿下が、一九四七年一月にバンコクのアメリカ外交官に渡した、ラオ・イサラとクメール・イサラクの共同覚書には、将来の構想として、ビルマ、タイ、マラヤ連邦、インドネシア「合衆国」、ベトナム、カンボジア、ラオスによって構成される東南アジア諸国の「連邦」ないし「合衆国」というアイディアが提示されており、そのような構想の中で当面のカンボジアとラオスの抵抗運動のベトナムとの協力の促進がうたわれていた。

このようななかで、一九四七年九月、タイのプリディとベトナム人共産主義者のチャン・ヴァン・ザウらが中心になって、植民地主義に抵抗する東南アジア諸国の協力を意図して結成されたのが、東南アジア連盟(Southeast Asian League)であった。発足時の連盟は、第二次大戦中の東北タイの自由タイ運動の基地で地下工作を指導していたティアン・シリカン(Tiang Sirikhand)を総裁、チャン・ヴァン・ザウを副総裁、スパーヌウォンを事務局長としていた。この東南アジア連盟は、第二次世界大戦を通じてようやく国際的に普及するようになった東南アジアという地域概念を、東南アジアの人々の側が積極的な意味で使用した最初の組織だったと思われる。

もっとも、この連盟は短命に終わってしまった。連盟結成は、プリディ派が密かにベトナムに武器を横流ししているのではないかという、タイの軍部や財界の警戒心を高めさせることになった。そして、一九四七年一一月には、ピブン（Pibun Songkhram. 大戦中の首相）派の軍人によるクーデタが発生し、自由タイ系の政府は崩壊した。このために、自由タイ運動と、インドシナ三国の抵抗運動の結びつきを基礎に結成された東南アジア連盟も、実質的な活動をしないうちに姿を消してしまうことになるのである。

反共産主義を重視したピブン派のタイ政府は、一九四八年のはじめにはラオスの亡命兵士の退去を求めるなど、インドシナの抵抗運動に対しても冷淡な姿勢を示すようになる。しかし、この時期にはまだ、ベトナム人共産主義者にとってタイは、その外交活動の展開の場として重要な意味をもっていた。インドシナ共産党は四八年に、かつて東北タイに居住していたことのあるホアン・ヴァン・ホアン（Hoang Van Hoan. 一九〇五～一九九一）をタイに派遣し、ここにインドシナ共産党中央幹事会という機関を設置し、タイ在住ベトナム人の間の党組織、チャン・ヴァン・ザウらの西部戦線軍事委員会、およびベトミン代表部を統轄させた。より具体的には、ホアンは、①タイ在住ベトナム人の活動が、タイ政府に弾圧の口実を与えないように、方向転換する、②ベトミン代表部の活動強化、③対カンボジア、ラオス支援活動に明確な路線を提示する、という三つの課題を任務として派遣されたのである。このホアンのタイでの活動は、一九四九年一〇月の中華人民共和国の成立後、彼自身がベトナム民主共和国の初代大使として北京に行くまで続けられた。

さて、話をベトナムに戻すと、第二次世界大戦後のインドシナ情勢の展開軸になったのは、八月革命とベトナム民主共和国の樹立に示された、ベトナム国民という新しい強力な集団性の登場であった。このベトナム国民という集団性が、多民族的構成をもつものと考えられていたことは、先にも指摘したとおりであるが、他方では、ベトナム国民という集団性の中核には、クォックグー・ナショナリズムとして発展してきた狭義のベトナム人＝キン族のまとまりが存在していたことも事実である。

クォックグーは、表現能力を豊かにして、多数の文学作品を生み出すようになり、識字者も人口の一割前後に達していたが、植民地時代にあっては、しょせんはフランス語を補助する二次的な言語でしかなく、大衆への普及も、公教育よりは民間の知識人の自発的運動に委ねられている側面が多かった。このクォックグーが、その優位を確立するのは、それを国語とする国家の形成＝ベトナム民主共和国の出現によってであった。ベトナム民主共和国においては、あらゆる公文書がクォックグーで書かれ、公教育の教育言語も、大学に至るまでベトナム語が使用されるようになった。

ホー・チ・ミンが呼びかけた文盲一掃運動は、独立の熱狂の中で人々の積極的な反応を引き出し、「平民学務」という一般大衆向けの識字教室が各地につくられ、識字率は急速な向上を見せるようになる。フランス植民地時代には、各級官庁では、村から上がってくる報告や訴えを、ベトナム人官吏がフランス語に翻訳して、フランス人官吏の決裁をあおぐことになっていた。このシステムでは、村からの文書はどのような言葉で書かれていてもよかったわけで、一九四五年までは、村の文書は漢文で書かれる場合がかなり残っていた。この村レベルの漢字文明の伝統を一掃する役割を果たしたのが、クォックグーを国語とする国家としてベトナム民主共和国の出現であった。クォックグーが国家語となり、あらゆる官庁の公文書がクォックグーとなって、翻訳官などいなくなれば、村からの報告もクォックグーとならざるをえなかったのである。この言葉をめぐる動向は、中国を中心とした軌道からの離脱というベトナム人の近代ナショナリズムの必然的な結果であった。このような意味でも、ベトナムは、東南アジアの「地域国家」としての道を歩んでいたのである。

このように、初期ベトナム民主共和国は、大戦後に独立へ向けた活発な動きが世界でも最も早く出た東南アジアの「地域国家」と自らを位置づけることにより、タイとの連携をはかり、カンボジアやラオスの抵抗勢力との協力関係の構築にもあたった。自由タイ系の政府の崩壊は、このような試みを困難なものにさせたが、ベトナム人共産主義者にこうした試みからの方向転換を最終的にせまったのは、中華人民共和国の成立、それによる冷戦構造のアジアへの波及であった。

第五章

冷戦期の「普遍国家」ベトナム

ベトナム・中国・ソ連の連帯を描いた切手
(1954年1月、顔はマレンコフ、ホー・チ・ミン、毛沢東)

年表

1947年	コミンフォルム結成
1949年	中華人民共和国建国
1951年	インドシナ共産党第2回大会(ベトナム労働党成立)
1954年	ジュネーブ協定成立，第一次インドシナ戦争終結，南北分断
1959年	ベトナム労働党第2期第15回中央委員会
1960年	ベトナム労働党第3回大会
	南ベトナム解放民族戦線結成
1963年	ゴ・ディン・ジエム政権崩壊
1964年	トンキン湾事件
1965年	ベトナム戦争，局地戦争にエスカレート
1968年	テト攻勢
1970年	戦争，カンボジアにも拡大(第二次インドシナ戦争)
1973年	パリ協定成立，米軍戦闘部隊ベトナムから撤退
1975年	サイゴン解放，ベトナム戦争終結
1976年	ベトナム社会主義共和国成立
	ベトナム共産党第4回大会
1978年	ベトナム軍，カンボジア進攻
1979年	中越戦争

一　冷戦の逆説

インドネシアのオランダに対する独立戦争が、一九四九年のハーグ協定によるインドネシアの独立承認で解決したのに対して、第一次インドシナ戦争が五四年まで長引くことになったのは、後者が、中華人民共和国の成立に伴ってアジアにも成立した冷戦構造に組み込まれてしまったからであった。中華人民共和国の成立は、ベトナム人共産主義者を国際共産主義運動からの地理的孤立状態から脱出させ、ベトナム民主共和国をはじめとするインドシナ三国の対フランス抵抗運動にとっては、巨大な支援者が、陸続きの地に出現したことを意味していた。「アジア革命の中心」の出現であった。他方、アメリカ合衆国は、第二次世界大戦後、フランスのインドシナ復帰に反対はしないが、あからさまな植民地支配回復の試みを直接に支援もしないという、中途半端なインドシナ政策をとってきたが、中華人民共和国の成立によって、共産主義の拡張を阻止することが最大の課題と考えるに至り、五〇年以降、フランスのインドシナでの戦争を直接に支援するようになった。かくして、第一次インドシナ戦争は、東西両陣営の間の冷戦構造に組み込まれた実際の「熱い戦争」という様相を、色濃く帯びることになったのである。

このため、第一次インドシナ戦争の解決は、東西関係の緊張緩和の出現を待たなければならず、一九五四年のジュネーブ協定によって、ようやく停戦が実現した。この協定は、ベトナムの独立と統一を承認し、フランスはインドシナから撤退することになったが、問題は解決しなかった。ジュネーブ協定は、北緯一七度線を暫定軍事境界線として、ベトナムを南北に分断した。これは、南北統一選挙が実施されるまでの暫定的な措置とされていたが、アメリカ合衆国は、この北緯一七度線を、「自由世界」と「共産陣営」の境界線と見なし、そこに生まれた南ベトナムへの共産主義の影響力拡大を阻止しようとした。そのため、今度は、アメリカおよびその支援する南ベトナム政府に対して、南ベトナムでの親米政権の打倒とベトナムの南北統一の実現をめざす、共産主義者を中心とする革命勢力が対決をする戦争が発生することになる。これがベトナム戦争であり、その激化は、ふたたびラオス、カンボジアをも巻き込んだ戦争となって、七五年四月の南ベトナム政府の崩壊まで長期化することになった。

一つの問題は、冷戦時代のベトナム情勢の展開の一方の主役となったアメリカが、なぜベトナムにこれほど大きな関心を集中したのかということである。アメリカにとってベトナムは、中南米などと異なり、直接の権益が存在する地域ではなかった。したがって、アメリカのベトナム介入は、「共産主義封じ込め」というその世界戦略の一環として理解されるべきことであった。

第二次世界大戦を通じて、名実ともに世界最強の超大国となったアメリカは、この大戦を招いたブロック経済ではなく、世界全体を統合した資本主義世界経済を、自らの覇権のもとで構築しようとした。この時にさしあたり重要であったのは、大戦で大きな被害を出していた、かつての世界の産業センターであったヨーロッパと日本の経済を、ブロック化しないような形で再建することだった。

このようなアメリカが追求していた覇権にとって、中華人民共和国の成立は、重大な挑戦であった。これは、少なくとも短期的には、かつての日本の最大の市場であった中国が、資本主義世界経済から離脱したことを意味していた。これは、世界経済、特に日本経済の再建にとっては、深刻な問題であった。さらに、中華人民共和国の成立によって、台湾、朝鮮、東南アジアなど、中国の周辺のその帰趨が定まったとはいえない地域が、中国の影響力に組み入れられる可能性があり、そうなれば、日本が自らの市場確保のために、アメリカとは離れて、共産中国と政治的な妥協をはかることもありえた。

こうした状況のもとで、アメリカの世界戦略における位置が急速に重要視されるようになった地域が、東南アジアであった。ここは、中国革命の影響がただちに波及しかねない地域であると同時に、政治的・軍事的に確保できれば、ヨーロッパや日本、特に中国市場にかわる市場を必要としていた日本の経済再建にとって、積極的な意味をもちうる地域と見なされるようになった。東南アジアでは、西欧の植民地主義と日本の軍国主義に対する反感が根強く存在していたが、アメリカは、「共産主義の脅威」に対抗して、植民地主義と手を組み、東南アジアの政治的・軍事的安定化をはかりつつ、その地域を資本主義世界経済の一翼として、主に日本の市場として統合していく努力――このような発想は、アメリカ版「大東亜共栄圏」と呼ばれることもあった――を開始することになるのである。

アメリカの世界戦略のなかでの重要性が増大した東南アジアで、さしあたって最も深刻な軍事的問題が存在していたのが、ベトナム―インドシナであった。ここがドミノの最初の駒で、ここで駒が倒れると、残りの駒もみな倒れる（つまりは「共産化」する）から、ここでがんばる必要があるという、アメリカのインドシナ介入を正当化した「ドミノ理論」において、ドミノの最後の駒に位置づけられていたのは、日本にほかならなかった。このように、アメリカは、自分自身の権益の擁護というよりは、覇権国家が負うべき政治的・軍事的な負担として、ベトナム―インドシナへの介入という道を選んだのであった（木之内秀彦、一九九一）。

アメリカがベトナムで見ていた「共産主義の脅威」とは、具体的には中国の影響力の拡大ということであった。これは、地域の個性を無視した冷戦イデオロギーの典型的な発想だったといえよう。アメリカが、このような発想からジュネーブ協定後のベトナムにおいて展開した、ベトナムの南北分断を固定化する試みは、分断された北ベトナムを中国に対する依存においやり、中国を中心とする軌道からの離脱という、ベトナム人の近代ナショナリズムの流れの中に生まれた政治勢力であるベトナム人共産主義者を、中国を中心とする軌道に引き戻す役割を果たした。冷戦という大国を中心とした国際秩序がベトナムに押しつけたものは、熱戦だけでなく、ベトナムにとっての中国の中心性の再建でもあったわけである。中国の影響力の拡大を恐れたアメリカがしたことが、ベトナムを中国中心の軌道に引き戻すことであったというのは、冷戦の逆説の一つである。そして、このように考えれば、こうした冷戦構造を突き破って南北統一を達成したベトナムと、中国との関係が急速に悪化したのも、不思議ではなかったことになる。

いま一つの問題は、冷戦時代における「熱い戦争」の意味である。冷戦が激化している時期には、人々は核兵器の「恐怖の均衡」の上に成り立っている、この不確かな平和がいつまで続くのかを懸念していたが、冷戦の終焉がいわれるようになると、ポスト冷戦の現代の不確かさを念頭に置きながら、冷戦時代を近代の国際関係史において、四〇年間という、かつて例を見なかった長期間にわたって平和が持続した時代と見る、「長い平和」としての冷戦という議論が出現するようになった (John Lewis Gaddis, 1987)。しかしこれは米ソ関係、ないしヨーロッパという国際関係の「中心」にあてはまる議論ではあっても、冷戦を「熱い戦争」として担ったアジアにはあてはまらない。冷戦を米ソ関係史に限定しないで、世界史の一時代であったとするならば、それは、「中心」＝ヨーロッパにおける平和と、「周辺」＝アジア (ないし第三世界) における戦争の複合物として把握されなければならないだろう (山極晃編、一九九四)。

冷戦を米ソ関係と同一視はできないとしても、これが、米ソという東西両陣営の中核を担った超大国を中心としたものであったことは否定できない。この米ソ両超大国を中心とした冷戦構造においては、超大国相互の関係は核兵器が存在しているために、互いに互いを直接攻撃することや、互いの「縄張り」が明確なところで相手方に攻撃をかけることは、自分の破滅ないし世界の破滅を覚悟しないかぎりは不可能であった。そのため両者の競争は、自ずと、どちらの陣営に属するのかが明確でない、世界の「灰色地帯」をめぐって激化することになり、それがゲームの中心的争点になるという構造をもっていたのである。これが、冷戦時代に、「中心」では「長い平和」が続いたにもかかわらず、「周辺」では世界戦争には至らない局地戦争が激化した、一つの要因であった。

局地戦争というと、全面戦争、世界戦争には至らない、小規模な戦争であるかのような印象が生まれやすいが、冷戦構造下における局地戦争は、大国間には、戦場が一定の地域に限定され、直接自らには戦火が及ばないという「暗黙の合意」が存在するために、かえって戦場には核兵器以外のありとあらゆる兵器が「安心」して投入され、きわめて激烈な戦争が展開されるという面があった。この冷戦時代の局地戦争の典型がベトナム戦争であり、戦場となったインドシナには、第二次世界大戦で全世界に落ちた爆弾総量の三倍以上の爆弾が投下されたのである。

では、アジアは冷戦の「被害者」であり、ここで展開された戦争は、米ソないし米中の「代理戦争」であったかというと、これもきわめて大国中心的な歴史の見方で一面的であるように思われる。「周辺」あるいは「非極」としてのアジアが、「主体的」に担った冷戦という側面も重視されなければならない（進藤榮一、一九八七）。ベトナム人共産主義者にはとっては、しかしながら、冷戦を「主体的」に担うということは、ベトナムを中国を中心とした軌道に引き戻さなければならないという問題をはらむ道であった。

二　冷戦時代の「普遍国家」

1「民主陣営の一員」としてのベトナム――「地域国家」から「普遍国家」へ

第二次世界大戦の終結直後の時期には、ベトナム人共産主義者も、他の国の共産主義者の多くがそうであったように、米ソをはじめとする連合国の協調が長期化するという展望のもとに、国際情勢を「平和と民主主義の発展」の時代（一九四五年一一月二五日のインドシナ共産党中央の指示）ととらえていた。

このような国際情勢観が変化するのは、ヨーロッパにおいて、アメリカが展開したマーシャル・プランに対抗して、ソ連が一九四七年九月にヨーロッパの諸国共産党の情報連絡組織としてのコミンフォルムを結成し、自陣営の結束の強化に乗り出してからであった。世界の二大陣営への分裂という情勢観は、四八年一月に開催されたインドシナ共産党拡大中央委員会で早くも提示されているが、以降のベトナム人共産主義者の二大陣営論の受容は、国際情勢観、革命の戦略論としてはこれを受容しつつも、インドシナの運動の実践にそれが直接的な影響を及ぼすことは慎重に回避していた四九年までの段階と、実際の運動のありかたも変更しなければならないと考えるようになる五〇年以降の段階の、二つに分けることが可能である。

インドシナ共産党が、コミンフォルムからのユーゴスラビアの除名（一九四八年六月）という事態もふまえて、二大陣営論に対応する考えを体系的に提示するのは、四八年八月に開催された第五回中央幹部会議においてであった。この会議では、まず、国際共産主義運動において第二次世界大戦後の新しい革命のありかたと見なされるようになった「人民民主主義革命」論を、インドシナ共産党も受容し、当面するインドシナ革命を「人民民主主義革命」（当時の用語では「新民主主義革命」）と規定するようになった。

インドシナ共産党は、第二次世界大戦後も、当面するインドシナ革命の性格を「民族解放革命」と規定し、国民的団結を重視するために、「反封建」の課題、つまりは地主制の廃止を内容とした土地改革を、当面は棚上げにしてきた。さらに、フランスの再侵略に直面したうえに、中国国民党軍の政権改組の圧力にも直面するという状況で、四五年一一月には、インドシナ共産党の「解党」を宣言し、同党は地下に潜行して、「ベトナム民主共和国は共産政権」という非難に対して、「愛国者の政府」であることを強調していた。社会主義革命への発展転化まで展望した「人民民主主義革命」論の採用は、論理的には、このような状況に大きな変化を要求するものであった。しかし、当時のインドシナ共産党は、ユーゴスラビア共産党のように、同党が国際共産主義運動で「異端」扱いされるのを回避するために、「人民民主主義革命」という看板を掲げはするものの、それが運動の実践に影響を与えることは慎重に回避して、土地改革を当面の実施課題とはせず、共産党に引き続き公然化させないという方針を維持したのである。

一九四八年の変化が、ヨーロッパの冷戦への対応という性格が強かったのに対して、中華人民共和国の成立は、インドシナ共産党に実際の運動にかかわる、より実質的な転換をせまることになった。中華人民共和国の出現は、インドシナに隣接したところに巨大な支援国が出現したというだけでなく、国際共産主義運動が認知した「アジア革命」のモデルの出現という意味ももっていた。この時期にスターリン（Iosif V. Stalin）は、樹立されたばかりの中華人民共和国を忠実な同盟国として確保するために、「中国モデル」「毛沢東の道」を、アジアの革命の普遍的なモデルと認め、ベトナムなどへの支援を担当するのは、主に中国の役割であると考えていた（石井明、一九九〇）。ここでいう、「中国モデル」「毛沢東の道」とは、四九年一一月に北京で開催されたアジア・オセアニア労働組合会議で劉少奇がまとめた、①広範な民族統一戦線、②統一戦線に対する共産党の指導、③強固な共産党、④武装闘争と根拠地という、四項目からなるモデルであった。

ホー・チ・ミンのソ連、中国訪問、中ソによるベトナム民主共和国の承認という動きのなかで、一九五〇年一月末から二月初頭にかけて開催された、インドシナ共産党第三回全国会議では、まず中華人民共和国の成立によって、「われわれはもはや包囲されておらず、ベトナムの門は世界に向かって開かれている」

としたうえで、インドシナは「民主陣営の東南アジアにおける前線基地」であるという認識が示されている。さらに、この会議でのベトナムの政権に関する報告では、ベトナム民主共和国が「ソ連を先頭とした世界の民主戦線の側にたつ国家」であることを鮮明にしていく必要性が強調されている。これは、東南アジアの「地域国家」を指向していた、それまでの認識とは大きく異なるもので、社会主義という人類普遍の文明を体現して、他の依然「帝国主義」の影響下にある東南アジアとは対峙していく存在として、自己を位置づけたものだったといえるだろう。近代国民国家は、普遍国家としての世界帝国とは明確に異なる、個別的主権国家を基礎に成立した国家であるが、こうした国民国家も、人類普遍的な価値との結合を強調し、そこに自らのナショナル・アイデンティティの核心を見出すことはありうるわけで、そのような国家を括弧をつけて「普遍国家」と呼ぶならば、ベトナム民主共和国は、「普遍国家」としての道をこの時点で採用したことになる。

このような形での転換が、中華人民共和国の成立後、数ヵ月を経ないで行われた背景には、ベトナム人共産主義者が、実際の戦争を戦っており、中華人民共和国の支援によって、すでに長期化していた抵抗戦争の勝利の展望を一挙に切り開くことを切望していたという事情が反映されていたと見るべきであろう。第三回全国会議は、中国の支援を得て、抗戦を一挙に「総反攻」(毛沢東の人民戦争論で定式化された防御—対峙—反攻という人民戦争の最終段階)の段階に引き上げることを決定するが、この時期には、中国軍がインドシナに入り、インドシナ全土からフランスを軍事的に駆逐するという展望が、ベトナムの人々の間では噂されていたといわれる。こうした発想は、一九五〇年の後半には、中国からの支援に過大な期待をかけた「誤った傾向」として批判されるようになるが、長期のフランスとの戦いでの疲弊が、「毛沢東の道」の受容へとベトナム人共産主義者を駆り立てたわけである。

ベトナム人共産主義者が、よりはっきりと「毛沢東の道」の受容を宣言したのが、翌一九五一年の二月に開催されたインドシナ共産党第二回大会であった。先に紹介した劉少奇の四項目に照らした場合、インドシナの抗戦に問題があったのは、②と③にかかわる、共産党の問題で、共産党が地下に潜行していて公然化していないという事態は、「毛沢東の道」からすれば、明らかに正常ではなかった。この第二回党大会の最も重要な課題は、この共産党の公然化の問題であった。この時期には、ベトナム人共産主義者が、カンボジアとラオスに独自の党を結成する必要を認識していたこともあって、この大会では、インドシナ共産党の党員の大半を占めるベトナム人党員（ベトナム国民である少数民族を含む）を吸収したベトナム労働党（Dang Lao Dong Viet Nam）をつくり、この党を公然化するという道が採用された。ベトナム労働党は、党員となる資格を広義のベトナム人に限定した党で、「地域共産党」としてのインドシナ共産党とは異なる組織原理からなる、党員資格を自国民に限る「国民共産党」であった。この結果、ベトナム人の党からは分離されることになった、カンボジア人とラオス人に関しては、その独自の党の結成の準備が開始されることになる。

このベトナム労働党は、その規約で、党の思想的基盤、行動の指針として、マルクス・レーニン・スターリン主義と並んで、「毛沢東思想」を掲げた。ホー・チ・ミンは、大会での発言で、毛沢東を「世界革命の副司令官でアジア革命の総司令官」と呼んでいる。かつての中華文明を、ベトナムは普遍的文明として受容したのと同じように、「毛沢東の道」もアジア革命の普遍的モデルとして受容されたわけである。

この大会では、当面するベトナム革命には「民族人民民主主義革命」という規定が与えられた。これは、「民族」解放、封建的搾取の一掃、社会主義への移行の基礎形成という、三つの任務をもった革命という意味であるが、ベトナム労働党は、この時点では土地改革を実践の課題とすることには依然として慎重であった。土地改革の実施に労働党が踏み切るのは、東西関係に緊張緩和の兆しが見え、インドシナ戦争の停戦が展望されるようになる一九五三年になってからであった。

2 社会主義陣営の「辺境」としてのベトナム

土地改革の実施に関する問題は後で考察するとして、まず東西の緊張緩和のインドシナ戦争との関係を見ておきたい。一九五三年三月にスターリンが死去すると、東西関係にも緊張緩和の兆しが生まれ、同年七月には五〇年以来続いていた朝鮮戦争に関する停戦協定が成立した。当時、フランスでは、長い戦争に対する疲労感からか、国内で反戦世論が高まっており、インドシナ戦争にも終局がせまっているという観測は、当事者の多くに共有されたものであった。ソ連、および朝鮮戦争の重荷から解放された中国は、この緊張緩和の流れにベトナム労働党も同調するように勧告したようである。当初は、このような動きに戸惑いを見せたベトナム人共産主義者も、五三年一一月までには、緊張緩和が国際共産主義運動の方針であり、それに歩調をあわせざるをえないという判断に到達し、インドシナ戦争の交渉による解決の可能性を示唆するホー・チ・ミンの発言などが行われるようになった。

しかし、当時のインドシナ戦争の戦場では、フランスも抵抗勢力の側もともに長い戦争に疲弊はしていたが、双方ともに、来るべき停戦を自己に有利な方向に導くためには、戦局を転換するような軍事活動が決定的な意味をもっていると考えていた。一九五三年に始まるナバール計画が、フランス側の戦争の最終局面に対応する軍事作戦であったとすると、ベトナム人民軍の主力を西方の山岳地帯に投入するというのが、ベトナム人共産主義者の側の作戦であった。そして、この両者の対決の場として浮上したのが、ラオス国境に近いベトナムの西北地方のディエンビエンフーの攻防戦であった。五四年五月、フランス軍のディエンビエンフー陣地は陥落し、ここに戦場での力関係はフランスにとって絶望的なものとなり、ベトナムの国土の四分の三はベトナム民主共和国の支配下に入った。こうした状況で、戦争の帰結は、ジュネーブ会議での交渉に委ねられることになったのである。

インドシナ戦争の停戦を協議するジュネーブ会議は、一九五四年初頭にベルリンで開催された、米・英・仏・ソの四大国外相会議で開催が決定されたもので、この四大国に中華人民共和国を加えた五大国と、ベトナム民主共和国を含むインドシナ現地の代表で構成された大国主導の会議であった。そのために、この会議は、インドシナの戦場の現実よりは、大国の思惑で左右される面が強かった。結局、同年七月に成立したジュネーブ協定では、ベトナム民主共和国は、実行の保証があまりない二年後の南北統一選挙の実施という約束と引き換えに、ベトナムの国土を二分する北緯一七度線での軍事境界線の設定を認めるという妥協に応じざるをえなかった（浦野起央、一九七〇。陸井三郎、一九七二）。

ベトナム人共産主義者が、このような妥協に応じたのは、もし停戦協定が成立せずに戦争が継続した場合には、アメリカが直接に参戦する可能性があり、そうなればベトナムにとってはきわめて不利な状況が生まれるとの判断からだった。当時、ソ連も中国も、インドシナ戦争が長期化してアメリカが本格的な介入をするような事態が発生することを望んでおらず、ベトナム人共産主義者に会議での譲歩を強く求めていた。小国ベトナムにとっては、戦争の長期化が、中ソという同盟国からの十分な支援が得られない状況でアメリカと対決することと同義であった以上、不満はあっても停戦協定への調印をする以外の選択肢はなかったのである。一九五一年の第二回党大会の時、ホー・チ・ミンは、ベトナムの党を国際共産主義運動という「大家族」の中の「末っ子」であると述べている。大会当時は、これはたんなるリップ・サービスだったかもしれないが、ジュネーブ協定成立に際しては、ベトナム人共産主義者は、ベトナムが「民主陣営」の中で、中ソという「中心」の緊張緩和路線に自らを適応させざるをえない「辺境」＝「末っ子」であることを、思い知らされたわけである。

このジュネーブ協定に先立つこと一年半、一九五三年一月に開催されたベトナム労働党第二期第四回中央委員会は、長いこと抑制していた土地改革の実施を決定した。この時点で労働党は、それまで地主や富農層を含めた国民的な団結を重視するあまり、土地改革はもちろん、小作料の軽減も徹底的には実施してこなかったために、農村では旧社会の有力者たちが村の政権や大衆組織、場合によっては党組織を牛耳る状態が広範に存在し、そのために、農民の力を有効に結集できていなかったという、従来の党の政策に関するかなり清算主義的な総括に立ったうえに、中国共産党の土地改革の経験に習って、地主や富農に対する「階級闘争」の発動を決定したのである。この土地改革は、ベトナム北部では、ジュネーブ協定の成立をはさんで、五六年までには達成され、地主的土地所有が廃止されて、土地の農民への分配が達成された。しかし、「中国モデル」の機械的適用という性格が強かったその実施過程では、実際には富農や上層中農だった人まで地主に分類されて「打倒」の対象とされたり、既存の農村の党組織が「搾取階級分子」が多いという理由で解体され、抗戦の中心を担っていたような人が逮捕、投獄され、場合によっては犠牲になるなど、きわめて深刻な問題が発生することになった。土地改革中に逮捕され、五七年九月に「不当逮捕」であったとして釈放された人は、一万三七四八人に達した（Van Tao, 1993）。このため、ゲアン省などではこうした事態に抵抗する人々による反乱に軍が出動するなど、重大な事態が生まれた。そこで、五六年一〇月に開催された労働党の第二期第一〇回中央委員会では、党が「重大な数多くの誤り」を犯したとする自己批判が行われ、四三年以来党の書記長をつとめてきたチュオン・チン（Truong Chinh. 一九〇七～一九八八）が解任されるなどした（バーナード・フォール、一九六六。吉沢南、一九八七）。

長期の戦争による疲弊か、あるいは最大の支援者であった中国の説得によるものかは不明だが、インドシナ戦争の末期にベトナム人共産主義者は、抗戦の達成をきわめて厳しく評価していた。こうした厳しい認識をもったベトナム人共産主義者が選択した道が、国際的には、今まで以上に中国やソ連と徹底して歩調をあわせるという道であり、国内的には中国で「試され済み」であった土地改革を実施するという道であったように思われる。つまりは、「民主陣営の一員」であることを、陣営内での自らの「辺境」性を自覚したうえで、「中心」が設定した軌道に自らを適合させるという形で、より鮮明にするという道が選ばれたわけである。

一方南では、ジュネーブ協定の締結後、アメリカが支援したゴ・ディン・ジエム（Ngo Dinh Diem. 一九〇一～一九六三）政権は予想外の安定を見せ、ベトナムの南北分断固定化の様相が強まった。この事態は、南の解放と南北統一の達成を宿願していたベトナム人共産主義者に難しい課題を提起することになった。彼らが南の解放のために、軍事力の発動を含めて積極的に動くことは、南ベトナムを「自由世界の砦」と認識していたアメリカの軍事介入を招くおそれが強かった。それは、長く続いたフランスとの戦争から解放されたばかりのベトナム自身にとって好ましい選択ではなかったのみならず、ソ連も中国も、北ベトナムの社会主義建設の支援には積極的な姿勢を見せたものの、ベトナム人共産主義者が南の解放という「冒険」に乗り出して、ジュネーブ協定でせっかく達成された東南アジアの平和が崩れ、ここで自らが巻き込まれる形でのアメリカを相手とする戦争が発生することは望んでいなかった。アメリカの軍事介入を招かない、つまりはソ連や中国という同盟国の反発を受けない形で、南ベトナムの解放を実現するには、どのようにすればよいのか、これがジュネーブ協定後にベトナム人共産主義者が直面した難問であった。

ジュネーブ協定の調印から一九五八年までは、ベトナム人共産主義者は、中ソの緊張緩和路線に忠実で、南における基本的な闘争形態を平和的な政治闘争に限定し、そこでの武装闘争の発動を抑止していた。しかし、ソ連が南北ベトナムの国連同時加盟という、南北分断の長期固定化に乗るような提案をするようになると、ベトナム人共産主義者は、同盟国の緊張緩和路線に歩調をあわせていただけでは、南の解放という目標はとうてい達成できないという危機感をもつようになった。さらに、ゴ・ディン・ジエム政権の弾圧によって、南の党組織が深刻な打撃を受けていたことも、路線転換を促す材料になった。

ベトナム労働党は、一九五八年一一月に開催された第二期第一四回中央委員会と、五九年の一月と五月に二度に分けて開催された第一五回中央委員会で、ベトナム革命の新しい戦略的方向を提示した。その第一は、一部に存在していた「北の社会主義化は南北統一の障害になる」という見解を否定して、北ベトナムの「社会主義的改造」を断行するということであった。これは、北における労働党の政治支配の基盤を強化するとともに、「社会主義陣営の一員」としての北ベトナムという性格をより明確にして、国際的な支援をいっそう獲得することを意図したものだった。第二は、南ベトナムという枠組みを強調しつつ、そこでの武装闘争の限定的な発動を承認して、解放闘争を本格的に推進するということであった。これは、北からの人民軍の南下という形ではなく、「南ベトナム人民」による、武装闘争に補完された政治闘争によって、サイゴン政権（南のベトナム共和国政府）をおいつめ、最終的には総蜂起によってこれを打倒するという方法ならば、アメリカの本格的な軍事介入を招くことなく、南を解放できるのではないかという展望に立脚したものであった。この北での「社会主義革命」と、南での「民族人民民主主義革命」が同時並行して展開されることによって、南北統一という全国レベルの「民族人民民主主義革命」の課題を達成するというのが、六〇年九月に開催された第三回党大会までに労働党が形成した新しい路線であった。こうした意味では、北緯一七度線は、労働党の戦略の枠組みを規定することになったわけである。このような路線に基づく「南ベトナム人民」の統一戦線として、六〇年一二月に誕生したのが南ベトナム解放民族戦線（Mat Tran Dan Toc Giai Phong Mien Nam Viet Nam）であった（小倉貞男、一九九二。谷川榮彦編著、一九八四。小沼新、一九八八）。

この労働党の決定は、ジエム政権の独裁政治に対する広範な不満が存在していた南ベトナムでは、枯れ草に火をつけることになった。各地の農村では一連の蜂起が起こり、事態は労働党中央の予想を越えて、全面的なゲリラ戦争の様相を呈するようになった。これに対して、アメリカのケネディ（John F. Kennedy）政権は、米軍事顧問団の大量派遣を行い、その南ベトナムへの軍事的関与を本格化した。南ベトナムは、ケネディ政権の柔軟反応戦略のなかで、当時、第三世界の多くの地域に広がっていた共産主義者の組織するゲリラ戦争＝人民戦争に対決する実験場に選ばれたのである。しかし、アメリカの軍事的支援を得たジエム政権は、ますます独裁性を強め、一九六三年には都市の仏教徒とも衝突するに至る。このような事態のなかで、アメリカはサイゴン政権の軍部が計画していたジエム政権打倒のクーデタに青信号を出し、同年一一月にジエム政権は倒された。だが、ジエム政権をついだ軍事政権は安定せず、南ベトナムの政治危機はかえって深まった。アメリカは、南ベトナムを「自由世界の砦」として維持するためには、もはや共産主義者との戦いを南ベトナム政府に任せてはおけず、自らが行わなければならないと考えるようになる。六四年八月のトンキン湾事件と北ベトナムへの爆撃（北爆）、六五年二月の継続的北爆の開始、六五年三月の初の米軍戦闘部隊である海兵隊の南への派遣と、アメリカの戦争はエスカレートし、ついに、六五年七月にはジョンソン（Lindon B. Johnson）大統領が米軍戦闘部隊の南への大量投入を決定して、ベトナム戦争は米軍が直接に戦う局地戦争へと発展する（ジョージ・ヘリング、一九八〇）。

3 「辺境」から世界的対決の「焦点」へ

このジエム政権が倒れた一九六三年末から、ベトナム戦争が局地戦争の様相を呈する六五年までの時期は、ベトナム人共産主義者の自己認識と戦争方針も大きく転換した時期であった。ジエム政権の崩壊という事態を受けて六三年一二月に開催されたベトナム労働党第三期第九回中央委員会では、「長期の戦闘を堅持しつつ、有利なチャンスをつかみ、勢力を集中して数年のうちに決定的な勝利を獲得する」という、南ベトナムにおける解放闘争の飛躍的強化をはかる決議を採択し、北からの南への支援を強化するために、北ベトナムの社会主義建設計画を変更することを決めた。南の解放闘争を、当面するベトナム革命の最優先課題としたわけである。またこの時点で、北の人民軍の戦闘部隊の南への投入が決定されたわけではなかったが、人民軍の各師団には、この中央委員会の決定を受けて南へ行く準備を開始することが指令されている。

しかし、この時点では労働党は、米軍の大量介入を可能なかぎり回避しつつ「決定的な勝利」を得ることを展望するという点に関しては、従来と同じ認識を維持していた。労働党は、アメリカがサイゴン政権の危機に対処するために、米軍戦闘部隊の派遣＝局地戦争の発動に踏み切る可能性はあると見ていたものの、世界的な覇権国家であるアメリカが、ベトナムのような特定地域に投入できる力には限界があり、軍事介入成功の見込みがないところに無謀な介入はしないであろうとも、考えていたのである。こうした認識を前提とするならば、労働党が行うべきことは、南ベトナムがアメリカにとって「絶望的」であることを現実に示すことであり、南の解放闘争の飛躍的強化であった。つまり、労働党は、「局地戦争を挑発しない」という限定つきではあるが、南で強く出ることが、局地戦争を防ぐことにもなると判断したのである。

この一九六三年末には、国際共産主義運動におけるソ連と中国の対立が明確なものとなっていた。この中ソ対立のなかで、ベトナム労働党は、アメリカとの緊張緩和重視に傾斜し、「民族」解放闘争支援に消極的な姿勢を見せていたフルシチョフ（Nikita S. Khrushchev）のソ連共産党よりは、中国共産党に近い立場をとっていた。六〇年代の前半、南の解放闘争の発展のなかで、ベトナム人共産主義者は、南の人民戦争が、「鉄砲から政権が生まれる」とか、「農村が都市を包囲する」といった毛沢東モデルとは異なる、「政治闘争と武装闘争の結合」、「都市と農村とジャングルでの戦いの結合」などの独自の特徴をもつものだと考えるようになってはいたが、第九回中央委員会の時点では、このようなベトナム式人民戦争論は、「アジア、アフリカ、ラテン・アメリカの全ての共産主義者にとってのモデル」である「中国モデル」の「創造的適用」であると見なしていた。依然、彼らは、ベトナムを「中心」が定めたモデルに従うべき存在という意味で、社会主義陣営の「辺境」と考えていたわけである。

しかし同時に、この第九回中央委員会では、こうした「辺境」という自己規定を一歩踏み出ようとする指向も示されている。レ・ズアン（Le Duan. 一九〇七〜一九八六）第一書記は、会議での講話の冒頭で、「ベトナムの党は小さな党で、かつて植民地であった、文化水準の低いおくれた農業国の党なので、マルクス・レーニン主義の学説に対する理解も少なく、複雑な国際問題を理解できる能力が欠如している」といった発想からの訣別の必要を力説しているが、第九回中央委員会が中ソ対立に関して提示した方針は、

「現代修正主義」を批判するという点では中国に同調しつつも、ソ連共産党との「闘争」はあくまでも「団結」のためのものであり、ベトナムの党はソ連と中国双方の共産党との友好関係を維持するという点では独自の道であった。これはベトナムが、ソ連と中国の両方から支援を引き出すという、中ソ対立という国際的状況下での能動的な主体としてふるまうことを示したものだった。そして、ベトナム人共産主義者は、南の解放闘争に、世界戦争は回避しながら、「帝国主義」の支配範囲を各個撃破して、その弱体化を促進する、世界的な意義をもつ、「革命的攻勢」戦略を体現した闘争という、独自の世界史的意義づけを行うようになった（三尾忠志、一九八八B）。

ベトナム人共産主義者は、南で強く出ることが、局地戦争を防ぐことにもなるという判断を、米軍大量介入の直前まで維持しており、アメリカの戦争拡大には、南の解放闘争のいっそうの強化策で対応した。一九六五年の初頭には、トンキン湾事件の「報復」としての北爆などのアメリカのさまざまな努力にもかかわらず、南の政治危機は鎮静化せず、サイゴン軍の精鋭部隊が次々に敗走するという事態が生まれ、南ベトナム政府の軍事的崩壊の危険が生まれてきた。ここで労働党は、「今年中に傀儡軍（南政府軍─引用者）に対する決定的な戦い」を挑むことを決定し、南の革命勢力を援護するため、北の人民軍の南の戦場への投下に踏み切った。さらに、継続的北爆や南への海兵隊派遣を受けて行われた、六五年三月の労働党第三期第一一回中央委員会では、「チャンスをとらえて全国の力を集中し、比較的短い時間で南での決定的な勝利をかちとる」ことが確認され、六五年秋の南の雨期明けをめざしての、北からの軍事力増強がはかられた。この時点までには、ベトナム人共産主義者は、五四年のジュネーブ協定の拘束から抜け出して、南での解放闘争の勝利に向けて動き出したのである。

ここでアメリカは、戦争をアメリカ自身が引き受けないかぎり、南の反共体制を維持することは不可能と判断し、一九六五年七月に米軍戦闘部隊の大量投入を決定したのである。結果的には、ベトナム労働党の、南で強く出ることが、局地戦争を防ぐことにもなるという判断は、ベトナムのような泥沼にはまることがわかりきった所に大量の米軍を投入することはないだろうという、覇権国アメリカの政策決定の合理性を過大評価する判断、ないしは、アメリカにとってのベトナム戦争の戦略的意味を過小評価する——これはベトナム＝「辺境」という自己イメージとも重なっていたと思われるが——判断だったわけである。これと、北をたたくことが、労働党に南の解放闘争支援を躊躇させるのではないかという、アメリカの誤算が重なって発生したのが、冷戦時代の最大の局地戦争としてのベトナム戦争であった。

南ベトナムの戦場に、大量の米軍戦闘部隊が投入され、ベトナム戦争が明確に局地戦争に転化した時点で、ベトナム人共産主義者は、自らの戦いの国際的な位置づけを転換する必要を認識した。それは、もはや、大量の米軍と直接対峙しているベトナム革命は、社会主義陣営の「辺境」などではなく、全世界の「革命と反革命という二つの勢力の間の闘争の焦点」であるという認識だった。米軍投入により、サイゴン政権が短期間に崩壊するという可能性はなくなったが、労働党は、戦争のアメリカ化により「アメリカ対ベトナム」という対抗の図式がより明確になったと考え、南で守勢にまわるのではなく、あくまで、戦争の主導権を掌握して戦うことを決意した。世界最強の軍隊である米軍の大量投入に対決して、南での主導権を確保するためには、年間一万程度の兵員補給力しかない解放戦線だけでは不十分で、国民国家の軍隊として年間一〇万の新兵補給力をもつ北の人民軍の、南の戦場への大量投入が不可欠だった。六五年一二月に開催された労働党第三期第一二回中央委員会は、「抗米救国はわが国民全体の神聖な任務である」として、北でも「すべてを前線に、すべてをアメリカ侵略者に対する戦勝のために」というスローガンのもと、その人力と物力を「主な戦場」である南に向けて総動員することが確認された。ここに、ジュネーブ協定による南北分断を越えて、南北が一体となって戦う態勢の構築がはかられるようになったのである。

4　戦争の中の「普遍国家」

ジョンソン政権にとってベトナム戦争は、最大時で五〇万を超える兵力を投入した大戦争ではあったが、あくまでも局地戦争であった。同政権は、朝鮮戦争のような大規模なアジアでの地上戦を回避するためにも、「偉大な社会」計画など、米国内での社会福祉政策が実行不可能になることを避けるためにも、中華人民共和国がベトナム戦争に直接介入してくることは望んでいなかった。その結果、北緯一七度線を越えて地上軍を北に進攻させる、つまりは「自由陣営」の縄張りを越えて「共産陣営」の縄張りに直接踏み込むという選択肢は、中国軍の参戦を招くおそれがあるという理由で、当初から採用されないことになった。

このために、一九六五年からの「アメリカの戦争」で、米軍が南ベトナムで採用した戦略は、前線をしだいに北に押し上げていくといった形のものではなく、敵にその兵員補給能力を上まわる損害を与えるという「消耗戦略」であった。米軍の参戦は、革命勢力（解放戦線軍と人民軍）に多大な犠牲を生み出し、戦死者は米軍の推計で、六五年の三万五〇〇〇から、六六年が五万六〇〇〇、六七年が八万八〇〇〇、そしてテト攻勢が展開された六八年には一八万一〇〇〇と増加している。しかし、この間、南の革命勢力側の総兵力は減少せず、米軍の「消耗戦略」は有効には機能しなかった。その最大の要因は、北の正規軍である人民軍の兵員補給能力が大きかったためである。北から南へ送られた人員の数は、六四年までは、ジュネーブ協定の際に北に集結した南出身者を中心として四万あまりであったが、六五年から六八年にかけては、一挙に三〇万に増大している。南で解放戦線が形成していた、住民に密着した組織網と、この北の人民軍の人的資源補給力が、ベトナム戦争でベトナム側が勝利しえた最も基本的な要因であった。

図8　ベトナム戦争

ベトナム戦争期全体（一九五四～七五年）を通じての北ベトナムの人的資源の動員に関しては、紅河デルタの主要部分を中心とする第三軍区で出征兵士累計が一二〇万という数字が知られている。これは、ベトナム戦争が激化した六五～七五年の時期には、総人口の一割以上が兵員として動員されていたことを意味する数字である。ベトナムにとっては、この戦争は「総力戦」にほかならなかった。そして、国家の社会に対する掌握力が、先進工業国に比べて低いと思われる農業国の北ベトナムで、これほどの動員を可能にした社会システムが、社会主義であった。

北ベトナムで、一九五八年から本格的な建設がめざされた社会主義は、①一国規模での自己完結的な工業体系の急速な建設を指向する、②工業化と国防の要請を満たす資金の強行的な蓄積の方法として、農業の集団化と中央集権的な政治システムが構築される、③物質的な条件の欠如を、人々の「やる気」(「主観的能動性」と呼ばれた)の発揮で代位するため、イデオロギー的な政治動員が重視されるという、スターリン体制下のソ連で定着し、五〇年代の中国でも採用されたモデルにしたがったものであった。アジアでは、このモデルは、人々、特にその大半を占める農民に、社会主義という「夢」を「明日」にでも実現するために、「今日」は皆で貧しさを分かちあって自己犠牲的に奮闘することを求めることになったので、ここでは「貧しさを分かちあう社会主義」と呼ぶことにする。

北ベトナムの「貧しさを分かちあう社会主義」の要は、農業の集団化であった。北ベトナムでは、一九五八年から、農地を個々の農民が出資する初級農業合作社の建設が本格化して、六〇年までには農家の八五・八%がこれに参加した。ついで、六一年から開始された第一次五ヵ年計画では、初級合作社を、農地が完全に合作社の所有(集団所有)になる高級合作社に再編することが追求された(白石昌也、一九九三B)。

中国に比べても農業生産力が低位で、集団農業に対する工業の支援能力にも限界があった北ベトナムでは、集団農業の経済的な優位性を明確に農民に示すことは困難で、六〇年代前半の高級合作社化の試みは、初級合作社の形成ほど順調には進まなかった。国家が集団化された耕地の収穫をきわめて安い価格で買い付けるため、そこからの収入だけでは農家の家計は成り立たなかった。そのため、農家には、収穫を自由に処分できる「自留地」が、耕地の五%に限って認められたが、「自留地」からの収入が家計に占める割合は大きく、収入全体の四〜五割を占めるのが普通だった。農民の労働意欲は、合作社の耕地での集団労働よりは、「自留地」での労働とその産物の自由市場（国家が管理していない市場、半ば公認の闇市）での処分に発揮されることになる。片足を合作社に、片足を自由市場に置いた農民を相手にして、国家は農産物の買付けに苦労するようになり、徐々に買付け価格を引き上げざるをえなくなる。しかし、農民に現金がわたることは、彼らの自由市場との結びつきを強めることになる。このような悪循環からの脱出口はなかなか見当たらなかった。

このような「貧しさを分かちあう社会主義」の困難を隠蔽してくれたのが、ベトナム戦争の激化であった。「抗米救国」という目標は、米軍機が農民の頭の上から爆弾を投下している状況では、きわめてすみやかに人々の生活を律する社会的合意として受け入れられた。労働党と国家は、合作社への献身を、この「抗米救国」と同義のものとして農民に求めることができるようになった。継続的な北爆が開始された一九六五年、高級合作社に組織された農家が北の農家の過半数を超え、それまで農民が販売する農産物の三〇％しか買い付けられなかった国家が、この年には三九％を買い付けることができた。高級合作社は、北爆のもとで北ベトナム社会に定着したのである。

この「貧しさを分かちあう社会主義」の定着は、逆に、戦争努力、特に人的資源の動員に大きな貢献をすることになった。農地の共有に基礎を置く、集団耕地での集団労働と、合作社による保育所などの共同施設の建設が、青年男子の大半を戦争に投入しても、残った婦人、老人、子供で生産を維持することを可能にしたのである。

高級合作社での労働成果の分配は、個々の農民が集団耕地に投入した労働を点数で評価し、それに基づいて行われる、「労働に応じた報酬」を建前としていたが、そもそも農民の間で分配できる収入の総量が少なかったこともあって、実際には平均主義に流れることが多かった。これは、よく働こうが怠けようが、収入は同じということを意味するので、平時ならば経済的には不合理な分配方式であったが、戦時体制の負担を公平に分かちあい奮闘するという社会的合意が存在するなかでは、合理的なありかただった。

もっとも、戦争は「貧しさを分かちあう社会主義」の矛盾を隠蔽しただけであって、こうした社会主義のありかたが、社会を完全にそのもとに再編成してしまったわけではなかったことは強調されなければならない。戦時下でも自由市場はなくならなかったし、高級合作社で個々の農家に農地を請け負わせるといった、集団農業の根幹を揺るがすような試みが広い範囲で行われ、合作社は、国家に対する食糧と兵員の供出のノルマさえ果たせば、実態は農民社会の利益擁護の「隠れ蓑」として機能していた面すらあった。戦時下で公的イデオロギーの国権的性格が最も強かったこの時代にも、国家は社会を包摂しきれず、小農民的なエートスに支えられた後者の活力は温存されたのである。

さらに、ベトナム戦争の時代、人々が戦争の負担と貧しさに耐えて努力したという側面だけを強調するのは一面的であろう。貧しいけれども、基本的な生活は安定するというシステムは、都市の給与生活者に対しても実施されていた。国家がこのような人々に配給する米などの生活必需品の配給価格は、一貫して低価格に据え置かれていたが、このような国家が人々に戦争への協力を求めるかわりに、その生活の安定のために必要とした支出の基本的な財源は、国内の資源ではなく外国からの援助であった。ベトナムは、中ソ対立が激化した六〇年代後半も、ひきつづき、中ソ双方からの援助の獲得に成功する。これは、「世界革命の中心」の座をめぐって争っていた当時のソ連と中国にとっては、大量の米軍と対峙しているベトナムへの援助を拒否することは、自殺行為に等しかったためであった。そして中ソの援助は、武器などの軍事援助だけではなく、このような民生安定の援助も含むものであり、一九六八年からは、中国やソ連からの食糧の無償援助も急増することになった（木村哲三郎、一九八七）。ベトナム戦争の激化は、北ベトナムが社会主義国家という「普遍国家」であるからこそ、中ソを含めた世界の革命勢力の支援を得て、南部解放の課題に全力をもって取り組めるという、「社会主義ベトナム」のナショナル・アイデンティティの確立を促進する役割を果たしたのである。このような意味では、北ベトナムの「普遍国家」的性格は、国民国家としての総動員体制を補強する役割を果たしていたともいえるだろう。

しかし、このような社会主義大国への物質的な従属が進展する一方で、ベトナムの位置を世界的対決の「焦点」と認識するようになったベトナム人共産主義者は、「ベトナム的」個性を、さまざまな分野で主張するようになる。特に、中国における文化大革命の展開とその混乱は、ベトナム人共産主義者に、それまでの社会主義建設のモデルであった「中国モデル」から意識的に距離を置く必要性を認識させた。例えば、おくれた経済的条件のなかで社会主義革命を行うには、人々の「主観的能動性」の発揮が必要であると、ベトナム人共産主義者も考えていたが、それを文革期の中国のように「階級闘争」と「文化革命」の強調によって組織するのではなく、「技術革命」をかなめとして、高度の合理性をもった組織に人々を編成することによって発揮させることを、彼らは追求するようになった。このような考えに基づく「集団的主人公制度」(che do lam chu tap the) という概念が、「ベトナム・モデル」として提唱されるようになるのも、六〇年代の後半のことであった(レ・ズアン、一九七二)。

ベトナム史像という分野でも、六〇年代前半までは、人類普遍的な史的唯物論をベトナム史に適用するという観点が強かったが、この時代になると、「ベトナム的」個性がより注目されるようになる。ベトナム戦争の激化とともに、ベトナムでは、中国歴代王朝などの外部からの侵略に対する抵抗のなかで、キン族を中心としてその周辺にその他の諸民族が結集した「ベトナム国民」という集団性が、きわめて早期に形成されたという歴史像が形成された。ここでは、ベトナムが中華文明の影響を受けて発展したという側面は完全に否定され、ベトナム史の内在的・自生的な発展を重視し、かつキン族を中心とした一元的なまとまりを強調するベトナム史像が登場したのである。そして、こうした歴史像から導き出される「四千年」にわたる「愛国主義の伝統」が、ベトナム革命の重要な推進力であるという考えが、公式の党史に明記されるのは、一九七〇年の『労働党四〇年史』からであった。

言語の分野でも、一九六六年から「ベトナム語の純潔性を守る運動」が、国家的な運動として提唱されるようになった。この運動は、クォックグー・ベトナム語における、漢語起源の語彙(漢越語)の濫用をいましめることを意図したものであった。人々の漢字への知識が薄れるのに並行して、漢越語のわかりにくさは増大していたが、他方では、クォックグーの表現能力の向上が主に漢語語彙によっていたのに加えて、社会主義建設の直接のモデルが中国であったために、この分野でも大量の漢語起源の語彙がクォックグーに入っていた。このような状態からの意識的な脱出が試みられるようになったわけである。

しかし、「わが国民全体の神聖な任務」と位置づけられた「抗米救国」という課題への忠誠心＝「愛国心」と、以上のような「ベトナム的」個性が強調されるなかで定着したのは、特に「ベトナム的」とはいえない、ソ連のスターリン体制に起源をもつ「貧しさを分かちあう社会主義」という、普遍性をもつ社会モデルであった。この時期には、人類普遍的と見なされていた社会主義モデルが、「愛国心」と「ベトナム的」個性が強調される、言葉をかえれば国民国家的な統合原理が強調されるなかで定着するという、逆説的な現象が見られたのである。ここに、社会主義と「愛国主義」の等式が成立するわけだが、この段階では、「社会主義的であることが愛国的だ」という論理が強調されていたのであり、「ベトナム的」個性の強調は、実は人類普遍的な「貧しさを分かちあう社会主義」への画一的な忠誠心を人々に強要する役割を果たしていたのである。以上のような意味では、個別性を原理とする国民国家と、「普遍国家」は、一元的な人々の統合と動員という戦時体制のなかに相互補完的に共存していたわけである。

5 南北統一の達成と危機の顕在化

一九六八年の旧正月に、南ベトナムで革命勢力が展開した、主要都市への一斉攻撃＝テト攻勢は、ベトナム戦争の大きな転機となった。この事件は、アメリカ国民にベトナム戦争がうまくいっていないことを強く印象づけ、政府の指導者にもアメリカの力の限界を認識させることになった。ジョンソン政権は、戦争の縮小に踏み切り、北爆を停止してベトナム民主共和国との交渉を開始した。しかし、都市住民の「総蜂起」を組織し、サイゴン政権の崩壊を導くという、六八年一月のベトナム労働党第三期第一四回中央委員会が確認していた目標は、客観的な力関係を無視した過大な目標で、革命勢力も南の土着のゲリラ勢力を中心として多大な犠牲を出すことになってしまった。南ベトナムの戦場では、軍事的な力関係は、テト攻勢後は一時、革命勢力に不利な方向に変化したのである。さらに、テト攻勢の損害のために、南の戦争でも北の人民軍の果たす役割が大きく増大せざるをえなかった（七三年のパリ協定締結時に南には二一万九〇〇〇の革命勢力軍事力が展開していたが、南土着の解放戦線の兵力は六万二〇〇〇にすぎず、北の人民軍が一五万七〇〇〇であった）。六九年には、パリ和平交渉での地位を強化するために、解放戦線を母体として南ベトナム共和臨時革命政府が樹立されたが、戦場では解放戦線の形骸化が進行していた（チュオン・ニュ・タン、一九八六）。

この戦場での革命勢力の危機を救ったのは、ニクソン（Richard M. Nixon）政権のカンボジアへの戦火の拡大であった。戦争の「ベトナム化」を掲げたニクソン政権は、アメリカがベトナムから撤退できる条件をつくるために、ジョンソン政権の時には行われなかったような戦争の拡大、強化を実施した。その一つが、一九七〇年四月の米軍とサイゴン軍のカンボジア侵攻であった。カンボジア情勢の推移は後述するが、カンボジア領内に存在していたベトナム革命勢力の聖域の一掃をめざしたこの侵攻は、カンボジア全土に戦争を拡大することに結果し、弱体なカンボジアの右派軍部政権は、首都プノンペンや一部の都市を確保するだけの存在になってしまった。このカンボジアでの軍事的な力関係の変化によって、態勢を建て直したベトナムの革命勢力は、七二年三月末から南ベトナムでの春季大攻勢を展開した。この結果生じた軍事情勢の膠着を踏まえて、七三年一月にはベトナム和平に関するパリ協定が成立し、米軍戦闘部隊はベトナムから撤退することになったのである。

パリ協定の調印直後の、南ベトナムでの陣取り合戦では、一時サイゴン政権側が優位に立っていたが、オイル・ショックの発生は、援助に深く依存していた南ベトナム経済に深刻な打撃を与えた。このような危機の時期に、アメリカではウォーターゲート事件でニクソン大統領が辞任するなどの事態が発生し、南ベトナム援助には消極的な空気が広がっていた。ベトナム労働党は、一九七四年一〇月から七五年一月にかけて、米軍の再介入の可能性は低いという判断のもとに、二年計画でサイゴン政権を崩壊に追い込む軍事攻勢の展開を決定した。しかし、七五年三月にこの作戦が開始されると、労働党指導部の予測をはるかに越えて、サイゴン政権は雪崩をうつように崩壊し、四月三〇日にはサイゴンが陥落してベトナム戦争に終止符が打たれたのである（バン・ティエン・ズン、一九七六）。南ベトナム政府の崩壊は、アメリカの完全な敗北を意味していた。しかし、アメリカに対決したベトナムの革命勢力にとっても勝利の代価は高く、南北あわせた武装勢力の犠牲は一二〇万人に達した。これに、二〇万を越える南政府軍の戦死者と二〇〇万人近い民間人犠牲者を加えると、ベトナム国民の犠牲は、三〇〇万人を越えたことになる。

このベトナム戦争の最終的な局面に大きな影響を与えたのが、一九七一年以来展開された米中接近であった。ベトナム戦争の泥沼からの脱却をはかるアメリカと、文化大革命の混乱からの離脱をはかる中華人民共和国が接近をするというこの出来事は、米中対決を軸として展開されてきたアジアの冷戦構造の基本的な枠組みを揺るがすことになった。ベトナム人共産主義者にとっては、今やソ連主敵論をとるようになった中国が、ソ連の影響下にベトナムの統一が達成されるよりは、南ベトナムにアメリカの影響力が残ることを望む姿勢を見せ始めたことは、深刻な脅威として受け止められた。彼らは、米中接近の枠組みの中にベトナム問題が包摂され、ベトナムの南北分断が固定化されてしまう前に、ベトナム戦争に決着をつける必要があると考えるようになった。一九七五年四月三〇日は、このような発想の産物でもあった（陸井三郎、一九七五）。

ベトナム戦争の終結とベトナムの南北統一の達成は、冷戦構造を突き崩す意味をもっていた。それは、まず第一に、北緯一七度線による分断という、冷戦構造のなかでの両陣営の「縄張り」として、国際政治がベトナムに押しつけた境界線を突破して、ベトナムがその統一を達成したことに示されている。これは、より一般的には、ある地域の運命を決するのは、一義的には、域外超大国の意思ではなく、その地域の住民の意思であることを、明示したものだったともいえるだろう。

第二に、ベトナム戦争は、冷戦構造の中核を形成していた大国に深刻な打撃を与えた。アメリカの局地戦争の破綻は、超大国の「辺境」に対する軍事介入が、「辺境」側の抵抗が激しい場合には、局地戦争の限界に達してしまい、うまく機能しないことを、雄弁に証明した。アメリカの世界的な覇権にとって、このような結果がいかに大きな打撃であったかは、多くの人々が指摘しているとおりである。また、このアメリカの本格的な介入につれて、ベトナムの革命勢力に対する援助を増大した、社会主義陣営の大国であるソ連や中国にとっても、ベトナム支援の負担はきわめて重いものであったことも看過されるべきではないだろう。

第三に、冷戦構造がベトナムに求めたことが、ベトナムを中国を中心とした軌道に引き戻すということであったとすれば、ベトナムがこのような構造への意識的な挑戦を開始したのは、ある意味では必然的な動きであった。ベトナム戦争は、結果的にはベトナムの「中国離れ」を促進することにもなった。

したがって、ベトナム戦争の終結によって、ある意味では冷戦構造はインドシナ地域ではすでに崩壊したといっても言い過ぎではないのだが、歴史を実際に担っていた主体の間では、このことはすぐには自覚されなかった。これは、ベトナム人共産主義者にも当てはまることである。例えば、「中国の脅威」に関しても、南北に分断されていた時の北にとっての「脅威」と、サイゴン政権が崩壊して実質的な統一が実現した時点の「脅威」とでは、その度合いに大きな変化があったはずである。ベトナム戦争後のベトナムの対中国姿勢を、統一したがゆえの強硬姿勢と理解することも可能だが、筆者には、むしろ逆に、一九七五年四月三〇日の変化にベトナム人共産主義者が無自覚で、引き続き南北分断時代のハノイの目で中国を見ていたことが、その「脅威感」を増大させることになったと見ている。さらに、冷戦時代の国民国家としてのベトナムの存在の危機を前提にして成り立っていた、「貧しさを分かちあう社会主義」の問題性も、この時点ではほとんど自覚されていなかった。

ベトナム人共産主義者は、一九七五年夏に開催された労働党の第三期第二四回中央委員会で、南北統一の早期達成と、ベトナム戦争中の北の社会体制をモデルとする南の急速な社会主義化による統合という方針を決定した。南北統一は、翌七六年七月のベトナム社会主義共和国の形成によって、戦争終結後一年あまりという短期間で実現された。これは一面では、ベトナム戦争が南北一体の戦いとして展開されるようになっていた歴史の反映であった。軍事的な面だけでなく、労働党員の分布で見ても、サイゴン解放時の一四七万八〇四六人の党員のうち、南の党組織が管轄していたのは、一三万〇一五四人にすぎなかった。旧サイゴン政権関係者の大幅登用とか、政治的多元主義の導入といった、北の政治システムとは全く異なる統治を南で考えるのなら話は別であったろうが、北と同じ政治システムを構想するかぎりは、南の統治に北からの大量の人員供給が必要なことは明白であった。これに加えて、この南北早期統一を促進した要因が中国への警戒心であった。米中接近に関して、南の有力な党組織には、これをあまり批判すべきではないといった見解が存在していたこともあって、労働党指導部は、南の独自性を認めるとそれが中国と結びついてハノイの権威に挑戦するような事態が発生することを警戒していたのである。

一九七六年一二月に開催された第四回党大会で、労働党は共産党と改称した（Dang Cong San Viet Nam）。この大会では、かつて六〇年代の前半に北ベトナムで構想された第一次五ヵ年計画と同様の、社会主義的工業化の短期達成を目標とした経済の高度成長を意図した第二次五ヵ年計画が決定され、この五ヵ年計画中に、北に定着していた「貧しさを分かちあう社会主義」をモデルとした南の「社会主義的改造」を達成することが方針となった（白石昌也、一九九三A）。

ベトナム人共産主義者の中国への懸念は、カンボジア問題で現実となった。一九七五年四月のカンボジアにおける親米右派政権の崩壊によって成立したポル・ポト（Pol Pot）政権は、国内基盤の脆弱性を反ベトナム・ナショナリズムによって克服しようとして、インドシナ半島でのベトナムの影響力拡大を好ましく思っていなかった中国との結びつきを強めていった。一九七七年末、ベトナムとカンボジアの国境戦争の激化のなかで、両者の紛争は世界に公然化する。ちょうどそのような時期に、ベトナム在住華僑の大量出国という事態が発生し、七八年四月から中国もベトナムに対する公然たる非難に踏み切った。この事態は、南ベトナム社会の統合が微妙な段階にあったベトナムに、北の中国と南西のカンボジアからの「挟撃」という、安全保障上の脅威感を与えることになった。「中国拡張覇権主義」を、「直接の最も危険な敵」と見なしたベトナム人共産主義者は、七八年一二月から、反ポル・ポト派のカンボジア人を支援して、ポル・ポト政権の打倒をめざすカンボジア進攻作戦を展開する。これに対して、七九年二月には、中国が「懲罰」と称して、約一ヵ月間にわたりベトナム北部の国境一帯でベトナム領内に軍を派遣し、中越戦争が発生することになったのである。

この一九七〇年代末のインドシナ地域の動向は、アメリカの覇権が衰退したあとの、ソ連と中国による覇権争いとか、ソ連のアフガニスタン侵攻と重ねて新冷戦時代の幕開けと評価されることもある。しかし、ここでは、このベトナム戦後の戦争のなかで、ベトナムがきわめて深刻な危機に直面したことを強調しておきたい。第一は、カンボジアへの「侵略者」という烙印を押されて、国際社会から孤立したことである。第二は、「貧しさを分かちあう社会主義」が、「豊かな南」の反発を受けただけでなく、長くそのもとで暮らしてきた北の人々の間でも機能しなくなり、国内に経済的な危機が発生したことである。この内外の危機に直面して、ベトナム人共産主義者は、時代の変化を自覚することになる。そして、この自覚に基づく改革が、新しい時代につながる。中華人民共和国誕生にはじまる、ベトナムの冷戦時代は、この中国との戦争で終焉を告げたわけである。

三　多民族国家ベトナムの統合

1　少数民族の位置

ベトナムでは、少数民族の総人口に占める割合は一割強である。複雑な民族分布が展開している東南アジアにおいては、これは相対的にはきわめて少ない数字である。しかし、第二次世界大戦後のベトナムの歴史においては、少数民族は、この人口構成に占める比率よりははるかに重要な意味をもった。それは、ベトナム現代史が戦争の連続であったことに起因している。

ベトナムの少数民族の多くは山地民であるが、その居住する山岳地帯は、戦争のなかできわめて重要な戦略的位置を占めた。また、第二次世界大戦後のベトナム情勢の展開軸は、八月革命を通じて形成されたベトナム国民という、新しい集団性であった。これを攻撃する立場にまわったフランスやアメリカは、この集団性の「弱い環」である少数民族を味方につけ、ベトナム国民という集団性から切断することを重視した。第一次インドシナ戦争の初期に、フランスが、中部高原に「西圻自治国」、北部の少数民族居住地域に「ヌン自治国」、「ムオン自治国」、「ターイ自治国」などを樹立して、ベトナム民主共和国に対抗しようとしたのは、その典型的なあらわれであった。

一方、ベトナム人共産主義者にとっても、フランス軍や米軍の火力や機動力を減殺できる山岳地帯は、相手に軍事的な対決をいどむには絶好の地域であった。それに加えて、南北に細長く延びたベトナムでは、中部の狭い海岸平野を敵対勢力に支配されている状況のもとでは、西方の山岳地帯が南北を結ぶ連絡補給路として大きな意味をもった。このような戦略的重要性をもつ山岳地帯で、フランスやアメリカの分断政策に対抗して、少数民族をベトナム国民という集団性の中に結集することは、ベトナム人共産主義者の大きな関心事であった。

ベトナム人共産主義者が展開した民族政策が、諸民族のベトナム国民としての「団結」と、それを促進するための諸民族の「平等」という、「団結と平等」の二つの原理に要約される政策であった点では、八月革命直後の時期から今日に至るまで一貫性が見られる。しかし、この二つの原理の運用は、それぞれの時期にベトナム人共産主義者が、ベトナムを世界の中にどのように位置づけていたのかに応じて、変化をしたのである。ここでは、この変化の軌跡をたどっておきたい。

2 ベトナム国民としての団結

多民族国家として出発した当初のベトナム民主共和国では、新たにベトナム国民という集団性の成員と見なされるようになった少数民族を、一律にベトナム人として結集することが重視されていた。一九四六年夏に開催されたインドシナ共産党の第一回中央幹部会議では、「○○族」「××族」という呼称を使用すべきでなく、少数民族を含めてすべての国民をはっきりと「ベトナム人」と呼ぶべきであると、強調されている。明らかにこの段階では、蔑称を含む通俗的な民族名を生み出していた、日常的な社会生活のなかでの民族という枠組みの機能を克服して、ベトナム国民という集団性を創造しようという、八月革命までの越北地方のベトミン運動でも見られた試みが、ベトナム人共産主義者の民族政策の基本であった。したがって、個々の民族という集団性に積極的な意味を付与していくことは、この段階では試みられていない。この時期には、党や政府の文書や機関名でも、「少数民族」という言葉よりは、「少数国民」とか「山地国民」という表現のほうがよく使用されていた。また、一九四六年一一月に国会で採択されたベトナム民主共和国最初の憲法でも、「各少数公民（少数民族に所属するベトナム公民―引用者）は、平等の権利を有する他、各方面の援助をえて、敏速に全国人民と同等の水準に到達せしめられる」という規定があり、「平等」の主体が、「民族」という集団性ではなく、「少数公民」という個人を単位にして考えられていたことが明白である。

この時期には、八月革命以前からベトミン運動が強力に発展していた越北地方を除くと、他の少数民族居住地域でのベトミンの勢力はきわめて弱体であったため、中央から幹部や部隊が派遣されることが多かった。また、こうした平野部から派遣された工作員は、さしあたり、土司など少数民族の有力者の説得という「上層階級との同盟」に力を入れざるをえなかった。少数民族を一律にベトナム人として扱うという政策は、こうしたキン族出身の工作員の心構えとしては、積極的な意義をもったと思われるが、同じベトナム国民の一員だからということで、少数民族の実情をふまえないで、平野部と同じような闘争形態での人々の動員をはかったり、そのようなやり方に地元の人々が反発し、土司ぐるみフランスの樹立した「自治国」の側につくような動きが起こると、一転して少数民族全体を「越奸」＝ベトナム人売国奴と見なしたりするといった問題が生まれることになった。

3 民族ごとの政策の出現

ベトナム人共産主義者が、このような問題を解決するために、民族を単位とした政策を検討するようになるのは、フランスとの抗戦が対峙の段階に入り、フランスが後援する「自治国」が存在しているような少数民族居住地域でのゲリラ活動の強化をはかるようになる一九四八年以降のことで、同年五月に開催されたインドシナ共産党第五回中央幹部会議では、具体的な民族名を上げて、そのなかでの共産党組織の建設が提起されている。民族ごとに問題を見ていくようになると、例えば越北地方の場合、四九年半ばの調査で、ベトナム民主共和国の省レベルの幹部九〇人のうち、三分の二がキン族出身者、三分の一がタイー族出身者であり、ヌン族出身者はわずか一名しかいないことが判明した。越北地方では、「山地国民」の組織化が進展していると考えられていたわけであるが、民族ごとに見てみると、実際にベトナム民主共和国の側によく組織されているのはタイー族だけで、ヌン族は疎外されており、これが、フランスの「ヌン自治国」がある程度の勢力結集に成功する一因になっているということが、認識されるようになったのである。

こうした事態を克服するためにとられた措置の一つが、各級の政権にその管轄する住民の民族的な構成(民族成分)を反映させるという政策である。越北地方の場合には、おそくとも一九五〇年までには、各級の抗戦行政委員会(地方政権)と人民議会の構成に民族成分の反映という原理が導入されている。これは、「諸民族の平等」という場合に、以前は個人が単位であったのに対して、この時期には民族という集団性が単位と見なされるようになったことを示すものであった。そして、この変化は、「山地国民」という表現ではなく、少数民族という言葉が主に使われるようになる契機にもなったように思われる。タイー族もヌン族も「山地国民」ではあるが、そのように一括していては民族間の抗戦への参加状況の不均衡といった問題が目に見えてこないからである。

このように民族という集団性が、政策の対象となると、ベトナム人共産主義者は、民族ごとの政策を考え、特定の民族の抗戦への協力を促進するために、当該民族の民族性に積極的な意味を付与する試みを行うようになる。その最も典型的な例は、次のような中国との国境地帯で、中国と関連をもって発生した事態であった。そこには、華僑とヌンとガイ（Ngai）という、三つの集団性が登場するので、まず華僑から簡単に説明を加えておく。

華僑とは、限定的には、海外に居留している中国人で中国国籍をもっている人をさす。フランス植民地支配下では、当初、中国人は「アジア外国人」という、欧米人や日本人などの「特権享受外国人」とは異なる、「原住民」とほぼ同等の扱いを受ける外国人として扱われてきた。しかし、中華民国とフランスとの間の不平等条約撤廃交渉のなかで、華僑も他の外国人と同等の扱いを受けることになり、インドシナ在住の華僑にも中華民国領事館の管轄権が及ぶことになった（高田洋子、一九九三）。一方、ベトナム民主共和国は、独立当初、北部に中国国民党の軍隊が進駐していたこともあって、華僑に対して「最恵国民待遇」を与え、ベトナム公民に課されていた軍隊に参加する義務などの対象とはしない、優遇政策を採用していた。これは、ベトナムの抗戦という角度から見れば、ベトナム人共産主義者が、華僑をせいぜい「好意的な中立」を守ってくれさえすればよいと見なし、積極的な動員の対象とはしていなかったことを示すものであった。

このような状況のなかで、第一次インドシナ戦争の初期に、中国との国境地帯では、ヌン族やザオ族などの少数民族が、進駐していた中国軍から証明書を受け取って、「華僑」と自称する、「華僑化」と呼ばれる事態が発生した。これは、華僑であるならば、ベトナム公民としての軍事義務を免れることができ、フランスも外国人として扱ってくれるので、戦争から距離を置いて身の安全をはかれるということでおきたものだった。徴兵逃れのために「華僑」を自称する集団を、ベトナム民主共和国としては放置できず、一九四七年には、この「華僑化」集団を、「正統な華僑」とは区別してあくまでベトナム人として扱うという姿勢を明示した。

トンキン湾に面した中越国境のクアンニン省ハイニン県には、ガイと呼ばれる民族が居住している。彼らは、境界を接する中国の広西省防城県出身の漢族系の集団で、第一次インドシナ戦争の頃の人口は約一〇万人ほどであった。ベトナムにかなり以前に移住し、周辺のキン族やヌン族とあまりかわらない生活をしていた彼らは、都市に住む華僑と自分たちをはっきり区別する意識をもっていた。

フランスは以前から、このガイのような集団を「ヌン」族として扱っていた。華僑に中国の管轄権が及ぶようになってから、フランスは、都市の華僑はやむをえないとして、中越国境地帯に住む中国系住民にも中国の管轄権が及ぶのを嫌い、このような人々をフランスの管轄下にある「インドシナの少数民族」としての「ヌン」として扱っていたのである。第一次インドシナ戦争の時に、フランスが樹立した「ヌン自治国」は、このような意味で「ヌン」として扱われた人々を基盤に成立していた。

一方、ベトナム人共産主義者も、ガイは「ヌン」であり、したがってベトナム人であると考えていた。フランスとの相違は、フランスは「ヌン」を華僑でもないがベトナム人でもない人々としていたのに対して、ベトナム人共産主義者は、「ヌン」をベトナム人と考えていた点にあった。ところが、ハイニン地方で活動していたインドシナ共産党の華僑党員の間では、ガイを「華僑」として扱う傾向があった。これに対して、インドシナ共産党は一九四八年の半ば頃までは、こうした傾向は華僑党員の「別派主義」「民族主義」であると厳しく批判していた。ところが、同年後半、中国共産党の活動が国境地帯でも活発になり、ハイニンにも人民解放軍の小部隊が入って活動するようになると、事態はより複雑になる。中国の解放軍は、ガイを「華僑」と認定し、彼らの「中国革命の利益」への奉仕を説くようになったのである。

中国の内戦における共産党の勝利が明確となる一九四九年になると、ベトナム人共産主義者は、ハイニンのガイの国籍問題は棚上げをするという方針をとるようになる。つまり、もしガイが自分たちを「華僑」として扱ってほしいと主張するならば、それを認め、最終的な解決は中華人民共和国との交渉を待つことにしたのである。これは、ガイ＝ベトナム人という従来の主張と比べれば、明らかに譲歩であり、大国中国に対する配慮であったことは確かで、ベトナムが中国を中心とする軌道に引き入れられたことを示す出来事であったが、同時にこの時期にベトナム人共産主義者が、ベトナムの抗戦と華僑との関係について、新しい考えをもつようになっていたこととも関連していた。ベトナム人共産主義者は、ベトナムの華僑が、その「祖国」中国での共産党の勝利、中国の「兄弟国」化の影響を受けて、ベトナムの抗戦にもより積極的に参加することを期待するようになったのである。これは、華僑に「好意的中立」しか期待していなかった従来の政策からの転換であった。四九年にベトナム人共産主義者が、ガイが華僑でもよいと考えるようになったのは、華僑にも抗戦への積極的貢献を期待できると考えるようになったためであった。

一九五〇年一〇月、インドシナ共産党越北連区常務委員会は、華僑として扱ってもよいことになったガイの権利と義務について、権利はベトナム公民と同等の権利を享受する、義務はベトナム公民と同等の義務の遂行を期待するが、軍隊への参加は強制はしないという政策を決定した。これは、軍事義務などには配慮しつつ、ガイをベトナム国民という集団性の中にできるだけ包摂し、ベトナム人と同じように抗戦に参加することを期待した政策であったといえるだろう。このガイに対する政策は、翌五一年のインドシナ共産党第二回党大会で、ベトナム民主共和国支配地域に住む華僑一般に対する政策となる。つまり華僑は、ベトナム公民と同等の権利を享受すると同時に、義務については、軍事義務などを強制はされないが、同等の義務を志願することを期待されることになったのである。

華僑が、中国国籍をもつ外国人でありながら、ベトナム公民と同等の権利を享受できるようになったのは、明らかに中華人民共和国がベトナムにとっての「兄弟国」と見なされたからで、これは「民主陣営の一員」という「普遍国家」ベトナムのアイデンティティに関係する政策であった。これと同時に、このガイ、華僑をめぐる事例は、ベトナム人共産主義者が、華僑という民族的な範疇の意味を具体的に提示し、その望ましいありかたを明示した典型例であった。これには、華僑がベトナム国民という集団性の外に位置していた集団であったことも反映されているが、この民族という集団性への積極的な意味付与は、ベトナム国民を構成する少数民族一般へも広がっていくことになる。

4　下からの動員と極左的傾向

越北地方を除く少数民族居住地域の多くがフランスによって再占領され、土司などの少数民族社会の伝統的首長のかなりの部分がフランス側につくという状況のなかで、インドシナ共産党は、一九四八年には、従来の「上層階級との同盟」を重視した政策の転換をはかるようになる。新しい政策は、土司など有力者の掌握を引き続き重視はしながらも、抗戦への動員が有力者に依存して行われる結果、有力者の政治的・経済的支配力の強化をまねくという事態を改め、有力者の専横に対しては闘争するという、有力者に対する「闘争しつつ団結する」という方針、および、少数民族一般大衆を有力者を通じて組織するだけでなく、平野部から派遣された工作隊が直接に組織するという、「下からの大衆動員」を重視した方針を柱としたものであった。

しかし、一九四九年に中華人民共和国が成立し、抗戦の「総反攻」の段階への飛躍が展望されるようになると、土司などの経済的特権の「清算」といった、上記のような新政策の枠を越えた、階級の論理を強調した極左的方針が提起されるようになった。少数民族の間での運動の主体がまだ十分に形成されていない段階で、このような極左的方針が、平野部出身幹部の主導で展開されることになったため、五〇年初頭にはさまざまな深刻な問題が発生することになった。その代表的な例が中部のクアンガイ省ソンハで発生した少数民族の暴動であった。ここは、八月革命当時からベトミンの影響力が強いところで、フランスとの戦争の時期にも一貫して抗戦政権の支配下にあった。ここで発生した事件とは、地元の少数民族の有力者が組織した暴動が、平野部から来たキン族の疎開者の農園を襲撃し、農園にいたキン族の幹部や一般農民を殺害するという形ではじまり、地方軍部隊の出動でようやく鎮圧されたという内容のものであった。共産党側の記録では、ここで発生した暴動は次のように分析されている。①幹部が「農奴の解放」というスローガンを提起したが、地元の人々にはあまりよく理解されなかったため、肝心の「農奴」自身の賛同を得られず、「地主」層の反発を招いただけであった、②農民の生活改善の一環として、衛生観念の向上などを内容とした「新生活運動」が展開されたが、その際、地元の人々が「魔よけ」の象徴としていた腕輪の着用をやめようといった方針が提起されたため、「ベトミンはわれわれを死に至らしめようとしている」という「地主」層の宣伝が浸透した、③平野部から疎開してきた人々のための農園が、少数民族の土地を奪うかたちで形成されていたため、「ベトミンはわれわれの土地を奪って死に至らしめようとしている」という非難を招いた。

このような事態をベトナム人共産主義者は深刻に受け止め、一九五〇年の半ば以降、その他の極左的傾向の是正とあわせて、少数民族政策においても軌道修正がはかられることになる。そして少数民族政策が左右に大きく揺れた反省から、五〇年代の初頭には、その体系化が試みられるようになった。その際に自覚されてきたのは、ベトナムにおける少数民族問題というのは、かなりの部分、キン族自身の問題であるということであった。これは、以下のような意味である。ベトナムにおける少数民族の間での革命運動の特徴は、キン族とそれ以外の少数民族の間で、人口だけでなく、運動の主体形成の条件に大きな格差があり、キン族出身者が大量に少数民族の間に入って運動の組織化が行われていた点にあった。このような構造は、ベトナム国民としての「団結」という点では問題はあまりなかったのかといえば、そうではなく、キン族を中心としたベトナム国民という強力な集団性が前面に出たがゆえに、周辺の諸民族の政治化が促進され、そこでは、ベトナム国民に反発する形で少数民族が政治化したり、逆に革命運動に加わってもキン族出身の工作者に極度に依存してしか運動が進まないなどの問題が存在していた。ベトナム人共産主義者にとっては、このいずれの場合にもみられる、抗戦＝「キン族のもの」という図式を打破して、政治化した少数民族の民族性を、ベトナム国民としての「団結」に結集していくためには、抽象的に「諸民族の平等」を唱えるのでは不十分で、少数民族居住地区の運動における、キン族出身の外部からの工作者と地元の少数民族との相互関係のありかたを、具体的に提示する必要が存在していたのである。

一九五二年八月、ベトナム労働党政治局は、それまでの経験をふまえて、「現在の党の少数民族政策に関する政治局決議」を採択した。この決議は、ソンハ事件などのそれまでの運動の最も大きな問題点の一つとして、「少数民族の自己解放能力」を軽視し、平野部の経験を命令主義で押しつけるという、平野部から派遣されたキン族工作者の問題を取り上げている。そして、キン族工作者の主な役割は、少数民族を統治することではなく、その「自己解放能力」を引き出すことであり、政権は地元の少数民族出身者に委ねることを目標として活動することであるとしている。そのためには、少数民族出身幹部の養成がきわめて重要であるが、その養成ができていない段階でも、キン族工作者は地元出身者と行動をともにし、政権機構では、できるかぎり地元出身者を「正」の位置につけ、外部からの工作者は「副」にとどまるべきであるとする。そして、キン族工作者には「我慢づよく、慎重に、確実に」という姿勢、つまりは少数民族自身の自覚を越えるような変革を急がない姿勢を要求している。要するに、決議の趣旨は、キン族工作者の役割を、少数民族の間での「自己解放能力」の形成、すなわち、諸民族間の「平等」を担いうる主体としての力量の養成を目標としたものであることを明示する点にあった。このほか、「上層階級との同盟」と「下からの大衆動員」の「結合」といった論点など、この五二年政治局決議は、ベトナムの運動の実践のなかから生み出された体系的な政策という性格をもつものであった。

5 社会主義陣営の「辺境」としての中国モデルの受容

ところが間もなく、このような五二年政治局決議の精神を踏みにじるような政策を、ベトナム人共産主義者は実施することになる。それは、一九五三年から五六年にかけて実施された土地改革の過程で発生した。当初の政策ではベトナム労働党は、少数民族居住地区での土地改革、特に土司が存在している地区での実施に関して、慎重な姿勢を見せていたが、実際の運動では、こうした慎重な配慮は無視され、平野部の方式が少数民族地区にも導入され、平野部の土地改革で生じたのと同じような問題が噴出することになった。

少数民族居住地区固有の問題としては、土地改革という階級関係の変革が、民族間のあつれきを解消する万能薬と見なされるようになったという問題があった。当初は、土地改革にあたって少数民族政策の観点を貫くということは、平野部の方式を少数民族居住地区には持ち込まないということを意味していた。

ところが、山地でも大衆動員が本格化した一九五四年一月に開催された越北連区全幹部会議では、「土地改革を行ってはじめて帝国主義と封建勢力がつくりだした民族間の矛盾や偏見を根本から清算し、勤労人民の団結の基礎の上に真の団結を実現できる」と指摘され、民族間のあつれきを解消するためにも土地改革の実施が重要であるという面が強調されるようになった。つまり、「地主」階級を打倒して、「勤労農民」という階級的に均質な社会を創造すれば、民族的な偏見を生み出していた社会的基盤がなくなり、民族間のあつれきもなくなるという展望が提示されたのである。「我慢づよく、慎重に、確実に」という五二年政治局決議の精神とはかけ離れた、平野部同様の一律的な土地改革の実施は、階級の論理によって民族の論理を克服するという、社会主義陣営の「普遍モデル」への傾倒を反映したものであったが、実際の問題の解決にはあまり有効ではなく、土地資源の再分配をめぐって民族間のあつれきが激化するような事態を招いてしまった。

この土地改革の極左的傾向には一九五六年で一応の歯止めがかかるが、ベトナム人共産主義者がベトナムを社会主義陣営の「辺境」とみなしていたこの五〇年代後半から六〇年代半ばまでにベトナム民主共和国で展開された民族政策は、「普遍モデル」としての「中国モデル」にそったものが多かった。その代表例が中国の「区域自治」制度の導入である。「区域自治」というのは、中華人民共和国が、ソ連のような「自決権」をもった共和国の連邦ではなく、諸民族の分離・独立の権利を否定した単一共和国として建国されるに伴って採用されたもので、少数民族には、中央政府の統一的な指導を受けることを前提としつつ、その居住地区における内部事務管轄の権利=自治を認めるという制度である。ベトナム民主共和国では、ジュネーブ協定の締結後、一九五五年五月に西北地方にターイ・メオ自治区（六二年に西北自治区と改称。なおメオという族称は、現在では蔑称であるということで使用されず、モン〔Hmong〕族とよばれている）が、五六年一〇月には越北地方に越北自治区が設置された。自治区の特質は、その内部の政権が原則としては地元の諸民族によって担われるべきであるとされた点と、行政や教育において自民族の言語を使用する権利が認められたという点にあった。そして、このような自治区の存在は、この時期の民族政策の重点が、「団結と平等」という二つの原理の中の「平等」のほうに比重が置かれていたことを示すものであったといえよう。

このことをより明確に物語っているのは、この時期の言語政策である。「団結と平等」という原理は言語政策としては、諸民族の「共通語」としてのベトナム語の普及と、諸民族の平等を達成する一環としての各民族語の発展という二つの柱となる。このなかで、この時期に重点が置かれていたのは、後者の民族語の発展であり、民族語の文章語化とその初等教育での使用、すなわち母語教育の確立に力が入れられていた。特にこの時期に推進されたのは、自治区公用語としての地位が与えられた、二つの自治区の有力民族の言語の統一的表記法の確立であった。越北自治区においては、タイー語とヌン語の、ローマ字表記による統一表記法が考案され、西北自治区においては、ターイ語の伝統的な文字を使用した統一表記法、およびモン語のローマ字表記の統一表記法が作成され、一九六一年一一月の政府の決定によって、これらの表記法が自治区の公用語表記法として正式に採用された。このような表記法をもった有力民族の言語には、自治区の「地域共通語」としての地位が与えられ、小学校の教育言語となり、自治区内のその他の小民族の子供にも学習が要求されるようになった。

この時期の「平等」原理は、こうした越北のタイー族、ヌン族、西北のターイ族、モン族という、自治区の有力民族の地位向上という形で追求されたのである。その他の小民族に関しては、自治区という枠組みのなかで、こうした地方の有力民族への同化が促進されることによって、ベトナム国民という共同性への帰属意識も高まるものと期待されていた。

自治区政策は、幹部に地元の少数民族出身者を登用するという政策が系統的に追求された点ではそれなりの成果を収め、一九六〇年代初頭には、ターイ・メオ自治区で行政幹部の四九%が、越北自治区では幹部の七二%が少数民族出身者で構成されるようになった。しかし、ベトナムが社会主義陣営の「辺境」であるがゆえに輸入された制度としての自治区は、いくつかの点でベトナムの実情に合わない面をもっていた。

第一は、ベトナムにおけるキン族の比重の高さは、常に自治区を形骸化させる要素であったということである。例えば、言語を取り上げてみると、地方の有力民族の言語と文字化、公用語化と並んで、この時期に目立った少数民族社会の言語生活の変化は、ベトナム語の普及であった。これは、少数民族の間での学校教育の普及、国営農場や軍隊などへの参加の増大、および一九六〇年から七四年までで三八万四〇〇〇人に達した山間部へのキン族の移住などによって生じた現象である。学校教育では、この時期には理念的には初等教育における母語教育の確立が重視されていたが、実際には民族語教育を行える教員の不足や民族語教材の不足から、少数民族語の教育には限界があり、学校教育の普及はベトナム語の普及と同義である場合が多かったのである。また、小民族の側から見れば、自治区の有力民族の言語とベトナム語という二つの言語を学ばなければならないのは過重負担であり、どちらかをとるとすれば、通用範囲が広く、進学、就職などにも有利なベトナム語に傾く傾向が生まれることは避けられなかった。

第二は、自治区という制度は、一定の地域を民族と結びつけて自治の枠組みとする制度であり、ある民族がその排他的な領土をもっているような場合に有効な制度であったことから生ずる問題である。中国では、広西チワン族自治区というように、地域名のあとに民族名が明記されていたが、これは、民族と領土の重なりを表現したものであった。ところが、この方式は、民族分布における雑居性が高く、比較的大きな民族でも自己の排他的な領土をもっておらず、行政村の大半が複数の民族で構成されているような状況が存在するベトナムでは、無理のある制度であった。当初は、ベトナム人共産主義者は、「中国モデル」を採用して、最初に設立された西北地方の自治区にはターイ・メオ自治区という、民族名を冠した名称を採用したが、これでは西北地方に居住する他の小民族の権利はどうなるのかという疑問が生ずることになった。そのため、越北地方には民族名を冠さない自治区が結成され、ターイ・メオ自治区も一九六二年には、西北自治区と改称された。

第三は、ベトナムだけの問題ではなく、社会主義という人類普遍的な文明に自己を結びつけた「普遍国家」の民族政策一般にあてはまる問題である。つまり、民族自治が実質的に機能するには、当該民族社会の発展のありかたをその民族自身が模索できることが必要であったが、このような考えは「普遍国家」には育ちにくかったという点である。ベトナム労働党中央委員会は、一九五九年八月に、少数民族社会においても、残存していた「封建的搾取」を一掃したうえで、農業生産合作社の組織を中心とする社会主義的集団化に着手するという指示を出した。この社会主義化という課題が提起されるに伴って、五二年の政治局決議で示されていた「我慢強く、慎重に、確実に」というスローガンには、新たに「積極的に、急いで」という言葉が付け加えられ、少数民族社会でも、急速な社会主義化が追求されるようになった。少数民族居住地区での集団化は、六〇年代初頭には初級合作社への組織化が、そして六〇年代後半には高級合作社への組織化が基本的には達成されるという、平野部とほぼ同じ展開を見せることになった。六〇年の労働党第三回大会で強調された少数民族政策の柱は、多数民族と少数民族の「格差是正」という課題であり、「先進的」多数民族の支援で「後進的」な少数民族社会でも急速な社会主義化を実施することによって、この「格差」を是正することが展望されたのである。このようななかでは、少数民族が固有の発展の道を模索する余地はほとんどなく、社会主義建設には自治区は「回り道」ではないかといった議論がでる始末であった。ベトナム人共産主義者は、六〇年代初頭の時点では、「中国モデル」を重視して自治区を廃止するようなことはしなかったが、西北地方で自治区樹立以後廃止されていた省という行政単位を復活させ、社会主義化という課題との関連では最も重要な意味をもつ経済管理の権限を省に移管するという措置をとった。このため、自治区は、実質的な行政権をあまりもたない、象徴的な存在になったのである。

6　「主軸民族」キン族を中心とする一元的統合

ベトナム戦争が激化する一九六〇年代半ば以降、ベトナム人共産主義者の民族政策は、「団結と平等」

という二つの原理のうち、「団結」を重視する方向に大きく転換した。しかも、ベトナム国民としての「団結」のありかたも、諸民族の「平等」な結合という理念よりは、キン族に「主軸民族」という位置を与え、キン族を中心とした諸民族の「団結」が強調されるようになったのである。これは、戦争の激化が、国民国家としての一元的な統合の強化を求めたことのあらわれであったともいえるだろう。ここでは、この「主軸民族」キン族を中心とする一元的な統合が追求された、六〇年代半ばから七〇年代にかけての、ベトナム人共産主義者の民族政策の特徴を検討しておきたい。

まず言語政策から見ると、ベトナム政府が体系的な言語政策を提示するのは、一九八〇年二月の第五三号決議においてであるが、そこに体系化された政策は、六〇年代半ば以降の政策の転換を集大成したものであるので、ここではこの決議を取り上げてみたい。第五三号決議が最も強調しているのは、ベトナム国民を構成する諸民族に共通する唯一のコミュニケーション言語であり、ベトナムの諸言語の中で唯一「科学、技術、社会主義的大規模生産の建設と新しい文化の建設」に人々を導く機能を十分に果たせる言語(決議自身は使用していない概念だが、いわゆる「文化言語」である)としてのベトナム語の普及の重視である。これは、自治区の有力民族の言語に「地域共通語」という地位を与えていた、以前の政策とは異なるもので、明らかに、ベトナム語とその他の少数民族語の間の質的な差異を認め、ベトナム語の果たす役割を強調するものであった。

もちろん決議は同時に、少数民族語の尊重を説いてはいるが、力点は明らかにベトナム語の普及にあり、小学校教育においても、以前のような少数民族語による母語教育の確立ということよりも、小学校の第一学年からベトナム語教育を導入して、ベトナム語と少数民族語のバイリンガルに少数民族の生徒を育てることが強調されるようになった。

これは一面では、民族語の教育をしたくとも、教員も教材もないといった現実をふまえた、現実主義的な政策であったが、同時に、ベトナム国民という共同性への諸民族のすみやかな「融合と接近」を展望して、ベトナム語にその中心的な担い手の位置を期待した政策でもあったといえるだろう。

第二の変化は、自治区の廃止である。南ベトナム解放後の一九七五年一二月に開催された北ベトナム独自の最後の国会で、北の二つの自治区の廃止が決定された。南ベトナム解放民族戦線は、以前、南での自治区の設置を公約していたが、七六年に成立した統一ベトナムには自治区が設置されないまま、今日に至っているのである。この自治区廃止の理由は、体系的な形では公表されていないが、次のような要因が反映されていると思われる。

一つは、小民族がいったん地方の有力民族に同化することを通じて、そのベトナム国民としての統合をはかろうとする、自治区で促進しようとしていた民族間関係の変化が、実際にはうまく機能しなくなったということである。以前、小民族は、地方の有力民族の土司や首長の支配下で社会の底辺に位置づけられた存在であった。そのため、少数民族社会における旧秩序の変革が進展した一九五〇年代末から六〇年代初頭にかけては、小民族が自らを地方の有力民族に同化させることで、その地位向上をはかろうとする傾向が見られた。このような動きには、自治区は適合的な制度だった。

ところが、少数民族社会にも社会主義的改造が及び、小民族も村の行政や合作社などに参加するようになると、事態は変化してくる。ベトナム民主共和国最初の国勢調査である六〇年の調査の時には、各地の「民族成分」は人々の自己申告によっていたが、その後は、ベトナム国民を構成する民族を国家が確定し、個々人がそのどれに所属するのかを明らかにする「民族識別工作」が国家的事業として推進され、七三年にはベトナム全土の民族を五九とする国家が認定した民族分類表が作成され、以後の国勢調査はこれに基づいて行われるようになった（七九年に新分類表でベトナム国民共同体を構成する民族は五四とされ、この数字が現在も継承されている）。行政機関や合作社の管理組織の構成には、地元の住民の「民族成分」を反映することが、国家の政策であったわけだが、それに組み込まれるようになった小民族にとっては、「民族識別工作」で、地方の有力民族と同一視されるのではなく、独自の民族として認定されたほうが、自分たちの代表を政権や経済管理組織に送り込むうえでは有利である。このような事情を反映して、六〇年代後半以降は、小民族の中に、自治区の有力民族と同じに見なされるのを望まない動きが広がることになった。これは、小民族が、地方の有力民族を媒介にするのではなく、より直接的にベトナム国家と結びついたことの帰結だったといえるだろう。こうなると、自治区の存在意義は低下せざるをえない。

二つ目は、幹部政策の問題である。この点で注目すべきなのは、自治区廃止の約一年前、一九七五年一月に出されたベトナム労働党書記局の山間部の幹部政策に関する指示である。この指示は、山間部の県および省レベルの党の指導機関の五割、政権機関の七割が地元の少数民族によって担われるようになっていることを、この間（つまりは自治区が存在していた期間）の「成果」として確認しつつも、従来のように少数民族居住地区は少数民族に委ねることに力点をおいたのとは違う方向を提示している。それは、「山間部の革命も全党とベトナム国民全体の革命事業の不可欠の一部である」という観点から、「少数民族幹部とキン族幹部の双方を重視し、山岳部と全国での革命事業に奉仕する統一的な幹部の隊列の中で、この二つの勢力がよく結合し、よく団結するようにする」というものであった。これは、具体的には、党機関に関しては、民族代表の集合ではなく「普遍性」を担う、「すべての各民族人民の代表」であるべきことを明示し、平野部と同じ基準で人事を行うこと、政権機関に関しては、民族別人口を反映した構成をとるべきであるとするものであった。このように述べると、それまでとそれほど大きな変化はないように見える。しかし、党機関と政権機関の構成原理の相違を明示した点、および政権に関しては、「少数民族に委ねる」のではなく、「人口構成を反映する」ということで、山間部でも人口が増えたキン族出身者が政権内で一定の割合を占めることを合理化した点で、それまでの政策とは異なるものであった。このような幹部政策をとるとすれば、政権は少数民族に委ねることを建前としている自治区制度とは矛盾することになるわけである。長い間、越北自治区の党組織のトップである書記と、政権のトップである自治区主席をかねていたチュー・ヴァン・タン（Chu Van Tan. 一九〇八〜、ヌン族出身）が、自治区廃止後の一九七六年の第四回党大会で中央委員に再選されなかったのも、この幹部政策と関連するものと思われる。

この書記局指示の発想は、南北統一後の平野部から山間部への大量の人口移動にも貫かれている。南北統一後には、全国規模での人口の合理的再配分ということで、北部の紅河デルタから南部の中部高原への大量の移住が組織されるなど、少数民族居住区にもキン族を大量に移住させることによって、経済開発を促進するということが構想された。つまりは、山地と平地の「格差是正」という課題を、自治区を設置して少数民族の自覚を促しながら行うという「回り道」をとることなく、キン族の人的資源を活用することで短期間に達成しようと意図されたわけである。

7 「華僑難民」問題

さて、この時期の一元的な統合を求める傾向が悲劇を生んだのが、南北統一後に中国系住民をめぐって発生した事態であった。華僑に関しては、一九五五年にベトナム労働党と中国共産党の間で、①ベトナム北部の華僑はベトナム公民と同等の権利を享受する、②ベトナム北部の華僑をベトナム労働党の指導のもとに置き、しだいにベトナム公民とする、③その間、ベトナム北部の華僑がベトナム公民としての義務を果たすように教育、説得する、という三つの柱からなる合意が成立した。この①と③の、ベトナム公民と同等の権利と義務という考えは、五〇年代の初頭に形成されたベトナム人共産主義者の華僑政策を継承したもので、五五年の合意の新しさは、華僑をしだいにベトナム公民とする、つまりは華僑ではなくベトナム国籍を取得した華人とするという点にあった。

しかし、華僑は中華人民共和国という「兄弟国」の国籍保有者であるから、ベトナム国籍をもたなくてもベトナム公民と同じ権利を享受でき、義務のほうは必ずしもすべて履行する必要はなく、兵役も逃れられるという政策は、華僑のベトナム国籍取得＝華人化を促進することにはならなかった。ベトナム人共産主義者も、中国との関係が良好な時期には、こうした状況をとりわけ問題視していなかったようで、華僑が中国を「第一の祖国」、ベトナムを「第二の祖国」と見るという「二つの祖国」論で満足していた。中国が五五年合意に基づき、華僑の管轄権をベトナム側に譲渡する措置を段階的にとる一方で、華僑のベトナム国籍取得は必ずしも進まなかったため、ベトナム北部では華僑と華人の区別があいまいな状態が存在することになった。

一九六〇年代後半、中国が文化大革命を試みていた時期に、ベトナム北部在住華僑の間に、これに呼応する動きが生まれて、ベトナム人共産主義者の華僑に対する不信感を与えたが、ベトナム人共産主義者が華僑政策を大幅に変更するのは、七〇年代の中越国家間関係の悪化のなかであった。七二年の米中接近で中国に対する不信を決定的なものとしたベトナム人共産主義者は、七五年に南北統一を達成した時には、中国を潜在的な脅威として認識するようになっていた。中国が「兄弟国」としての信頼に値しないとなれば、それを前提として成り立っていた、五〇年代以来の華僑政策も変化せざるをえない。統一ベトナムでは、華僑にベトナム国籍を取得してベトナム公民となること、つまりベトナムの華人となることを強く求め、それでもなお中国籍を保持して華僑であり続けようとする人々に対しては、それまでのようなベトナム公民と同等の権利を享受できるという「特権」を廃止し、厳しい就業制限のある「外国人」として扱うという政策をとるようになる。

このような方向での措置の第一歩は、解放直後の南部でとられた。かつて南ベトナム解放民族戦線は、ゴ・ディン・ジエム政権が行った華僑のベトナム国籍取得強制政策に反対して、解放後には国籍に再選択を認める政策を公表していたが、一九七六年に行われた南北統一選挙の時には、華僑に国籍再選択の機会は与えられず、旧南ベトナム政府のもとでベトナム国籍に入っていた人は一律にベトナム公民として扱われた。ついで七七年には、北部の中国との国境地帯で国籍があいまいなままであった人々に対して、その明確な選択を求め、ベトナム籍取得を拒否した人々には退去を要求するようになった。さらに七八年春には、北部在住華僑全体に対しても、国籍に最終的選択を求め、華僑にとどまる場合には外国人としてその就業などに制限を加えることになった。

これは、長い間国籍の選択をあいまいにしたままで、ベトナム公民と同等の権利を享受してきたベトナム北部の華僑やその他の中国系住民にとっては、衝撃的な出来事であった。しかも一九七八年の春という時期には、本来「資本家階級の廃絶」という階級的な論理で実施された政策であった、南部の私営商工業の「社会主義的改造」が、南の華僑・華人に動揺を生み出していたことや、カンボジア問題をめぐる中国とベトナムの対立の表面化が重なり、華僑社会の不安が増幅されて、中国やその他の諸国への脱出の動きが発生することになった。

この華僑問題の発生によって、すでに悪化していたベトナムと中国の関係は、公然たる対立関係になってしまった。中国は、ベトナムが「華僑を追放」しているとして非難、これに対してベトナムは、中国が「華人悪質分子」を煽動して「華人」の不安をかきたて、大量出国という事態を引き起こしていると反論した。翌一九七九年二~三月の中越戦争までの時期に、華僑の出国希望者がきわめて多かったことや、戦争で中国に協力する華僑がいたことなどもあいまって、ベトナム人共産主義者の華僑に対する不信はさらに増大し、華僑、華人およびその血縁者まで公職からはずされ、出国か僻地の「新経済区」と呼ばれる新規開墾地への入植のどちらかを強制するようなことまで行われるようになった。

「ベトナム難民」問題が頂点に達した一九七八〜七九年には、主に陸路で二五万一〇〇〇人あまりの人々が中国に渡ったほか、二八万八〇〇〇のいわゆる「ボート・ピープル」が海路で周辺の東南アジア諸国に流入した。このうちで、中国にいった人々の大半は、ベトナム北部の華僑、華人およびその他の中国系少数民族であり、「ボート・ピープル」も、この時期にはその七割がベトナム南部の華僑・華人で占められていたといわれ、華僑・華人の国外脱出者の数はこの時期だけで四〇万を超えるものと考えられている。

この時期に、先にふれたクアンニン省のガイと呼ばれる人々も、そのほとんどが中国に出国した。ガイは、ベトナム民主共和国の「民族識別工作」の過程で、都市の華人とともに「華民族」に分類されることになった。このことが、以前は、都市の華僑と自らを区別する意識をもっていたガイにも、都市の華僑・華人の動向が浸透する条件を与え、「中国人意識」が再生することになったようである。そのために、一時は一〇万前後の人口をもっていたガイも、一九七〇年代後半に大量に中国に流出して、ベトナムに残留した人口は一気に数千人の規模に減少してしまった。一九七九年ベトナムは、このガイを「華民族」とは切り離して、独自の民族と扱うようになったが、これは遅きに失した政策であったといえるだろう。

この華僑・華人の大量出国事件は、ベトナムと中国が、「社会主義ベトナム」「社会主義中国」という「兄弟的」関係にあるから華僑を優遇するという、「普遍国家」的発想が成り立たなくなり、華僑・華人のベトナム国民共同体への統合という国民国家の論理に道を譲ったところで起きた事件であった。中国を中心とする軌道に入ることによって生まれた「普遍国家」ベトナムというありかたは、華僑の扱いをめぐっても問題を露呈し、崩れていったわけである。

四　新しいインドシナ

1「インドシナ=単一の戦場」論

先にも述べたように、ベトナム人共産主義者は、一九四〇年代の前半に、インドシナというフランス植民地支配が形成した枠組みを、ベトナム国家、およびその「援助」を不可欠の要素として形成されるであろうカンボジア国家、ラオス国家という、三つの国民国家の同盟の枠組みに転換するという、インドシナ革命論を形成していた。これは、植民地的なインドシナとは異なる、新しいインドシナを構築する試みであった。このようなインドシナ革命論が本格的な実践にうつされたのは、第二次世界大戦後の第一次インドシナ戦争の時期であるが、抗戦初期の一九四七年までは、東南アジアという枠組みのなかで、インドシナ三国の反フランス抵抗運動の連携がめざされたことは、第四章で論じたとおりである。しかし、四七年の自由タイ政府の崩壊により、この構想は実現困難となった。

ベトナム人が、このような状況のもとでも、植民地的な「インドシナ巡礼圏」の中で接点をあまりもたなかったカンボジア人、ラオス人との提携を促進することができたのは、二つ要因が重なったからであった。第一は、自由タイ政府の崩壊により、カンボジアとラオスの反フランス抵抗運動にとっては、ベトナムが唯一の国際的支援者となったという事情である。抵抗運動の継続を望むカンボジア人やラオス人は、好むと好まざるとにかかわらず、ベトナムとの提携をはからざるをえなくなったのである。第二は、戦場そのものが、ベトナム人との結びつきを形成する場となったということである。例えば、初期のカンボジアの共産主義運動の指導者となったトゥ・サムット（Tou Samout）やソン・ゴク・ミン（Son Ngoc Minh）などは、もともとは上座部仏教の僧侶で、ベトナム人とはほとんど接点のない人生を歩んできた人々であったが、戦場でベトナム人と出会い、それとの連携を求めていく過程で共産主義者になったのである。この唯一の支援者ベトナムという状況と、「戦場の友」としての結合が、インドシナ革命を支える基盤となった。

　このような時に、一九四九年の中華人民共和国の成立に伴う冷戦構造が出現するが、それは、ベトナム人共産主義者に、カンボジアとラオスの抵抗運動を自らの指導性によって本格的に再編、強化する必要性を認識させることになった。まず、中華人民共和国の出現によって、強力な国際的支援者を得たベトナム人共産主義者は、フランスとの和平交渉ではなく、インドシナ全域を軍事的に解放する「総反攻」に抗戦を発展させることを展望するようになる。さらに中華人民共和国の成立によって、ベトナムは外交活動の拠点を北京に置くことが可能になり、反共的姿勢を強める政権の存在するタイの意味は急速に低下していった。四九年一〇月に、タイにあったインドシナ共産党中央幹事委員会の責任者であったホアン・ヴァン・ホアンが、北京で開催されるアジア・オセアニア労働組合会議に出席するためにバンコクを離れ（ホアンは五〇年一月の中華人民共和国のベトナム民主共和国国家承認以後、初代の大使となった）、翌五〇年にはタイ政府が、フランスが擁立したバオダイ政権を承認したことに伴って、バンコクのベトミン代表部も閉鎖されて、タイはベトナム人共産主義者の外交活動展開と、カンボジア、ラオスの抗戦支援の拠点としての意味を最終的に失うのである。

また、冷戦構造の出現は、アメリカ合衆国をフランス支援に傾斜させることになったが、フランスはこのアメリカの支援を確実なものにするためにも、現地のナショナリズムへの譲歩の姿勢を示すようになった。フランスは一九四九年中に、ベトナムのバオダイ政権およびカンボジアとラオスの王国政府との間に、「フランス連合内での独立」を認める協定に調印した。このフランスの動きは、カンボジアとラオスに関しては、そのナショナリズムをベトナムと対立する方向で結集しようとする試みで、それは、雑多な勢力の連合体であったクメール・イサラクとラオ・イサラの内部に、深刻な分裂を引き起こすことになり、王国政府への帰順を選択する人々が生まれた。このカンボジアとラオスの抗戦勢力の動揺も、ベトナム人共産主義者に両運動の再編成の必要性を認識させる要因になった。

このような冷戦構造の出現に対応するベトナム人共産主義者の対カンボジア、ラオス政策が提起されたのが、一九五〇年初頭に開催されたインドシナ共産党第三回全国会議であった。この会議では、書記長のチュオン・チンが、次のような「インドシナ＝単一の戦場」論を提起している。

「この抗仏戦争においては、インドシナは単一の戦場である。総反攻の戦略にはベトナム、ラオス、カンボジアすべてが含まれる。総反攻の任務は、ベトナムから敵を一掃するだけでなく、ラオスとカンボジアをもすべて解放しなければならない。なぜならば地理的政治的関係によって、ベトナム、カンボジア、ラオス三国家はきわめて密接に結びついているからである。ラオスとカンボジアが解放されることなくしては、ベトナムの独立も保障されないし、ベトナムの抗戦の勝利なくしては、ラオスとカンボジアは完全な独立を達成しえない。……総反攻の段階においては、われわれはまずベトナムの戦場に決着をつけ、ひと休みしてから引き続きインドシナの解放にあたるというわけにはいかない。ベトナムの戦場全部ではまだ決着がついていなくとも、インドシナの戦場全体の一部の決着をつけなければならないことがありうるのである。」

この「インドシナ＝単一の戦場」論は、カンボジアとラオスが、現在は「敵の人力、食糧、原料の貯庫であり、ベトナムで敗北した時に敵が逃げ込む先になる可能性がある」地域であるが、逆に「敵の最も手薄な二つの戦線」であり、抗戦側の努力次第では、大きく情勢を転換できる可能性をはらんでおり、そこでの軍事情勢の転換が、「単一の戦場」としてのインドシナ全体の局面の変化と、「主戦場」であるベトナムでの情勢の変化に結びつくことがありうるとする考え方であった。「インドシナ＝単一の戦場」という言葉自体は、一九四八年のインドシナ共産党第五回中央幹部会議で、ヴォー・グエン・ザップがすでに提起していたが、このような体系性をもった戦略論となったのは、冷戦構造が明確となる五〇年に入ってからのことであった。

このような認識を基礎として、ベトナム人共産主義者は、クメール・イサラクとラオ・イサラ運動を、ベトミンと同じような、インドシナ共産党の指導のもとにある、明確な綱領と大衆的基盤をもつ統一戦線組織に改組することと、その中核を担う、カンボジア人、ラオス人の共産党員の養成を本格的に実施することを、この第三回全国会議で確認した。まず、カンボジアに関しては、一九五〇年三月から四月にかけて、全カンボジア幹部会議が開催され、ベトナム人幹部八名とカンボジア人幹部二名からなる全カンボジア幹事委員会が党機関として設置された。その後、四月にクメール・イサラク全国会議が招集され、クメール・イサラク統一戦線（Sanakhum Khmer Issarak）の樹立が決定され、すでに共産党員であったソン・ゴク・ミンを長とする中央執行委員会が選ばれた。また、同じソン・ゴク・ミンを長として、王国政府に対抗する臨時政府の機能をもつ国民解放中央委員会を設置することが確認された。ラオスに関しても、インドシナ共産党の全ラオス幹部会議が開催された後、一九五〇年の八月に、ベトナムの越北地方でラオ・イサラ全国大会が開催され、ラオ・イサラ戦線（Neo Lao Issara）と抗戦政府の樹立が決定され、スパーヌウォンを議長に選出した。クメール・イサラクとラオ・イサラは、それぞれイサラク戦線、イサラ戦線になったのである。新組織は、それまでの反フランス運動の正統な継承者と主張することが可能な組織であったが、同時に、共産主義者の指導のもとにある堅固な組織をもつ統一戦線組織という、新しい性格を帯びるようになったわけである。

このイサラク戦線とイサラ戦線に、ベトナムの統一戦線を加えた、インドシナ次元での統一戦線機関として、一九五一年三月には、ベトナム＝カンボジア＝ラオス連絡委員会が設置されることになった。このインドシナ三国の同盟は、インドシナ戦争初期の東南アジア諸国の連携の中のインドシナ三国の協力とは異なり、ベトナムの「中心性」を軸とした三国に限定された閉鎖的な同盟であった。冷戦は、新しいインドシナの性格を閉鎖的なものにしたのである。

2 カンボジア人の党、ラオス人の党

一九五一年二月にインドシナ共産党第二回大会が開催された時には、「地域共産党」たるインドシナ共産党の在カンボジア組織には一七八四名の党員が、在ラオス組織には二〇九一名の党員が所属していた。しかし、カンボジア人党員、ラオス人党員の養成は、まだその努力が本格化して間もなく、この時点ではカンボジア人党員が一五〇名、ラオス人党員は三一名にすぎなかった。このように、カンボジア人やラオス人の間では、まだ独自の党を結成しうる主体的条件が成熟していなかったにもかかわらず、党大会では、インドシナ共産党のベトナム、カンボジア、ラオス三つの党への分離を決定した。それは、この大会の最大の課題が、先にも述べたように、「中国モデル」を採用して党を公然化することであり、ベトナム人共産主義者が、このような条件が成熟しているのは、ベトナムだけであると考えていたためであった。このことが、インドシナ共産党という「地域共産党」の、ベトナム、カンボジア、ラオスの三つの「国民共産党」への分離を導くことになるのである。

党大会では、まず、カンボジアとラオスの革命の性格が、「民族人民民主主義革命」と規定されるようになったベトナム革命とは異なり、①「民族」解放と、②封建的搾取の制限を任務とする「民族解放革命」であるとしている。ベトナム人共産主義者は、この両国の革命が、「世界の民主戦線」の一部であることは強調していたが、「中国モデル」の導入ははからなかったわけである。そのうえで、「ラオスとカンボジアの一つの特徴は、ここでは共産主義者の党が（運動の指導権を─引用者）独占しないことである。公開面では王族の一部の人々が指導を行い、秘密の下部を直接掌握する面は共産主義者の党によって行われ

るのである。……ベトナムの党は公然化するが、カンボジアとラオスの党は、すぐに公然化しなければならないわけではない」（大会でのチュオン・チンの発言）と考えたベトナム人共産主義者は、カンボジアとラオスの独自の党の樹立を構想した。その際に、彼らは、ベトナム人党員が大多数を占めていた、「地域共産党」としてのインドシナ共産党のカンボジアとラオスの党組織を、そのまま「カンボジアの党」「ラオスの党」とするのではなく、あくまでも「カンボジア人の党」「ラオス人の党」という「国民共産党」として結成するという方針を採用した。彼らは、三つの国民国家の同盟としての新しいインドシナの創造を担う党は、カンボジア人、ラオス人の国民的な政治主体の形成の中核を担う党でなければならず、そのためには「カンボジア人の党」「ラオス人の党」であることが必要だと考えたわけである。この「カンボジア人の党」「ラオス人の党」として、人民党ないし人民革命党という名称の共産主義者の党の結成を準備することが、この第二回大会で決定された。かくして、弱体な状況で組織的にはベトナム労働党から分離されることになった、カンボジア人とラオス人の共産主義者を支援し、彼らが人民党という独自の党を結成するようにさせることは、新生ベトナム労働党の重要な「国際主義的義務」と見なされた。

このカンボジア人とラオス人の党名は、コミンテルン時代の「人民革命」という概念に由来するものであった。これは、一九二八年のコミンテルン第六回大会で採択された綱領において、資本主義的な発展がまだ見られていない「いっそうおくれた諸国」の革命の型として定式化されたものであった。コミンテルン綱領は、「ここでは、民族的蜂起とその勝利は、プロレタリア独裁の諸国から、実際に力づよい援助があたえられるならば、資本主義段階を全然とおらずに、社会主義への発展の道をひらくことができる」としている。この概念をベトナム人共産主義者が採用したのは、「人民革命」が「いっそうおくれた諸国」における外部からの支援を不可欠の要素とする革命という意味をもっており、カンボジア革命とラオス革命には、ベトナムの支援が不可欠であると考えていたためだった。

カンボジアに関しては、一九五〇年六月二八日にソン・ゴク・ミンを委員長とするクメール人民革命党結成準備委員会が樹立され、五四年のジュネーブ協定締結までには一一〇〇~一八六二名程度のカンボジア人党員を擁するようになった。ラオスに関しては、全国的な規模でのラオス人の党結成準備組織は結成されなかったが、五四年の段階で正式党員が三〇〇名、「中堅グループ」と呼ばれた党員候補の組織に参加した者が六〇〇名に達したといわれている。ラオス人民党が正式に結成されるのは、五五年三月二二日から四月六日にかけて開催された第一回党大会においてであった。これらの党結成準備組織には、ベトナム労働党のベトナム人共産主義者が「顧問」として派遣されていた。

なお、このインドシナ共産党の三党分離後も、ベトナム労働党が、将来インドシナ次元での連邦国家が生まれる可能性を引き続き想定していたことは事実である。第二回大会で採択されたベトナム労働党の政治綱領は、「ベトナム人民は、共通の利益の立場から、カンボジアとラオスの二国民と長期にわたって協力し、もし三国民がいずれも望むならば、独立、自主、富強のベトナム＝カンボジア＝ラオス連邦の実現に前進する」としている。このような形でのインドシナ連邦国家構想は、三つの国民国家の同盟としてのインドシナという、ベトナム人共産主義者の追求していた新しいインドシナと矛盾するものではなかった。

3 ディエンビエンフーとジュネーブ協定

第一次インドシナ戦争で、ベトナム人共産主義者に軍事的勝利をもたらしたのが、その「インドシナ＝単一の戦場」論という、インドシナ次元の視点であったことは強調されるべきである。

東西関係の緊張緩和で、インドシナ戦争にも停戦の展望が見え始めた一九五三年の時点で、インドシナにフランスが擁する兵力は四六万五〇〇〇、二八四個大隊（一個大隊約一六〇〇）で、それがベトナム北部に一三〇個大隊、中部に五八個大隊、南部に六一個大隊、カンボジアに一四個大隊、ラオスに二一個大隊という形で展開していた。これに対抗するベトナム人民軍の総兵力は約二五万で、うち二〇万がベトナム北部と中部の北半分に集中し、中部南方に三万、南部に二万という形で展開していた。カンボジアの抗戦勢力の兵力は八七〇〇で、うち五七〇〇がカンボジア人であった。ラオスの抗戦勢力は、ラオス人の主力兵力（ゲリラでない常備軍）は約八〇〇で、これを五四〇〇のベトナム軍が支援していた。

この双方の戦力配置からも明らかなように、両者の主要な対決の場は、ベトナム北部であったが、その平野部の戦局は膠着状態が続いた。一九五三年の夏、ベトナム労働党が、その年の冬から五四年春にかけての作戦計画を検討した際には、ベトナム軍主力の投入対象として、両者の対決の主戦場であるベトナム北部にするのか、フランス側の兵力の展開が少なく、局面転換の可能性が大きいベトナム西北地方からラオスにかけてを選ぶのかという二つの見解が対立したが、九月の政治局会議は、後者のベトナム西方の山岳地帯を主な作戦対象に決定し、①ベトナム西北地方からラオスのフォンサリー、②中、下ラオスから北東カンボジア、③中部高原を、主要な攻撃方向とした。五三年一二月一二日にライチャウ市を解放したべトナム軍は、五四年一月末以降、上ラオスに入り、フォンサリーを解放して、王都ルアンプラバンを脅かした。また一二月二五日に中ラオスのタケクに入ったベトナム軍は、一月末にはアトプーを解放し、その後カンボジア北東部に入って、そこのカンボジアの抗戦勢力と共同作戦を展開した。

このベトナム軍主力の西方への展開は、フランス側をあわてさせることになった。この時期は、停戦機運の盛り上がるなかで、しだいに国際社会が独自の国民国家として認識しはじめていた、カンボジアとラオスのもつ政治的意味が増大していた。このような情勢下で、フランスとしては、ラオスの王都ルアンプラバンを失うわけにはいかなかった。そこで、上ラオスが脅かされるのを阻止するために、フランス軍が降下部隊を投入して急遽建設したのが、ディエンビエンフーの陣地である。一九五四年三月一三日からはじまるディエンビエンフー攻防戦は、五月七日ベトナム軍の勝利をもって終結した。

このように戦場では、ベトナム人共産主義者のインドシナ革命論は大きな成功を収めたが、ジュネーブ会議という国際政治の舞台では限界に直面した。この会議で、ベトナム民主共和国は当初、インドシナ一括方式による問題解決を主張した。これは、インドシナ全域で停戦を実施した後、カンボジアとラオスでも、ベトナムと同じように、フランス側と抗戦側双方の軍隊の集結地域を定め、抗戦政府と王国政府の協議によって総選挙を実施すべきであるという主張だった。さらにベトナムは、もしもベトナムでの軍事境界線が北緯一三度線に設定されるならば、カンボジア東部から北部、およびラオスの東半分を、抗戦勢力の集結地として確保できるという展望をもっていた。

これに対して、フランスとカンボジア、ラオスの王国政府は、カンボジアとラオスに関しては「ベトミン軍の撤退」によって問題は解決するという立場をとり、ベトナム問題とは切り離した解決を主張していた。特にカンボジア王国政府は、一九五三年一一月にフランスに完全独立を認めさせていたために強硬で、「侵略者ベトミン」の撤退だけが問題であると強く主張した。ベトナム自身について大幅な譲歩を余儀なくされたベトナム民主共和国としては、カンボジアとラオスに関してその主張を貫くことはできなかった。ジュネーブでは結局、カンボジアとラオスの抗戦政府の代表の会議参加は認められず、両王国政府の正統性を認めた停戦後の政治問題解決の道が敷かれた。また、ベトナムの境界線が北緯一七度線に設定されたために、全土がそれより南に位置したカンボジアでは、抗戦勢力の集結地すら認められなかった。

このカンボジアとラオスの問題でも、ベトナム人共産主義者に譲歩をせまるうえで大きな役割を果たしたのは、中国であった。中国は、カンボジアとラオスの問題のベトナム問題からの切り離し、両国からのベトミン軍の撤退、王国政府の合法性の承認を提案し、さらに抗戦勢力の規模からいって、ラオスの抗戦勢力には集結地が認められるべきだが、カンボジアに関してはその必要はないとした。この中国の主張は、インドシナ三国を一括しないで、カンボジア、ラオスとベトナムを区別する発想を強くもっていた点と、中国自身が国境を接し、自らの安全保障に直接影響するラオスの抗戦勢力の集結地にはこだわったが、こうした利害をもたないカンボジアの抗戦勢力にはきわめて冷淡であったことが、特徴である。

ベトナム人共産主義者も、ベトナム、カンボジア、ラオスがそれぞれ独自の国民国家を形成するという論理はもっていたが、この三国の国境線はあくまで「点線」以上の意味はもたないものであった。これに対して中国は、この国境が「実線」であるとしたわけである。ベトナムにしてみれば、カンボジアとラオスに展開しているベトナム軍が、フランス軍という「侵略軍」と同じ「外国軍」として扱われることに、大きな不満を感じたが、こうした国民国家の論理を国際政治の舞台で越えることはできなかった。

4 王国政府と革命勢力

ジュネーブ協定は、国際政治という次元で、カンボジアとラオスが独自の国民国家であることを明示し、両国の王国政府に正統性を付与するものであった。ベトナム人共産主義者も、当初はこの論理を受け入れ、両国の革命運動との関係は継続しつつも、両王国政府との善隣関係の形成にも乗り出していく。具体的にはベトナム人共産主義者は、カンボジアやラオスの革命勢力が、インドシナ戦争の時期のように「傀儡」政権としての王国政府を打倒するのではなく、王国という枠組みに柔軟に対応して、連合政府の形成などにより、王国全体を「中立」の方向に導くことを期待するようになったのである。

南ベトナムでの武装闘争が激化するようになると、ベトナム人共産主義者にとっては、北ベトナムから南ベトナムへの補給ルート（いわゆるホーチミン・ルート）の通過地としてのラオスとカンボジアの戦略的意義が重要になった。人民党を中心とする革命勢力が、ジュネーブ協定で集結地を確保できたことから、王国の政治の舞台で比較的大きな役割を果たしていたラオスに関しては、ベトナム人共産主義者は、革命勢力への支援強化を基本としつつ、一九六二年のラオスに関するジュネーブ協定の成立に見られるように、革命勢力も加わった連合政府が樹立されることを歓迎する立場をとった。これは、ベトナム人共産主義者が、南ベトナムで自らが追求している解決策のモデルにもなりうるものであった。これに対して、革命勢力が、ジュネーブ協定で集結地を確保できず、カンボジア人ナショナリズムを巧みに結集したシハヌーク（Norodom Sihanouk）殿下による弾圧で窮地に追い詰められていたカンボジアでは、ベトナム人共産主義者はシハヌークへの接近に活路を見出そうとした。六〇年代の前半、シハヌークは、ベトナムやラオスにおける共産主義者の優位を感じ、反米的な指向をもつ中立主義を唱えるようになっていた。ベトナム人共産主義者は、このシハヌークとの関係を改善することで、ホーチミン・ルートや解放戦線の「聖域」の存在を確保しようとしたのである。これは、ベトナム人共産主義者とカンボジアの共産主義者との関係に複雑な問題を生み出す要因となった。

カンボジアとラオスの党が、ベトナム労働党からの支援を不可欠の要素として成り立つという関係は、国際共産主義運動において「自主独立」という考えが広まるようになる一九六〇年代に入ると、そのまま維持することは困難になった。ベトナム労働党とラオス人民党の間では、六一年に両党の関係の原理は「平等」であるという確認がなされている。これに対して、カンボジア人民革命党（クメール人民革命党から改称）の内部では、インドシナ戦争時代からの幹部が、ベトナムとの同盟を重視するあまり、自分たちを弾圧するシハヌークに対する断固とした闘争を回避してきたと非難する、ポル・ポトを中心とする新興勢力が台頭してきた。トゥ・サムット書記長の謎の死の後、六三年初頭に開催されたカンボジア人民革命党の第三回大会は、さまざまな意味でカンボジアにおける共産主義運動の転機となる大会であった。この大会で、ポル・ポトが書記長に選出されたのをはじめ、同党の指導権は、抗仏戦争をベトナム人とともに戦った経験をあまり持たない新興勢力の手に移った。また、この大会はベトナム労働党に事前の通告なしに行われ、ベトナムの監督から離れるという意味をこめて、共産党へ改称することが密かに決定されたのである。ベトナム労働党は、この大会で選出された新指導部を「カンボジア人民革命党」の指導部として公認することによって、カンボジアの党との新しい関係を事実上認めることになったが、過激な反シハヌーク闘争を唱える同党は、ベトナムにとってはますます厄介な「同志」となったのである。

5 インドシナ三国人民の戦闘的連帯

ベトナム戦争が激化した一九六五年、ベトナム労働党は、カンボジア人民革命党（共産党）およびラオス人民党との高級レベルでの会談を行い、三党の間での戦略的認識の一致と協力関係の拡大をはかった。しかし、ポル・ポトを団長とするカンボジアの党との会談では、シハヌークに対する評価をめぐって意見が対立し、見るべき成果は得られなかった。これに対して、ラオスの党との会談では、基本的な見解の一致が見られ、帰国したラオスのカイソーン（Kaysone Phomvihan）書記長は、九月二七日にベトナム革命とラオス革命の「特別な関係」を強調する演説を行っている。これは、今のところ判明しているかぎりでは、インドシナ三国の革命の相互の関係について「特別な関係」という概念が使用された最初の例である。この概念の登場は、後にポル・ポト派が非難したような、インドシナに対するベトナム人の「覇権主義」的発想の表明ではなく、ベトナムのラオス革命に対する支援をしっかり確保しておこうとしたラオス人の側からなされていることは興味深い。この「特別な関係」という概念は、インドシナ三国の共産主義者の党が、それぞれの「自主独立」性を主張するようになった段階で、三つの党が、インドシナ共産党から誕生したという歴史と、「戦場の友」の党であるという性格を共有していることを強調し、相互の協力の必要性を強調するための概念であったのである。

ラオスでは、一九六二年のジュネーブ協定によって成立した連合政府が六四年六月までには事実上崩壊し、内戦が激化していた。ベトナム人共産主義者は、このような状況のなかで、ラオスの革命運動に対する支援強化に、自分たちのホーチミン・ルート確保の道を求めることになった。上述のカイソーン演説が行われた六五年九月には、約一万のベトナム人民軍がラオスに増派され、その数は六八年には四万、七〇年代には六万〜七万の水準に達したといわれている。このような軍事面でのベトナム人民軍の存在にも支えられて、ラオスの革命勢力はその地歩を固め、一九七五年一二月のラオス人民民主共和国の成立に至るのである。

これに対して、カンボジアの事態はより複雑であった。カンボジアの党は、六七年にはシハヌーク政権に対する武装闘争に乗り出し、同政権との関係を維持することでカンボジア経由の補給路と聖域を確保しようとしたベトナム人共産主義者との相違が目立つばかりであった。このような時に発生したのが、カンボジアの右派勢力によるシハヌーク追放である。ベトナム人共産主義者に対して寛大なシハヌークの姿勢に反発した右派は、一九七〇年三月に、シハヌークを国家元首の地位から追放するクーデタを起こした。新たに生まれたロン・ノル（Lon Nol）政権は、南ベトナム政府軍の協力を得てカンボジア領内のベトナムの革命勢力に対する聖域に攻撃を行い、四月には米軍もこれに加わって、戦争が本格的にカンボジアにも波及することになった。以後、七五年までを第二次インドシナ戦争と呼ぶこともある。

北京に亡命したシハヌークが、長年の仇敵であったカンボジア共産党と手を結んで、王国民族連合政府を樹立したことは、多くの人々にとっては驚きであった。しかし、これによって、シハヌークの評価をめぐるベトナムとカンボジアの党の間の認識の相違はなくなり、ベトナム人共産主義者はこのシハヌークとポル・ポトの合作を全面的に支援することになる。シハヌークの看板を使用できたことと、ベトナム人民軍の支援を得たことによって、カンボジアの革命勢力は、それまでの弱小ゲリラ組織から、七〇年末には一万五〇〇〇に近い軍を擁する勢力に急速に成長し、ロン・ノル政権を都市部に孤立させた。

当時、テト攻勢以降の南ベトナムの戦場での力関係の後退に苦しんでいたベトナム人共産主義者にとっては、このようなカンボジアでの事態は、「よく準備のできていない戦場」における「敵の決定的な失敗」であり、インドシナ全体の局面を転換しうる絶好の機会をつくりだすものであった。ベトナム労働党は、久々に生まれたインドシナの三つの共産主義者の党の基本的な戦略認識の一致を高く評価し、これを基礎として「インドシナ=単一の戦場」という観点から、「インドシナ三国人民の戦闘的連帯」が「単一の共通の戦略をもつ統一体」の形成へと発展することを展望するようになった(一九七〇年六月ベトナム労働党政治局決議)。

ベトナム労働党第一書記のレ・ズアンは、一九七〇年七月の同党の南ベトナムの指導部に送った書簡で、カンボジアでの「革命の飛躍的な発展」は、「われわれの予測の中に入っていなかった」事態であるが、「歴史は敵の失敗によっても発展」するとして、カンボジアが「インドシナ半島全体の敵の勢力配置の最も弱い環である。したがって、われわれの主要な攻撃方向もカンボジアである」と強調している。そして彼は、「カンボジア革命の基本的な勝利」が、インドシナ全体での当面の戦略的攻撃方向であり、ここで局面を転換して七一年にはプノンペン攻撃も可能になるような「急速な情勢の展開」をつくりだすことによって、「最も重要な戦場」である南ベトナムにおいても状況を変化させることを展望している。

もっとも、カンボジアが「よく準備のできていない戦場」であったことは、アメリカ側についてだけでなく、革命勢力の側についてもいえることだった。当時のカンボジアの党では、党中央の多数派を占めていたポル・ポト派のほかに、抗仏戦争をベトナム人の「戦場の友」として経験した勢力や、以前はシハヌーク体制内で合法的な活動をしていた左派知識人グループなども、有力な地位を占めていた。一九七〇年からの戦争の中では、カンボジア国内の戦争指導体制は、北西、北、北東、東、南西など、自律性が高い軍区に分割されていたが、軍区ごとの党指導部の性格はかなり異なっていた。そのため、カンボジア領内に大量に入ったベトナム人民軍に対する対応も、ほぼ全面的な共闘態勢が形成された東部軍区から、共闘に拒絶反応が存在した北東軍区まで、軍区ごとの相違が大きかった。さらにジュネーブ協定以後北ベトナムに集結していた人々が帰国をして抗戦に参加するようになっていたが、党員でみると、「ベトナム帰り」は八二二名で、七〇年当時のカンボジアの党員数の半数近くに達する規模であった。このことも複雑な反応を引き起こすことになり、ポル・ポト派は、こうした党内の異質な勢力と対抗するためにも、ベトナムに対する批判的な姿勢を強め、七一年にはベトナムを密かに「仇敵」と認定して、同派の力が強かった北部軍区などではベトナム軍排除の動きが出るようになった。ポル・ポト派の反ベトナムの動きは、パリ協定の調印でカンボジア駐留のベトナム軍が減少する七三年以降、より強くなったのである。

しかし、こうした「よく準備のできていない戦場」としてのカンボジアに、インドシナ全体の戦局の転換の希望をかけざるをえなかったベトナム人共産主義者としては、このような事態に抜本的な解決をはかることは不可能で、一九七五年四月一七日のプノンペン制圧まで、ポル・ポト派との同盟を維持せざるをえなかったのである。第一次インドシナ戦争の終盤では、ラオスのおかげで勝利を収めたベトナム人共産主義者は、ベトナム戦争では、カンボジアのおかげで最終的勝利を収めることができた。しかし、このことが、カンボジアにおけるポル・ポト派の台頭を招き、その「ツケ」はベトナム戦後のベトナムにまわってくることになるのである。

6 ベトナム＝カンボジア戦争

一九七五年四月の革命勢力のプノンペン制圧によって、カンボジアではポル・ポト体制が成立した（ポル・ポトを首相とする民主カンボジアの発足は七六年だが、実質的な権力は七五年にすでにポル・ポト派の手に掌握されていた）。ポル・ポト体制が最初に行ったことは、プノンペン市民の農村への強制的追放であった。これは、権力基盤が安定していなかったポル・ポト派が、異質な勢力を強化する恐れのあった外国からの援助を嫌ったために起きた事態であった。外国の援助に依存しないという前提に立てば、戦争難民を吸収して人口が急増し、外国からの食糧援助に支えられるようになっていた都市の住民は、農村に下放する以外に方法はない。さらにポル・ポト派は、もともと革命勢力の支配下に暮らしていた「旧住民」と、都市から下放された「新住民」を区別しつつ、大半の住民を集団農場に収容して農業労働に従事させ、家族の紐帯まで切断したうえに、知識人の活動や宗教活動を厳しく抑圧した。ポル・ポト体制は、カンボジアの国民国家としての自己完結性を徹底して貫徹して、文字どおり「自力更生」を達成するという論理と、政敵の基盤となりそうなものは徹底して破壊するという論理に貫かれた体制であった。このような体制は、いかに「見せかけの繁栄」であったとはいえ、都市の生活に慣れた人々をはじめ、多くの人々との間に摩擦を引き起こすことになった。少なくとも一〇〇万前後の人々が死んだと思われる、ポル・ポト体制下の虐殺の問題は、こうした人々の抵抗を、「難民」流出ではなく、これまた国民国家の内部で徹底して「解決」しようとしたために発生した悲劇だった（小倉貞男、一九八一。井川一久・武田昭二郎、一九八七）。

さらに、このようなポル・ポト体制の選んだ道は、カンボジアをベトナムとの衝突に導くことになった。一九七五年の時点では、カンボジア国内には、東部軍区をはじめ、ベトナムとの共闘のなかで成長した勢力が、かなり有力な地位を保持していた。これらの勢力を排除するには、ベトナムとの緊張を高めたうえで、彼らを「ベトナムの手先」として粛清することが有効であった。七七年春には、カンボジアの党内での粛清と、ベトナムとの国境戦争が、同時に本格化した。七七年の大晦日にベトナムとの断交を宣言したポル・ポト体制は、ベトナムがインドシナ三国の「特別の関係」と称して、カンボジアをベトナム中心の「インドシナ連邦」に併合しようとしているという非難を公然と展開するようになるのである（民主カンボジア外務省編、一九七九）。

一九七八年五月に東部軍区の反乱が鎮圧された段階で、ベトナム人共産主義者にとっては、カンボジア国内の反ポル・ポト勢力に期待をかける道はふさがれることになった。このような時に、中国との対立も表面化して、ベトナムの安全保障上の脅威を感じたベトナムは、救国戦線というカンボジア人の反ポル・ポト組織を支援するという形式をとりつつも、主に自らの軍事力によってポル・ポト政権を打倒する道を選び、七八年一二月には、大軍をカンボジア領内に進攻させた。

このベトナム＝カンボジア戦争の発生には、冷戦時代の閉じられた同盟としてのインドシナ三国の結合の問題性が浮き彫りになっているといえるだろう。インドシナ三国の同盟が、他の東南アジアとインドシナを区別する閉じられた同盟となったのは、中国というアジア革命の「中心」が出現し、インドシナがその「周辺」に位置づけられたためだった。そのインドシナの中でベトナムが圧倒的な「大国」であったことは、閉じられた関係の中に、中国とベトナムという二つの「中心」が存在することを意味していた。中国が、そのカンボジアとラオスに対する関係を、ベトナムを通じて実施していた第一次インドシナ戦争の時代には、これであまり問題はなかったが、ジュネーブ会議から、中国が独自の対カンボジア、ラオス政策を展開するようになると、ベトナムのインドシナ革命における「中心性」は相対化されざるをえなくなる性格のものであった。ポル・ポトが、ベトナムとの関係を悪化させたのは、中国という別の選択肢があったためで、ベトナムがカンボジア革命の唯一の支援者であった時代には、いかに「ベトナム嫌い」の指導者でも、こうした選択はとりようがなかったといえよう。また、インドシナ三国の関係が、タイを含めた東南アジアという枠組みの中に位置づけられていたのならば、ベトナムとタイが、ポル・ポトのウルトラ・ナショナリズムに共同で対処するといった選択肢もありえたわけであるが、一九七〇年代後半という時点では、こうした構想の現実性はきわめて少なかった。

ベトナム＝カンボジア戦争および、それに連動して発生した中越戦争を、アンダーソン（Benedict Anderson）は「革命的マルクス主義体制の、革命的マルクス主義体制に対する、最初の大規模な通常戦争」と呼び、社会主義国家におけるナショナリズムの論理の貫徹をそこに見出している（アンダーソン、一九八七）。言い換えれば、これは、カンボジア、ベトナム、中国という「普遍国家」も、国民国家の論理を越えられなかったがゆえに起きたのが、この第三次インドシナ戦争であったという議論である。

いま一つありうる解釈は、これとは逆に、この戦争は当事者が自らの「普遍国家」性にこだわったために起きた戦争であるとするものである。ベトナムの対カンボジア政策の基本的な枠組みは、「普遍国家」としての「国際主義的義務」という論理であったが、これは、より具体的には、ベトナムが個別的な国益をもつ国民国家同士の関係として対カンボジア関係を処理することを妨げ、過剰介入を導く一方、ポル・ポトのような人物にとっては、「普遍性」を表看板とするベトナムの姿勢が、「ベトナム覇権主義」にしか見えなかったという悲劇を生み出すことになったといった議論になるだろう（ベトナムと中国の「国際主義」に対する見解の相違に注目した論文として、岡部達味、一九八八）。

本書の国民国家性と「普遍国家」性が相互補完関係にあった時代としての冷戦時代という論理からすると、第三次インドシナ戦争は、国民国家が「普遍国家」として存在することの矛盾を露呈させた事件であったということになる。それはまた、国民国家の同盟と「国際主義」という論理を同居させていた、新しいインドシナ構築の試みの矛盾の露呈でもあったわけである。

第六章

「地域国家」への道

1989年のホーチミン市でのミス・コンテスト入賞者

扉図版出典）*Nguoi Dep Viet Nam*, Nha Xuat Ban Thong Tin, 1989.

年表

1979年	ベトナム共産党第4期第6回中央委員会，経済改革提唱
1981年	第3回インドシナ三国外相会議，東南アジア地域会議を提唱
1982年	ベトナム共産党第5回大会
1986年	ベトナム共産党第6回大会，ドイモイを提唱
1987年	ベトナム国会，新外資導入法を採択
1988年	ベトナム外相，ASEAN加盟の希望を表明
1989年	天安門事件
	ベトナム軍，カンボジアより撤退
	ベルリンの壁崩壊
1991年	ベトナム共産党第7回大会，「全方位外交」路線採用
	カンボジア問題に関するパリ和平協定成立
	ベトナム，中国と国家間関係を正常化
	ソ連解体
1992年	ベトナム，バリ条約加盟，ASEANオブザーバーに
1994年	アメリカ合衆国，対ベトナム経済封鎖を解除
	ベトナム，ASEAN正式加盟を申請

一　ベトナム戦争後の二重の危機

一九七六年のベトナム社会主義共和国の成立は、八月革命以来のベトナムの課題であった統一した国民国家としての自己形成という目標が達成されたことを意味していた。そして、もはやこの時点では、ベトナムの統一した国民国家としての存在を否認しようとする国際的な動きはなく、ベトナム社会主義共和国は七七年には国連加盟を達成した。しかし、皮肉なことに、一九七〇年代の末にベトナムが直面した、国内における「貧しさを分かちあう社会主義」の機能不全と、国際社会におけるカンボジア問題による孤立は、いずれも、このベトナムの国民国家としての地位の確立と関連していた。

まず第一に、国民国家としての存亡の危機の解消は、戦時体制下の「愛国心」の高揚によって維持されてきた「貧しさを分かちあう社会主義」に対する、人々の忠誠心を揺るがすことになった。いまや、戦時体制下の緊張から解放され、誰はばかることなく自己の暮らしの向上を追求するようになった人々にとっては、「貧しさを分かちあう社会主義」はもはや何の魅力もないシステムであった。例えば合作社農民は、いくら働いても、手を抜いても、そこからの収入に大差がない、合作社の集団所有の耕地での労働に対する意欲を急速に喪失し、ベトナム北部では、戦争中の「模範合作社」も含めて、農地の大半を占める集団所有の耕地の荒廃が進行するという、「非常事態」が生まれたのである。都市の給与生活者の間でも、配給とセットであることで低額に抑えられていた給与に対する不満が高まり、本給よりはよい収入を得られるさまざまな副業に励んで、本職のほうは職員名簿に名前を記入されていて、配給手帳を手に入れられればよしとする風潮が広がった。「貧しさを分かちあう社会主義」は、「豊かな南」の反発に直面しただけでなく、そのもとで長い戦争を戦ってきた北部でも、人々の抵抗に遭遇したのである。

第二に、カンボジア問題におけるベトナムの孤立は、それがソ連のアフガニスタン進攻と重なって、「新冷戦」の構図に巻き込まれてしまったという、ベトナムにとっての「不運」もあったものの、より基本的には、ベトナムが「ただの国民国家」になったことに対するベトナム指導部の認識不足に起因していた。ベトナム人共産主義者から見れば、ポル・ポト政権を打倒したベトナム軍の行動は、抗仏戦争、抗米戦争時のベトナム軍のカンボジア派遣と本質的にはかわらない、カンボジア革命に対する「国際主義的義務」の遂行であった。しかしこれは、ベトナムが国際的には「反システム」運動の担い手である時期の論理であり、いまやベトナムを国民国家によって成り立つ国際社会の一員と見なすようになった世界の多くの国々は、このようには考えなかった。ポル・ポト政権は、いかに残虐な政権とはいえ、カンボジアの正統政府であり、国境戦争がベトナムとの間に存在していたとはいえ、これをベトナムが武力で打倒してしまったことは、内政不干渉を原則とする国民国家システムという国際システムの基本的なルール違反として、糾弾されることになったのである。

二　カンボジア問題の位置

カンボジア問題による孤立は、ベトナムをソ連の陣営により深く参入させることになった。このことはベトナムが、資本主義陣営と社会主義陣営の対立という冷戦時代の世界観から離脱することを困難なものとした。一九七〇年代末から八〇年代半ばにかけての時期、ベトナムは、自らの体現している社会主義の普遍性をいままで以上に強調し、中国のありかたを「民族主義的逸脱」と「資本主義との結託」という点で批判するようになった（古田元夫、一九七九）。またベトナムは、自らがカンボジアで擁立した新政権への支援を、「社会主義陣営の東南アジアにおける前哨」としての「国際主義的義務」という、冷戦的なタームで位置づけていた。八〇年代前半にベトナムがインドシナ三国の同盟関係を強調したことは、冷戦期のベトナムの歴史的体験の延長にあるものであった。この時期ベトナムは、「インドシナ三国の戦略的同盟」を提唱し、経済的な面でも「インドシナ社会主義経済共同体」的な構想をもち、インドシナ三国が東南アジアで東南アジア諸国連合（ASEAN）に対抗する一つのブロックを形成していることを強調した。ベトナム戦争の終結以後、一時進展したベトナムとASEAN加盟諸国との関係改善も、このカンボジア問題の発生によって頓挫し、国際政治の舞台ではASEANとインドシナ三国が対立的な関係に置かれることになったのである。このような意味で、通常、七〇年代末以降のカンボジア問題は、ベトナムの冷戦構造からの脱却を妨げていた要因と見なされ、「ドイモイ（刷新）」という改革やそれに伴うベトナムの変化は、「脱カンボジア問題」によって生まれたものとみられがちであるが、これは、カンボジア問題がベトナムにとってもった意味の過度の単純化であるように思われる。ここでは、カンボジア問題の「意外な側面」に焦点をあててみたい。

第一は、一九八〇年代の半ばまでは、カンボジア問題がベトナム国内の改革を促進する側面をもっていたということである。先にも述べたように、カンボジア問題はベトナムにとってはその安全保障の問題であった。この時期のベトナムは、安全保障を基本的には軍事的な問題と考え、第二次世界大戦後の三〇年に及ぶインドシナ革命の展開の体験から、ベトナムの軍事的安全保障の枠組みとしてのインドシナに強いこだわりをもっていた。そのベトナムにとっては、カンボジアに擁立した新政権＝ヘン・サムリン(Heng Samrin) 政権の擁護は、自らの安全保障にかかわる、あらゆる課題に優先するべき問題であった。したがって、ベトナムとしては、ヘン・サムリン政権擁護による国際的孤立を覚悟する必要があり、そのためには、外国からの援助が不十分であっても経済が危機に瀕することがないように、国内の資源を有効に活用できる経済改革が必要であった。後に述べるような七九年以降の国内経済の改革は、カンボジア問題での強硬論と矛盾したものではなく、一致する側面をもっていたのである。

第二は、このカンボジアの新政権擁護の要請は、一九七〇年代後半のベトナムに存在した一元的な統合の動きに歯止めをかける役割を果たした。これは、具体的には華僑・華人をめぐって鮮明になった点である。カンボジアで新政権を擁立したベトナムは、その新政権のもとで日常生活の再建にあたるカンボジアの人々が必要とする日用消費物資を供給するという、ベトナムの経済力をもってしては解決不可能な課題をも背負うことになった。そのベトナムが注目したのが、東南アジアにはりめぐらされた華僑・華人の商業網で、これを活用して、タイやシンガポールなどから物資をカンボジアに入れることが考えられるようになったのである。そのために、一時排斥の対象となっていた華僑・華人の残留工作がベトナム国内でも展開されるようになった。カンボジアの新政権を支えるためには、華僑・華人という異質な要素をベトナムの国民共同体の一員として認めざるをえないというこの事態は、インドシナという枠組みがベトナム人にとっては、ベトナム社会自体の多元性を自覚させる役割を果たすことを、如実に物語る出来事であったといってよいだろう。この華僑・華人政策の転換は、あらためてベトナムにその民族的構成の多元性を再認識させることになった。そのためベトナムでは、後に述べるように、ベトナム戦争終結直後の一元的国民統合政策にかわって、この「華人世界」を含めて、「ベトナム人世界」のほか、「タイ人世界」、「クメール人世界」、「マレー人世界」を包摂する、東南アジア的国家としてのベトナムの「多様性の統一」を強調する国民統合が重視されるようになるのである。

第三は、カンボジアをめぐってのこの華僑・華人の商業網の活用は、国際政治の舞台では対立していたベトナム、カンボジアとASEAN諸国を結ぶ交易の発展をもたらすことにもなったという点である。タイやシンガポールのベトナムとの貿易も、両国政府の慎重な政策にもかかわらず、民間主導型で急速に拡大していった。例えば、まだ国際政治の舞台ではタイとベトナムが激しく対立していた一九八七年、タイのベトナムに対する輸出は、一億一一四〇万バーツに達した。これは、カンボジア問題発生以後最低であった八二年比で二二倍、前年比でも一・七倍という急速な伸びであった（出井富美編、一九九一）。このような経済関係は、八八年のチャチャイ（Chatichai Choonhavan）政権のもとでの「インドシナを戦場から市場へ」という、タイの対インドシナ政策の転換の伏線となった。またＡＳＥＡＮ諸国の中ではタイとともに、カンボジア問題で最も激しくベトナムを非難していたシンガポールも、九一年に対ベトナム貿易統計を公開したとたんに、ベトナムの最大の貿易相手の地位に踊り出たのだが、この実績が突如生まれたものではなく、政治的対立を続けていたそれまでの時期の確実な貿易拡大の延長に位置するものであることは否定できない。

第四は、この時期のカンボジア問題においては、ベトナムにとってＡＳＥＡＮは「敵」ではなかったということである。一九七五年までのベトナム戦争においては、タイとフィリピンは、アメリカ合衆国の側に立って参戦していた。こうした参戦国を含むＡＳＥＡＮを、ベトナムは当初、対米従属の軍事同盟的な存在と見なしていた。また、ベトナム戦争においては、中華人民共和国がベトナムの支援者として存在しており、この中国の支援を背景として、インドシナ三国の反共政権およびその他の東南アジア諸国に対立する形で、「社会主義陣営の東南アジアにおける前哨」としての役割を果たすというのが、ベトナムの自己認識であった。

しかし、一九七〇年代後半以降のカンボジア問題においては、「中国大国覇権主義」がベトナムにとっての「主要な敵」であった。そのためベトナムは、「社会主義陣営の東南アジアにおける前哨」という自己規定は維持しつつも、その意味合いを「中国大国覇権主義」に対する東南アジアの「防波堤」という意味に転換したのである。このような戦略的環境のなかでは、ＡＳＥＡＮ諸国は、「敵」ではなく、ベトナムの立場に対する理解・同情を獲得すべき対象であった。ベトナムが、中国との対立を強める七八年以降、東南アジアの一員であることを強調するようになったのは、こうした戦略的配慮からであった。

第五は、この時期のカンボジア問題がベトナム人共産主義者に、ベトナムを中心としてインドシナ三国が同盟関係を結ぶことの困難さを認識させたという、「学習効果」とでもいうべき側面である。そもそも、ベトナム戦争の時期には同盟者であったポル・ポトが、ベトナムに対する公然たる攻撃を展開したことは、ベトナム人指導部にとって衝撃的な出来事であった。そして、ヘン・サムリン政権の樹立後も、ベトナム人共産主義者の理解を越えるような事態が発生した。その一つは、ベトナムが擁立したカンボジアの新政権の内部で、「ベトナム離れ」とでもいうべき傾向をもっとも早く示したのが、一九七八年初頭まではポル・ポト体制下の民主カンボジアの幹部でベトナムとの協力関係に入ってからは日が浅かったカンボジア人ではなく、ペン・ソヴァン（Pen Sovann）ら、ベトナムに長期にわたって滞在した経験をもつカンボジア人であったという出来事である（一九七九年一月に再建されたカンボジア人民革命党の書記長となったペン・ソヴァンは、八一年末に失脚した）。このことは、一面ではカンボジア人民革命党（現在の人民党）において、ベトナムに長期に滞在した経験をもたないカンボジア「国内派」の勢力が増大し、同党のカンボジア人社会への定着を促進することにはなったが、ベトナム人共産主義者には、カンボジア人の協力関係の難しさを改めて印象づけることにもなった。

インドシナ三国の同盟というインドシナ革命論によって追求されてきた、新しいインドシナの統合の試みは、フランス製の植民地的インドシナよりは、ベトナム人、カンボジア人、ラオス人の間で広く共有されるようになっていた。一九五四年のジュネーブ協定の際に、北ベトナムに集結したカンボジア人だけでも一〇〇〇人を超えていたし、ラオスからは、六一年から六四年という短期間をとっただけで、八八〇三人の人々が北ベトナムで訓練を受けた。しかし、ベトナム戦争期に、ラオスやカンボジアを通過するホーチミン・ルートを通った経験を有するベトナム人は、一二〇万に達するなど、ベトナム人のインドシナ体験の方が、カンボジア人やラオス人のそれよりははるかに多いという状況が、引き続き存在していた。そのために、インドシナという枠組みを主体的に解釈する条件は、ベトナム人の間で最も高く、カンボジア人やラオス人にしてみれば、ベトナム人がすでに設定したインドシナという枠組みに参加するのか否かというかたちでしか、インドシナという問題を考えられないということが、しばしば発生することになった。こうしたインドシナ体験の不均等性は、インドシナが閉鎖的な枠組みになればなるほど、その問題を露呈することになったわけである。

以上のような意味では、この時期のカンボジア問題は、ベトナムとＡＳＥＡＮ諸国を結びつける役割を果たし、ベトナムが自らを東南アジアの中に位置づけるようになることに貢献したのである。

三　ドイモイ

「貧しさを分かちあう社会主義」に対する人々の抵抗は、ベトナム共産党指導部に改革の必要性を認識させることになった。ベトナム共産党は、中越戦争直後の一九七九年九月の第四期第六回中央委員会総会で、「新経済政策」の提起に踏み切った。この「新経済政策」は、カンボジア問題で当面ベトナムにとって好ましい国際環境の形成は望めないことを前提として、国内の資源の有効な活用によって経済危機を克服することを主眼とする、労働意欲刺激策と自由化政策の導入をはかるものであった。ここで重要なことは、この時に戦時経済体制からの転換の必要が承認されて、かつてベトナム戦争中に北ベトナムで定着した社会主義のありかたのモデル性が相対化され、新しいシステムの模索のための地方のイニシアティブが承認されて、ベトナム戦争が激化した時期から続いていた一元的統合政策の見直しが開始されたことであった（三尾忠志、一九八八A）。

この一九七九年以降のベトナム共産党の経済面での改革の試みは、改革の具体的なモデルが、まず「地方の実験」として形成され、それが党中央での合意となって全国的な政策として展開されるようになった点と、そのような「地方の実験」が、しばしば人々の「闇行為」を追認し、そこで発揮されていた人々の労働意欲をシステムの活性化に結びつけようとする性格をもっていた点に、大きな特徴があった（古田元夫、一九八八）。一九八一年に公認された農業合作社における生産請負制に代表される、こうした一連の改革は、農業生産の回復などある程度の生産の向上をもたらしたが、悪性のインフレなど、新しい危機も生み出すことになった。このようななかで、ベトナム人共産主義者は、従来の「貧しさを分かちあう社会主義」というシステムからの根本的な転換の必要性を認識するようになる。八〇年代の半ばになると、ソ連のペレストロイカへの着手など、改革が社会主義諸国で世界的に提起されるようになるが、このような動きも、「普遍国家」としてのアイデンティティを維持していたベトナムの転換を促進することになった。

一九八六年一二月に開催されたベトナム共産党第六回大会は、南部改革派のグエン・ヴァン・リン（Nguyen Van Linh. 一九一三〜）を新書記長に選出した。この党大会で提起された「ドイモイ（刷新）」は、ベトナムにおける「貧しさを分かちあう社会主義」からの訣別の試みであった。また、このドイモイは、漢語起源の言葉ではなく、日本語でいえば「大和言葉」にあたる言葉を組み合わせて作られた標語である点でも、注目に値するものである（川本邦衛、一九九五）。従来ベトナム共産党が掲げた主な政治スローガンが、「革命」「独立」「民主」「社会主義」など、いずれも漢語起源の言葉であったことを考えると、ドイモイという標語の登場は、歴史的な意味をもっていたのである。さて、「社会主義に関する発想の刷新」ということで、この第六回大会で提起された論点は、ほぼ以下の四点にまとめられる。

第一は、ベトナム社会にとっては社会主義が明日にでも実現できるようなものではなく、きわめて長期にわたる「過渡期」を経て、ようやく到達できる目標であり、ベトナムの現状は「過渡期の最初の段階」にあるにすぎないという見方が採用されたことである。

第二は、従来の重工業優先の高度成長路線は、「過渡期」全体の課題をその「最初の段階」にも機械的に適用したものであって、ベトナムの現状にあわず、当面の段階においては「農業を第一戦線」とするなど、民生の安定を重視しつつ、現実的な経済建設が追求されなければならないと考えられるようになったことである。

第三は、生産力水準を無視した国営化・集団化も、「過渡期の長期性」を無視した方針であり、ベトナムの現実では、市場経済原理を導入し、多セクターからなる混合経済体制をとるほうが「合法則的」だと考えられるようになったことである。

第四は、一国規模で一貫した産業体系を急速に建設することを目指した自力更生路線にも問題があり、国際分業への積極的参与なくしては経済発展はありえないという見方が採用されたことである。

改革が「貧しさを分かちあう社会主義」からの訣別という段階まで到達したということは、もはやそれがカンボジア問題による国際的孤立に耐えるための一時的な「やむをえない後退」という性格のものではなく、むしろ逆に、国際環境の改善を積極的に求めていく性格のものに変化したことを示していた。ドイモイ以前の改革は、旧来の安全保障観に基づく軍事的なコストを、経済システムの部分的手直しでしのごうとするものであったのに対して、ドイモイは、こうした安全保障観の転換を必然的に求める改革となったわけである。第六回党大会にも、「民族の力と時代の力の結合」というスローガンで、「時代の力」＝現代の世界共通の趨勢に合流する必要を提起するなど、安全保障観の転換の兆しは存在していたが、それが明確になるのは、一九八八年五月のベトナム共産党政治局第一三号決議においてである。この決議は、「強大な経済力」、「適度な国防力」、「国際的協力関係の拡大」を、現代における安全保障の条件として指摘しており、従来の軍事力優先の安全保障観から、経済力と国際関係を重視した「総合的安全保障」観というべきものに、ベトナム人共産主義者の発想が転換したことを示している（小笠原高雪、一九九三）。これはまたベトナムが、従来の冷戦的国際情勢論からの離脱を開始し、体制の相違を越えた平和共存と経済的相互依存が進展しているという国際的相互依存論を受容しはじめたことを示すものであったともいえるだろう（白石昌也、一九九三A）。このような転換の背景には、ドイモイが提起されて以降、ベトナム共産党の出版物においてアジア新興工業国の台頭に着目した記事が目立つようになったことに示されるように(白石昌也、一九九三B)、ベトナム経済の低迷と混乱が続くならば、かつてはベトナムと同等の発展水準にあったが、いまや目覚ましい経済発展をとげている周辺の東南アジア諸国、東アジア諸国に比較して、回復不可能までに落伍してしまうという危機感が存在していたと思われる。

この安全保障観の転換は、ベトナムを、カンボジア問題での妥協を軸とする国際的孤立からの脱却の努力と、国際関係の改善をふまえた正規軍削減に導くことになる。一九八八年一月、グエン・コ・タク外相(Nguyen Co Thach. 一九二五〜)は、ベトナムが「インドシナ連邦」を結成する意図をもっていないことを強調するとともに、ASEANに加盟する意思があることを表明した。翌八九年一月にラオスに駐屯していたベトナム軍が撤退したのに続いて、九月にはカンボジア駐留のベトナム軍も撤退を完了した。さらにカンボジア問題でベトナムを支援していたソ連・東欧の社会主義体制が危機に瀕したことも、ベトナムの妥協を促進した。

ベトナム共産党はさらに、一九九一年六月に開催された第七回党大会で、「世界のすべての国と友人になる」というスローガンのもと、従来のようなソ連を中心とする社会主義諸国との関係を重視する「社会主義国際関係」優先政策を転換し、体制のいかんを問わない「一般国際関係」による「全方位外交」政策を採用した。このようなベトナムの姿勢は、カンボジア問題の政治解決の促進に貢献し、九一年一〇月には、カンボジアに関するパリ和平協定が成立した。ベトナムはカンボジア問題による国際的孤立から脱却しうる条件を手にしたのである。その後、九一年一一月に中越戦争以来対立状態が続いていた中国との国家間関係が正常化されたのをはじめ、日本を含む西側先進国やASEAN諸国との関係は急速に改善された。特に、ASEAN諸国との関係の進展は目覚ましく、九二年七月のASEAN外相会議でベトナムは、ASEANの基本条約である東南アジア友好協力条約（バリ条約）に加盟して、正式オブザーバーの地位を獲得し、九五年にはASEANの正式メンバーとなることが展望されるようになった。

この国際環境の好転と並ぶ、ドイモイ開始後のベトナムの大きな変化は、経済の回復、発展であろう。ベトナム経済は、一九八〇年代半ばには、年率で八〇〇％に達する悪性のインフレーション、生産の停滞、膨大な財政赤字、通貨価値の下落などが同時に進行する、「恐慌状態」にあった。この状況からの改善の兆しが見えるのは、ドイモイが具体的な経済政策として展開されるようになる八〇年代末からのことであった。特に、八八年四月にベトナム共産党政治局は、農業の管理刷新に関する第一〇号決議を出し、個々の農家を農業経営の基本的な単位とみなすという、それまでの農業集団化政策を基本的に転換した方針を提起した。この決議の効果はすぐにあり、翌八九年にベトナムの食糧生産は籾換算で二一四〇万トンに達し、長年の食糧輸入国の地位を脱して一四〇万トンの米を輸出する、タイ、米国につぐ世界第三の米輸出国となった。同じ八九年にベトナムは、配給制度と国家統制価格の廃止を中心とする包括的な価格自由化に踏み切った。これは、①国営企業に対する経営自主権の付与と、赤字企業の解体、②私営企業の法的地位の確立、③外国貿易に対する国家独占の廃止と、為替レートの市場実勢に応じた変動制への移行、④財政、税制、銀行制度の改革などによって補完された、市場経済移行の総合的施策であり、一部には、このベトナムの八九年改革を、市場経済への移行、構造調整に関する急進療法（Big Ban, Schock Therapy）と

図9　輸出加工区建設現場の山羊

見なす見解すらあるほどである。このような果断な改革が可能だったのは、ベトナムの場合には、ソ連・東欧とは異なり、集権的計画経済が社会を完全に包摂するには至らず、自由市場が温存されていたため、集権的計画経済から市場経済への移行が、国家が規制を解除して自由市場の実勢に従うことによって、ある程度は可能だったためでもあった。

しかしベトナムは、一九九〇年代の初頭には、長年のベトナムに対する最大の援助供与国であり、貿易相手国でもあったソ連の崩壊という危機に直面することになった。だが、ベトナムが、すでにドイモイによる包括的な経済改革に着手していたことは、この危機の影響を大幅に軽減することになった。特に、一九八八年から施行された外資導入法や、米と原油という新たな輸出商品をもてたことが、ベトナムのアジア・太平洋圏との経済関係の発展を可能にし、ソ連・東欧における社会主義体制崩壊のベトナムに対する経済的インパクトを吸収しえたことは、ベトナムに幸いしたといえるだろう。

一九九四年一〇月現在のベトナムへの投資を国・地域別に見

ると、一位が台湾（一八億ドル）、二位が香港（一六億ドル）、三位が韓国（八億ドル）、四位がオーストラリア（六・三億ドル）、五位がシンガポール（六・二億ドル）、六位がマレーシア（五・七億ドル）、七位が日本（五・二億ドル）となっており、ベトナム経済が今やアジア・太平洋圏の一角に組み入れられていることが、明瞭に示されている。このような結果、一九九二年からベトナム経済は、国内総生産の実質成長率が八%に達するようになり、九四年一月に開催されたベトナム共産党の全国代表者会議では、「国土を新しい発展の時期へとしだいに移行させる前提条件が形成された」として、経済運営の重点が安定から成長に切り換えられることになった。この会議では、ベトナムが経済的後進国にとどまり続け、周辺諸国との格差がいっそう拡大してしまうことが、ベトナムが直面する最大の危機であるという認識を提示した。そうならないための唯一の道は高度経済成長であり、現在ベトナムでは、西暦二〇〇〇年までの国民所得倍増計画が取り組まれている（ドイモイ下のベトナム経済に関しては、関口末夫・トラン・ヴァン・トゥ編、一九九二。財団法人国際開発センター編、一九九三。三尾忠志、一九九三、などを参照）。

このような対外政策、経済政策に比べると、ベトナム共産党は、政治改革に関してはかなり慎重な姿勢をとっている。ドイモイの提唱直後には、政治改革優先のソ連の改革、経済改革優先の中国の改革に比して、政治改革と経済改革が並行して取り組まれるところに、ベトナムのドイモイの特徴があると言われていた。しかし、一九八九年の中国の天安門事件、ベルリンの壁の崩壊と東欧の社会主義体制の解体という事態に直面して、ベトナム共産党は、「社会主義の道の堅持」を強調するようになり、九〇年三月の共産党第六期第八回中央委員会総会以後は、反政府野党の存在を認める政治的多元主義の導入を拒否し、あくまでも共産党の指導性を維持しながら、経済発展に不可欠の政治的安定を損なわない範囲に、政治改革をとどめることが、党の公式の路線となり、今日に至っている。

ただしこれは、政治分野では、対外政策や経済政策ほどの大転換は見られないという意味であって、従来は事実上、共産党の決定を追認する機関にすぎなかった国会や、各級地方議会が、実質的な法案審議権をもつようになったこと（五島文雄、一九九四）、労働組合などの各種の大衆団体も、共産党の政策にそって人々を動員する組織という性格だけでなく、構成員の利益擁護団体に変身しつつあること、言論の自由の拡大、人権概念の登場（鮎京正訓、一九九四）など、ドイモイ開始以来実施された政治面での改革が、広い範囲に及んでいることを見過ごすべきではなかろう。

それでは、現在なおベトナム共産党が「堅持」するとしている社会主義とは、いったい、何なのであろうか。ここでは、この問題を四つの側面から考えてみたい。

第一は、「歴史の思い出」としての社会主義という側面である。ベトナムは一九四五年九月の独立宣言から七五年四月のベトナム戦争終結まで、その統一国家としての独立を国際社会に認めさせるために、三〇年にわたる戦争を経験しなければならなかった。この戦争は、五〇年代以降は世界的な冷戦構造の中に組み込まれて展開された。これは、ベトナムにおいては「資本主義と社会主義の対決」としての冷戦は、「冷たい戦争」としてではなく、実際の熱戦として体験されたことを意味している。そのため、フランスやアメリカへの抵抗戦争を支える理念であった社会主義は、これらの戦争を直接体験した人々の間では、「歴史の思い出」として依然輝きを失っていないように思われる。

ソ連・東欧における社会主義体制の崩壊という事態のなかで開催されたベトナム共産党の第七回大会に向けては、ベトナムが社会主義という理念を堅持すべきか否かということが、一つの大きな論争点になった。少なくとも党内での討議に関しては発言の自由がそれなりに保障されていたこの過程で見られたのは、「上」からだけでなく「下」からも「社会主義堅持論」が噴出したという現象であった。このいわば共産党内部の「草の根保守主義」的傾向は、ベトナムにおいては冷戦が熱戦として体験されたという歴史と不可分の関係にあるように思われる。

第二は、資本主義世界経済に参入するための社会主義とでもいうべき側面である。この一見すると全く相矛盾する二つの課題は、「政治的安定」という要素を加味することによって整合する。ベトナムが、資本主義世界経済に参入する際のさしあたりの「売り物」は安価な労働力であるが、この面で競合関係にある中国やフィリピンなどに比べても、ベトナムのインフラストラクチャーの整備はきわめて立遅れている。こうした状況のもとでは、ベトナムはその「政治的安定」といういわば「政治的インフラストラクチャー」を強調することによって、外資導入を勧誘する以外の道はない。この「政治的安定」が世界経済への参入のための至上命題であるとすれば、当面は、政治的多元主義や複数政党制の採用など、政治的混乱を招きかねない方策はとらず、社会主義という看板のもとで共産党一党支配を堅持した方が賢明ということになる。これは、共産党が領導する「開発独裁」としての社会主義という発想であるともいえるだろう。

第三は、ソ連・東欧における社会主義体制の崩壊によって、資本主義とは原理的に異なる経済システムで効率的に国民経済を機能させる代替案は存在しないことが明確になった以上、ベトナムとしては、第二次世界大戦後のアジアで唯一成功した経済発展モデルとしてのNIESモデルを受け入れ、資本主義世界経済への参入と輸出志向の工業化による経済発展を追求する以外に道はないことを認めているように思われる。しかし、NIESモデルが万全のモデルではない以上、ベトナムの人々の間には、さまざまな「割り切れなさ」が存在している。それは、具体的には、貧富の格差、外資系企業の労働者の権利、環境と開発などの問題をめぐって、個々に表明されているにとどまってはいるが、こうした「割り切れなさ」の集合が、社会主義という言葉で表現されている側面が、今のベトナムには存在している。

第四は、ベトナムが、人類普遍的な理念としての社会主義を掲げる「社会主義ベトナム」から、ベトナム固有の政治文化と結合した「ベトナム社会主義」を追求する方向へ、転換をはかろうとしているという面である。

まず、世界的な「社会主義」の危機の中で、ベトナムにおいて「社会主義体制」を維持していく方向として、ベトナム共産党自身がこのような発想をもちはじめていることは、確かなように思われる。「社会主義」、より具体的にはマルクス・レーニン主義を人類に普遍的な価値と見なす傾向の強かったベトナム人共産主義者は、従来は、その「ベトナム化」という発想に批判的であり、こうした発想に結びつきかねない「ホーチミン思想」といった用語を使用することには警戒的であった。このベトナム共産党が、第七回党大会において、マルクス・レーニン主義と並んで「ホーチミン思想」を党の「思想的基礎」としてうたうことを決定したのである。この「ホーチミン思想」の明記は、少なくとも次の二つの実践的効果を生み出している。

図 10　民族楽器の演奏

一つは、階級的契機に対して民族的契機を一貫して重視する姿勢をとり、時期によってはコミンテルン正統派やベトナムの党の主流との間に矛盾や軋轢があったホー・チ・ミンの発想を、ベトナム共産党が、「マルクス・レーニン主義の創造的発展」として正統化したということである。これによって、ベトナム民主共和国の独立直後に民族的な団結を達成するために政府閣僚に多くの党外人士を採用したというような、ホー・チ・ミンのとった措置が、「困難な時期のやむをえない譲歩」ではなく、積極的な意義をもったものと見なされるようになり、現実にもこうした措置を採用することに道を開くことになった。

いま一つは、「マルクス・レーニン主義」をうたっていただけでは共産党が肯定的評価を与える余地のなかった、儒教をはじめとする、「ホーチミン思想」の「源泉」となっている民族的伝統にも、積極的意義を付与することが可能になったということである。「ホーチミン思想」が明記されてから、ベトナムの書店に目立つようになったのは、

『ホーチミン全集』ではなく、儒教や仏教関係の書物で、その中には第二次世界大戦中の日本支配下で首相になったチャン・チョン・キムの『儒教』という本など、長く統一ベトナムでは禁書扱いされていたが、最近ようやくその復刻版の出版が認められるようになったものも含まれている。このように、「ホーチミン思想」の採用は、当面のところベトナムでは政治・思想面での自由化の促進要素となっているように思われる。

この「社会主義ベトナム」から「ベトナム社会主義」への転換は、現在のベトナムが掲げている社会主義が、外の世界に向かってその存在を主張するものというよりは、「世界はともかくベトナムは社会主義を堅持する」という、内向きの看板としてしか機能しておらず、むしろ、伝統的な政治文化やナショナリズムとの一体性を強めていることを示している。このような意味では、国名はベトナム社会主義共和国のままであるが、現在のベトナムは、もはや人類普遍的な理念を掲げる「普遍国家」ではなくなっているといってよいだろう。ベトナムが、ソ連・東欧における社会主義体制の崩壊で、最終的に自らの「普遍国家」としてのありかたからの脱却をはかることになった時に、ベトナムにとっては幸いなことに、別の受け皿が存在していた。それが、ある意味でベトナム史を通じての課題でもあった、東南アジアの中にベトナムを位置づけるという道であり、東南アジアの「地域国家」としてのベトナムというありかたであった。

四　ベトナムの多元性＝東南アジア性の再認識

ここでは、一九八〇年代以降のベトナム国内の少数民族政策の展開を概観しておきたい。ベトナム戦争が激化した時期から一九七〇年代末まで続いた、キン族を「主軸民族」とする、かなり一元的な国民統合の推進という政策が見直される契機となったのは、カンボジア問題の発生であった。カンボジアとの関係で、華僑・華人のベトナムにおける存在が再評価されるようになったことは、先に述べたとおりである。

ベトナムの民族的構成の多元性＝東南アジア性という問題に関して、先駆的な認識を提起したのは、ベトナムの社会科学者たちであった。ベトナム戦争が激化した時期に、ベトナム史の内在的・自生的な発展を強調するベトナム史像が形成されたが、これは、ベトナム史の内在的発展という場合の「内」と「外」を、どこで区別するのかという問題を必然的に提起するものであった。例えば、狭義のベトナム人＝キン族の起源論に関しては、中国との結びつきを意味する北方からの移住説が否定されたかわりに、インドシナ半島の中央山岳地帯から紅河流域に移住してきたモン・クメール系の集団が、そこで北方のタイ系の集団と接触することによって、ベトナム人の直接の祖先が形成されたとする説が一九七八年に提唱され、その後、ベトナムの学界の最も有力な仮説と見なされるようになった。ここに登場するモン・クメール系、タイ系に、沿岸部の先住民として重要な位置を占めたと思われるマレー系の人々が、ベトナム人の起源に重要な意味をもっていたとすれば、これらを包摂する概念は東南アジアしかありえないということになる。

そして、狭義のベトナム人＝キン族にも東南アジア性が貫徹しているとすれば、この「ベトナム人世界」を軸としながらも、「タイ人世界」、「クメール人世界」、「マレー人世界」、「華人世界」を包摂しているベトナムの民族構成の多元性＝東南アジア性は、よりいっそう明白である。

かくして、ベトナムのことを理解するためにも、ベトナムを東南アジアの中に位置づけて考えてみなければならないという認識は、ベトナムの社会科学者の間に広く共有されるようになった。一九八四年四月一〇日、ベトナム社会科学委員会（現在のベトナム社会人文科学国家センター）に、最初の地域研究所として東南アジア研究所（Vien Dong Nam A）が正式に設立されたのは、このような流れに沿った出来事であった。そして、この研究所は、それまで、ベトナム国内に住むタイ系、クメール系、マレー系などの少数民族を研究していた研究者から人材を選ぶことによって、比較的容易に一定の水準をもった東南アジア研究の体制を組むことができたのである。

さらに、ドイモイが、ベトナムの民族構成の多元性に理論的な根拠を与えることになった。ベトナムでは、南北統一が達成された直後には、「単一の社会主義的国民」としての「ベトナム国民」という高度の共同性が、南北の統一によってすでに誕生しているとする議論が、多く出されていた。しかし、ドイモイの基礎認識として、社会主義への「過渡期」の長期性が強調され、ベトナムのような社会では社会主義は明日にでも実現できるようなものではないという議論がなされるようになると、この「社会主義的国民」という共同性も、長期にわたる課題であって、ベトナムの諸民族が、この共同性のなかに短期間に融合していくことを展望すべきではないとする見解が登場するようになった。

このような見解によれば、民族政策の力点も、キン族を「主軸民族」とする「ベトナム国民」という枠組みへの諸民族の融合を求めるよりは、個々の民族の「社会主義的民族」としての自己形成を求めることに置かれるべきであるということになる。そして、「社会主義的国民」としてのベトナム人という共同性に、諸民族がそれぞれの民族性をすてて融合することを望むべきではないという趣旨で、「ベトナム国民」という共同性を示す場合には、「ベトナム人民の共同体」ないし「ベトナム各民族の共同体」という概念を使用すべきであることが提唱されるようになった。この考えは、一九八六年のベトナム共産党第六回大会にも採用され、大会の政治報告は次のように述べている。

「それぞれの民族のあらゆる面での発展は、わが国土の各民族の共同体全体の強化、発展と並行して進むものである。全国的な共同性と統一性の強化は、合法則的な過程であるが、それは、それぞれの民族のアイデンティティにおける多様性、独自性を排斥したり、それらと矛盾するものであってはならない。民族的な感情や民族的な心理は、長期にわたって存在するであろう微妙な情感の領域の問題である。民族間の関係を処理するにあたっては、それぞれの民族の利益や、それぞれの個人の民族感情に関連する、あらゆる問題について慎重な態度をとらなければならない。」

もっとも、ドイモイは、その初期の段階においては、少数民族社会に危機をもたらした側面もあった。それは、「貧しさを分かちあう社会主義」からの訣別としてのドイモイが、「豊かになれる者から豊かになる」という競争原理の導入を意味するものであるため、平野部に比して「豊かになる」条件の乏しい少数民族居住地域が、不利な状況に置かれるようになったという側面である。従来、貧者に対する福祉の一環として少数民族地域に支出されていた国家の補助金は打ち切りとなり、そのために、学校や医療機関が支えを失って崩壊し、非識字者や疫病が増加したり、一部では経済生活にも困難が生ずるという問題が生まれた。ドイモイが促進した政治的民主化は、このような事態に対する少数民族の不満が、率直に発言される機会を拡大した。これに加えて、ソ連・東欧における社会主義体制の動揺・崩壊という事態のなかで、民族的な紛争が多発するようになったことが、ベトナム共産党指導部にも、ベトナム自身の民族的問題に関する危機感を抱かせた。そこで同党政治局は、一九八九年一一月二七日に、「山間部の経済・社会の発展に関するいくつかの主要な方針・政策に関する決議」を出し、ドイモイ期の体系的な少数民族政策を提示することになったのである。

この決議は、少数民族の大半が居住している山間部の経済発展が順調に進んではおらず、少数民族の中には依然としてきわめて貧困な生活を送っている人々が数多く存在しているという現状認識を示したうえで、そのような状況を招いた大きな要因の一つに、山間部の重要性とその社会の特徴を十分に把握していなかった党の経済政策の欠陥があったとしている。そのうえで決議が提起している注目すべき点をあげると、次のようになる。

まず第一に、決議は、従来の少数民族地域にも一律に食糧の自給を求める政策の放棄を提起している。これは、食糧生産の条件の悪い山間部にも食糧生産優先を強要したために、人口圧力とあいまって、自然環境と調和した伝統的な焼畑耕作の範囲を越えて、焼畑が広がるといった事態を生み出し、森林破壊の要因となったばかりでなく、少数民族社会の多様な発展を阻害したという反省に立脚して提起されたものである。そのかわりに、山間部の経済を全国経済のなかに位置づけ、市場経済原理にそってその優位性が発揮できるよう、特産の商品作物栽培を奨励することを決議は提起している。

第二に、決議は、「山間部の文明は、それぞれの民族が自らの文化的アイデンティティを発揮することを基礎として建設されなければならない」として、各民族の文化を尊重する視点を強調している。さらに決議は、従来、平野部の経験が機械的に適用される傾向が強かった、合作社などに体現される生産関係のありかた、経済管理方式に関して、多セクター経済を容認するドイモイ政策の一環として、当事者がその社会の実情に見合ったありかたを自主的に選択する権利を尊重するとしている。

第三に、決議は、「山間部の土地と資源は、全人民所有に属する、全国共通の財産である。しかし、山間部の同胞こそが、これらの土地、森林、資源を、自らの利益と社会全体のために、直接主体的に活用する権利と義務をもっている」として、山間部の経済・社会発展が、できるだけ地元民の利益にそった形で展開される必要性を指摘している。これは従来、山間部の開発が、平地からの移住民や、それを組織した国営の農場、林場を中心に展開され、地元の少数民族の能力の積極的発揮が考慮されないばかりか、彼らの生活空間を奪うような形で進行し、しかも、国営農場などが管理しきれない広大な土地を専有して、土地や森林の荒廃を招いたという反省に立った提起である。

しかし、ここで問題となるのは、いまや「山間部の同胞」といった時に、その大半が、必ずしも少数民族という状況ではなくなっているということである。国民国家としてのベトナムにおける、山間部の容貌の最大の変化は、植民地時代まで基本的には少数民族の生活空間であった山間部に、多数のキン族の入植者が入ったということである。この変化が最も劇的であったのは、一九七五年の統一後六〇万人が平地から入植した中部高原で、八九年の国勢調査では、キン族が省の総人口に占める比率は、ザライ＝コンツム省で四九・三％、ダクラク省では七〇・四％に達している。北部はこれほど劇的な変化はしていないが、越北地方では、カオバン省が四・二％、ランソン省が一五・三％であるのに対し、バクタイ省になると六八・三％となり、地方全体ではキン族が五割程度に達しているといわれている。西北地方では、ライチャウ省で一九・四％、ソンラ省で一八％である。いまや「山間部の同胞」という概念には、こうした山地に居住するようになったキン族が相当数含まれている。政治局の決議が、開発に関係する問題では「少数民族」ではなく「山間部の同胞」という表現を使用しているのは、山間部の開発について、少数民族の伝統的な知識が生かされることは期待しているものの、キン族入植者を含む地元民の利益を尊重する以上のこと、具体的には「先住民」としての少数民族の権利優先などを提起する用意は、この時点ではなかったことを示している。

党治国家から法治国家への転換は、政治面でのドイモイの重要な内容である（鮎京正訓、一九九三、一九九四）。民族問題に関しても、一九九三年から「民族法」という、基本法の起草が開始されている。ここでは、ベトナムの各民族が独自の文化を発展させ、自らの社会に適合した経済・社会の発展のありかたを自主的に追求する権利があるなど、八九年の共産党政治局の決議を具体化した内容が準備されているが、問題となっているのは、上述の開発に関する少数民族の権利の問題である。ドイモイの進展とともに、国営農場などの農地、森林の管理を地元住民に移管する政策が採用されると、キン族入植者と少数民族との間での土地紛争が激化するといったような状況も生ずるようになっており、「山地の同胞」ということで、平野部から入植したキン族と、先住の少数民族をいっしょに扱うことに関して、民族学研究者の間からは疑問が提起されている。そして、「少数民族の生存空間における経済的権利」を、「民族法」においても明記すべきだといった主張もある（Le Sy Giao, 1993）。いずれにせよ、この「民族法」が制定されれば、その内容は、ドイモイ下のベトナム国家の民族問題に関する基本的な姿勢を示すものとして、注目されよう。

五 「地域国家」ベトナムとそのジレンマ

ここではまず、一九六七年に成立したASEANとベトナムとの関係史を、簡単に概観しておきたい（中野亜里、一九八八。黒柳米司、一九九二。古田元夫、一九九二。白石昌也、一九九五）。ベトナムは、結成当初のASEANに対して、その中にタイとフィリピンというアメリカの同盟国としてベトナム戦争に参戦していた国家が含まれていることから、「アメリカ主導の反共軍事同盟」として警戒的な見方をしていた。ベトナム戦争が終結して成立した統一ベトナムは、ASEAN加盟諸国と個別的には善隣関係を求めたが、機構としてのASEANに対しては依然批判的で、東南アジアの「真の中立」を強調して、ASEAN諸国の「アメリカ離れ」を促進しようとした。

このようなベトナムの姿勢に変化が生まれるのが、「中国の脅威」が浮上する一九七八年のことである。当時のファム・ヴァン・ドン首相の東南アジア歴訪を通じて、ベトナムは、「革命の輸出」を否定して、個々の国々にベトナムの立場への理解を求めるとともに、ＡＳＥＡＮの「平和・自由・中立地帯構想」に理解を示すようになった。しかし、大量のベトナム難民の近隣諸国への流入と、ベトナム軍のカンボジア進攻によって、ＡＳＥＡＮ諸国はベトナムに対する不信を強め、七九年からはＡＳＥＡＮとしてまとまってベトナムを公然と非難するようになった。これによってベトナムのＡＳＥＡＮ接近は、一時頓挫し、ベトナムとしては、ＡＳＥＡＮを全体として敵にまわすようなことは慎重に回避しつつも、機構としてのＡＳＥＡＮとではなく、インドネシアなど、どちらかといえばベトナムの立場に同情的であった国との個別の対話につとめる以外に道がなかった。

ベトナムが、より積極的な姿勢を示すのは、一九八一年一月に開催された第三回インドシナ三国外相会議である。この会議では、インドシナ（カンボジア新政権を含む）とＡＳＥＡＮとの間の「東南アジア地域会議」の開催が呼びかけられ、機構としてのＡＳＥＡＮとの対話が提唱されたのである。この提案には、インドシナ側がＡＳＥＡＮを認めるかわりに、ＡＳＥＡＮもカンボジア新政権を含めたインドシナの現状を認めるべきだという意図がこめられていたことは明白だが、ベトナムが、ともかくも機構としてのＡＳＥＡＮを認め、「東南アジアの平和と安定」という枠組みのなかならば、カンボジア問題の協議と譲歩に応じてもよいという姿勢を示した点においては、重要な意味をもっていたといえるだろう。

次の段階は、ベトナムが先に述べたような新しい国際情勢観をもち、カンボジア問題での譲歩の姿勢を示し、その政治的解決の交渉が本格化する一九八八年から、カンボジア問題に関するパリ協定が成立する九一年一〇月までの時期である。この時期になると、ベトナムはＡＳＥＡＮへの加盟の意思を表明するようになり、他方、ＡＳＥＡＮ諸国の中でも、カンボジア問題の「前線国家」として、それまではベトナムに対して最も強硬な姿勢をとってきたタイが、「インドシナを戦場から市場へ」というスローガンを提唱して対インドシナ政策を転換するなど、ベトナムとＡＳＥＡＮ諸国との関係が急速に改善されることになる。そしてこれに続くのが、カンボジア問題に関するパリ協定の成立後の時期で、ベトナムとＡＳＥＡＮ諸国との間に首脳の相互訪問が行われ、経済関係も飛躍的に発展するなかで、ベトナムのＡＳＥＡＮへの正式加盟が現実的な課題として登場するようになった。

このベトナムとＡＳＥＡＮとの関係、特に一九七八年以降のそれには、中国の影がきわめて大きく作用している。このことは、最新の段階についてもあてはまる。ソ連という長年の最大の支援者が崩壊した段階で、ベトナム人共産主義者の間には、中国との関係とＡＳＥＡＮとの関係のどちらに比重をかけるのかについて、議論があったように思われる。まず、中国との関係については、これを基本的には平和五原則に基づく「一般国際関係」と位置づけながらも、ともに共産党支配を堅持する「残存社会主義国」としての関係の発展を期待する傾向が、九一年一一月の国家間関係正常化の時点で皆無であったとはいいきれないように思われる。そして、ベトナムのＡＳＥＡＮへの接近による東南アジアの一体化を、中国が潜在的にはあまり歓迎していないことを計算に入れれば、「全方位外交」とはいっても、近隣の中国とＡＳＥＡＮのどちらとの関係をより重視すべきなのかという議論があっても不思議ではない。そして、少なくとも中国との関係正常化の直後は、中国との関係発展への期待は、かなり大きかったように思われる。ところが、九二年になると、中国の領海法の制定や南シナ海（ベトナムでは東海＝ビエンドンという）の島々をめぐる紛争などによって、この中国への期待感は急速に冷却してしまった。これに対して、ASEANとの関係は、九二年七月に正式オブザーバーの地位を得るなど、比較的順調に発展し、このことが同年末までには、ベトナム共産党指導部に、ASEANとの関係を重視するという判断を与えることになったと思われる。このことは、同年一二月の国会で行われた政府の外交報告（非公開）の、ASEANと中国へ論及を対比すると明瞭である。

「まず第一に、ASEAN諸国との関係を強化し、ASEAN組織のオブザーバーとして地域協力の各機構に参加し、ASEAN諸国の一部との間にある諸問題を積極的に速やかに解決し、ASEAN組織との長期的な、ますます緊密な協力姿勢を明示するように努めなければならない。」

「中国に対しては、一面では、高級レベルの合意とすでに調印された諸議定書の、ますます厳正かつ十分な実現を促進することが望ましい。他面では、国境、領土、その他に関して過去に存在し、また新たに発生した問題を解決するための交渉を、わが国の主権と利益を守ることを基礎として促進する。経済関係、正式の商業関係を促進し、密貿易に対抗して、国境貿易を秩序あるものとする。」

このようなベトナムの姿勢は、ASEANとの関係をより促進する材料となった。ベトナムのASEANに対する最大の期待が、その躍進する経済力と結びつくことによって、ベトナムの経済成長を促進することであったとすれば、一九八〇年代を通じて経済力を身につけたASEAN諸国の側にも、「未開拓の市場」としてのベトナムを取り込むことへの強い関心が存在していた。九四年の時点では、ASEANは、ベトナムの輸出の三〇〜四〇％を吸収し（シンガポールなど、そこからの再輸出を含めて）、ベトナムに対する外国投資の一五％を供給する地位を占めるに至っている。これに加えて、ＡＳＥＡＮの追求してきた地域統合が、成員国家の権限を国際機構に移譲するのではなく、個々の国家の主権の相互尊重を原則としてきたことも、ベトナムの参入を容易なものとしたといえよう（岡部達味編、一九八七。山影進、一九九一）。この結果、ベトナムとＡＳＥＡＮとの関係は、観察者の予想を越えて急速に進展することになり、九四年七月のＡＳＥＡＮ外相会議は、ベトナムのＡＳＥＡＮ正式加盟を歓迎する意思を表明し、九五年には実現の見通しとなった。

もっとも、ここで注意すべきことが二つある。一つは、このベトナムのＡＳＥＡＮ接近を、中国への対抗策と見てしまうのは、事態を単純化しすぎるという面である。確かに、一九九一年以後の中国との関係が、順調に発展しなかったことが、ベトナムのＡＳＥＡＮ接近に拍車をかけることにはなったのだが、他方で、ベトナムは、そのＡＳＥＡＮ接近が中国に対抗するための東南アジアの一体化と中国から見なされて、中国を過度に刺激することを望んでいないように思われる。これは、七〇年代末以降の中国との関係に関するベトナム側の「反省」に関連している。この「反省」とは、中国が「覇権主義的」であることは事実としても、それをベトナムに戦争を仕掛けるまで怒らせてしまったのは、重大な誤りで、「北方の巨人」＝中国との全面的な対立関係にあっては、小国ベトナムは、国内的にも国際的にも身動きができない状態に置かれてしまい、そのような状態はベトナムにとってなんの得にもならなかったという「反省」である。

ベトナムが、中国の「覇権主義」に対する、東南アジアの「防波堤」であるという議論は、中越両国が対立関係にあった一九八〇年代にしきりに強調していた論理であるが、今では、このような議論は、ベトナムの公式の発言からは姿を消している。ベトナムが使用する「東南アジア」という概念には、八〇年代には、「反中国」ないし「非中国」という意味がこめられていたが、九〇年代には、このような色彩は影をひそめるようになり、ベトナムは、ある意味では、中国に対する自らの「周縁性」を認めながら、自分を東南アジアの中に位置づけようとしているのである。この点では、中国の江沢民国家主席のベトナム訪問に際して、九四年一一月二二日に発表された共同声明で、「中国側は、ベトナムとASEANとの間の関係の新しい発展を歓迎する」ことがうたわれ、ベトナムのASEAN加盟に中国が青信号を出してくれたことは、ベトナムにとってきわめて歓迎すべきことであったといえるだろう。

したがって、ベトナムが自らを「地域国家」として世界に登録しようとしているという時、「地域」の外延は、東南アジアが唯一の回答であるわけではないことに、注目しなければならない。ベトナムが、その経済発展と、それを保障する平和な国際環境を手にするためには、東南アジアと中国をともに包摂した、西太平洋、ないしアジア・太平洋という範囲で、安定した国際秩序が形成されることがより望ましいわけで、これが、近年のベトナムが東南アジアという地域性を強調する一方で、アジア・太平洋という地域概念をも強調している理由となっている（白石昌也、一九九三B）。

もう一つの問題は、インドシナという地域性の問題である。この地域性を、冷戦時代に形成された三国の閉鎖的な同盟関係と見れば、そのような意味でのインドシナという枠組みへのこだわりを、ベトナムはすでに放棄していると見るべきであろう。もっとも、このような見解には、反論がありうる。それは、ラオスとの関係では、依然として「特別な関係」という概念が強調されていることから生まれうる反論である。これは、一九九三年五月の国連監視下の総選挙の結果発足したカンボジア新政権との間では、もはや「特別な関係」という概念が使用されなくなっていることと対比すると目立つ相違であり、一見すると、インドシナ三国の「特別な関係」という同盟論的な発想が、共産主義者の支配が継続しているラオスとの間には維持されているように見える。

ベトナムは、カンボジア問題で譲歩の姿勢を明らかにする八〇年代後半以降は、この「特別な関係」という概念をあまり強調しないようになった。もっとも、ベトナムがこの用語を公式には放棄していないことは、ドイモイが提起された一九八六年のベトナム共産党第六回大会、および九一年の第七回大会でも、インドシナ三国の関係を表現するのに、「特別な」という形容詞が引き続き使用されていることにうかがわれる。

しかしながら、「特別な関係」という概念の中身は、かつてのようなインドシナ三国の閉鎖的な同盟関係から大きく変化してきていることに注目すべきであろう。このことを、一九九三年一一月のベトナム・ラオス共同声明では「両国間の特別な連帯関係と全面的な協力をたえず発展させ、刷新し、効果を高める」と表現しているが、「特別な関係」の「刷新」の主なポイントは、これが、閉鎖的な同盟関係ではなく、より開放的な関係とする点にあるように思われる。この共同声明でも、「両者は東南アジア地域諸国の関係の新しい発展を歓迎し、ベトナム、ラオスそれぞれのＡＳＥＡＮ加盟国およびＡＳＥＡＮ全体との関係の進展を満足の意をもって確認し、これらを平和・安定・友好・協力の東南アジアの建設への重要な貢献と見なす」ということがうたわれている。このような意味の「特別な関係」であるならば、現在アジア開発銀行が促進を構想している中国の雲南・ビルマ・ラオス・タイ・カンボジア・ベトナムのサブ地域協力などとも、ほとんど矛盾しないといってよいだろう。

インドシナという枠組みは、ベトナムの近現代史においては、ベトナムの安全保障（ないし外敵に対する抵抗戦争）の枠組みであると同時に、ベトナム人に、ベトナム自身の多元性を自覚させる枠組みであった。前者が、ベトナムの安全保障観の変化によって、あらゆる問題をさしおいてこだわるべき問題ではないと考えられるようになったとすれば、後者の面は、ベトナムが東南アジアの「地域国家」になるということで、その歴史的使命を達成したともいえるだろう。それでは、もはやベトナムにとってインドシナという枠組みは、無用の歴史的遺物であるかといえば、問題はそれほど単純ではない。メコン河の開発や道路網といった問題を取り上げても、インドシナという枠組みが問題にならざるをえない構造が、この地域には存在しているのである。インドシナという地域概念を、インドシナ戦争の初期の時期のような開放的なものとして再定義し、ベトナムが、この地域の中での中心性にこだわらなくなると同時に、カンボジアなどでも、諸政治勢力が自らの「反ベトナム性」を競うような構造から脱却しうるならば、インドシナという枠組みは、東南アジアのサブ地域として有効な役割を果たしうるように思われる。

以上のような意味で、現在ベトナムは、自らを東南アジアの「地域国家」として位置づける道を歩んでいる。これは、ベトナムが、伝統的には自らを中華世界の一員と考え、周辺の東南アジアと自らの相違を強調していたことからすれば、歴史的転換であった。もっとも、筆者の考えでは、この選択は、二〇世紀のベトナム近現代史の必然的な帰結であったようにも思われるのである。しかしだからといって、この選択は、ベトナムが直面しているあらゆる問題の解決につながるわけではない。まず、ベトナムのASEAN加盟を含めて、その東南アジアへの定位自体が、冷戦期のしこりやベトナムの経済水準を考えれば、必ずしも楽観視はできない。これに加えて、東南アジアの「地域国家」という選択は、次のような問題をはらんでいるように思われる。

第一に、ベトナムの「地域国家」化は、社会主義の人類普遍的な価値が揺らいでいることへの対応ではあるものの、なんらかの意味でベトナムが普遍的な世界文明に連なる必要を否定したものではない。むしろ、ベトナムの焦眉の課題である経済発展の達成にとっても、このことは不可欠であるからこそ、対外経済開放が唱えられているのである。また、現在ベトナムで唱えられているASEANへの積極的加盟論には、東南アジアという地域的個性へのベトナムの合流を説く論調とともに、地域統合、地域的経済協力が、冷戦後の世界の普遍的方向であり、この人類的普遍性にベトナムが合流する道がASEAN加盟なのだという、普遍主義的解説も多く見られる（白石昌也、一九九四B）。

一つの問題は、社会主義陣営が崩壊した今日、人類的普遍性をどのように定義するのかという点にある。具体的には、「自由と民主主義」という西洋的資本主義文明以外に、世界的文明が存在しているのかどうかという問題である。世界文明＝西欧的資本主義文明という前提のもとでは、世界文明への合流の主張は、「全面的欧化論」となってしまって、ベトナム国内での大衆的基盤を確立できない可能性がある反面、国家体制の側の「地域国家」の自己主張も、こうした普遍性に立脚した人権問題などでの外圧を、依然として権威主義的政治体制をとる国の多い東南アジアとの一体化という、個別地域性の主張によって軽減しようとする、防衛的で、創造性に乏しいものに堕してしまう危険性をはらんでいるといえよう。

第二に、「地域国家」化と並行して、支配イデオロギーという面でのナショナリズムの強調がベトナムでも目立つようになっているが、これも万能の処方箋ではない。ナショナリズムとの一体化は、共産党権力の維持の方策としてはそれなりの有効性をもち、共産党の国民政党化、党＝国家体制から権威主義体制への政治体制の移行を促進することになっているのは間違いない。しかし、共産党にとっての最大の問題は、このような方向の担い手がなぜ共産党でなければならず、また社会主義という看板を掲げて行われなければならないのかを説明する、説得的な論理がないことであろう。「ホーチミン思想」を掲げるベトナム共産党にとって、ホー・チ・ミンの存命中の憲法には、共産党を指導政党とするといった規定はなく、国名も社会主義共和国ではなく民主共和国であったのだから、これを復活すべきだといった主張に、説得力のある反論をするのは、きわめて困難な課題である。「ホー・チ・ミンにとっては社会主義の優位は自明の理だったので、あえて社会主義を強調しなかったのだ」という、共産党イデオローグの議論は、逆に、社会主義の優位の自明性が崩壊したことへの危機感がにじみでていて、上述のような主張への有効な反論にはなっていないように思われる。

第三に、「ホーチミン思想」の明記に見られるような、社会主義とナショナリズムの一体化、「民族伝統」の再評価の際に、どうしても多民族国家ベトナムの多数民族であるキン族中心主義的な発想が生まれやすいという問題がある。このような方向に事態が進むと、ベトナムの民族的構成の多元性の承認という、最近の民族政策の基本的方向も台無しになってしまい、逆に、キン族民族主義に対抗する形での少数民族の民族主義の高揚を招く恐れは十分に存在する。このような文化面での問題が、市場経済化のもとでの格差の拡大と重なれば、ベトナムでも民族的紛争が表面化する可能性は十分にある。その際、「ベトナム社会主義」は、かつての人類普遍的とされた社会主義ほどには、個別民族の自己主張を封殺する力はもっていないわけで、紛争がより深刻なものとなる危険性もあると思われる。

いずれにせよ、ベトナムが「地域国家」として、ベトナム自身と世界に向かって、何を創造していくのかは、これから二一世紀にかけての歴史の展開の、一つの興味深い問題であり、その歩みには、いまやベトナムの最大の輸出相手国であり、援助供与国である日本のベトナムとの関わりかたも、大きな影響を与えると思われる(稲田十一、一九九三)。

補論

一つの世界の中のベトナム

――『ベトナムの世界史』刊行後二〇年

ハノイ市内の幹線道路交差点の立体交差化（2013 年 8 月撮影）

年 表

1995年　ベトナム，米国と国交正常化
　　　　ベトナム，ASEANに正式加盟
1997年　タイビン省で大規模な農民騒擾発生
1998年　第1回ベトナム学国際会議，ハノイで開催
　　　　ハノイで，ASEAN首脳会議開催
1999年　レ・カー・フィェウ共産党書記長訪中，「16文字の指導指針」
　　　　カンボジアがASEAN加盟，ASEAN10実現
　　　　米越通商協定調印延期
　　　　中越陸上国境協定調印
2000年　米越通商協定調印
　　　　クリントン米大統領，ベトナム訪問
　　　　中国とトンキン湾領海協定調印
2001年　ベトナム共産党第9回党大会，「社会主義志向市場経済」を提唱
2002年　成田―ハノイ直行便就航
2006年　日本とベトナム，「戦略的パートナーシップ」をめざすことを合意
2007年　ベトナム，WTO加盟
2011年　ベトナム共産党第11回党大会，綱領を改定
2014年　中国，ベトナムと係争中のホアンサ（西沙）群島付近の海域に石油掘削リグを設置，中越関係緊張
2015年　グエン・フー・チョン共産党書記長訪米
　　　　ASEAN共同体発足（予定）

はじめに

本書の初版が刊行されたのは一九九五年で、原稿はベトナムのＡＳＥＡＮ加盟実現前夜に書かれている。本書は、筆者のベトナム史のとらえ方を、最も明瞭に示したものだったが、そこでは次のような歴史像が描かれていた。

中華文明という普遍的な文明を体現した「普遍国家」として世界に自らを位置づけていたベトナムは、フランス植民地支配によって、伝統的な中華世界から切断され、ラオス・カンボジアとともにフランス領インドシナ連邦に組み込まれるなど、周辺の東南アジア世界との関わりを強めていく。一九四五年に独立を宣言したベトナム民主共和国が、自らを東南アジアの「地域国家」として位置付けていたのは、こうした流れの延長にあった。しかし、フランス、ついでアメリカという大国を相手とした民族解放戦争を戦わざるをえなかったベトナムは、その個性を抑えても、自らが人類普遍の社会主義を体現する「普遍国家」であることを強調することで、ソ連や中国などの社会主義陣営の支援を確保する必要にせまられた。こうしてベトナムは、ドイモイの開始後、冷戦体制とソ連・東欧における社会主義体制の崩壊という事態の中で、人類普遍の社会主義を体現した「普遍国家」から、東南アジアという地域の中に自らを位置づける

「地域国家」にふたたび変貌しつつある。こうしたベトナム史の概観を、『ベトナムの世界史』は行っている。

これは、ベトナムのＡＳＥＡＮ加盟が実現する一九九五年までのベトナム史の概観としては、今なお有効な議論だと考えているが、すでにこの本が出版された九五年から二〇年の時間が経過している。この間、ベトナムは、二〇〇七年のＷＴＯ加盟に象徴されるように、世界経済への一体化を強め、その中で比較的順調な経済発展を持続し、二〇〇八年には国民一人あたりのＧＤＰが一千ドルを超えて、貧困国から中進国（中規模収入国）になるなど、大きな変貌をとげた。政治体制では共産党の一党支配が持続はしているものの、市場経済が定着し社会全体が深い大規模な変化の過程にある。

ここでは本書の「補論」として、『ベトナムの世界史』で行っている、ドイモイ開始以降のベトナムのナショナル・アイデンティティの変化を、人類普遍の社会主義を体現した「普遍国家」から、東南アジアという地域の中に自らを位置づける「地域国家」への変貌ととらえる把握が、その後二〇年あまりでベトナムが大きな変化を遂げた今日依然として有効かどうかを、検証してみたい。

一　ＡＳＥＡＮの中のベトナム

まず、ベトナムとＡＳＥＡＮの関係を検討する。一九九五年にＡＳＥＡＮに加盟したベトナムは、いまではその成員として安定した地位を保っており、ベトナムがＡＳＥＡＮの一員であり、「東南アジアの地域国家」であるという見方も、常識化している。二〇一三〜二〇一七年のＡＳＥＡＮ事務局長は、レ・ルオン・ミン（Le Luong Minh）という、ベトナムの外交官だが、これは、ベトナムがＡＳＥＡＮにとっては異質な新参者で、英語が達者な人は外交官の中でも少ないので、ＡＳＥＡＮの活動をまともに担えるかどうかが懸念されていた、一九九〇年代半ばの状況に比べると、隔世の感がある出来事である。

ベトナム自身も、自らのＡＳＥＡＮ加盟の意義を高く評価している。二〇〇五年に刊行された『ベトナム外交 1945〜2000』は、公式の外交史だが、そこではベトナムのＡＳＥＡＮ加盟は、次のように評価されている。

「ベトナムがＡＳＥＡＮの正規加盟国となったことは、東南アジアにおける国際関係の大きな歴史的転換であり、東南アジアにおける平和、安定、協力、発展、共栄の趨勢を促進する重要な地域組織としてのＡＳＥＡＮの役割と地位を強化させた。ベトナムのＡＳＥＡＮ加盟は、地域全体の発展の中でのベトナムの発展にとって有利な地域環境を形成するのに貢献し、東南アジアおよび国際舞台でのベトナムの地位と役割を高め、世界のその他のパートナーとの関係を拡大するのに有利な状況をつくりだした。正式なメンバーとしてベトナムは、ＡＳＥＡＮの各プロジェクト、共通の活動に十全に参加しており、コンセンサス、相互内政不干渉という原則を基礎とした、ＡＳＥＡＮ内部の団結、一致、協力の強化に、積極的に貢献している。」（Nguyen Dinh Bin 2005, p. 351）

この引用にもみられるように、ベトナムにとってのＡＳＥＡＮ加盟の意義は、次の四点にまとめることが可能だろう。

まず第一に、ベトナムはＡＳＥＡＮに加わることによって、東南アジア地域の一体化＝ＡＳＥＡＮ10の実現を促進し、ＡＳＥＡＮの国際的地位を高め、自らの経済発展に不可欠な平和な国際環境と、中国の台頭などにもかかわらず相対的に安定した安全保障上の環境を手にすることができた。

第二に、ＡＳＥＡＮ加盟は、ベトナムのＡＰＥＣやＷＴＯへの加盟、東アジア共同体構想への参画など、ベトナムの国際的地位の向上に貢献した。

第三に、ＡＳＥＡＮはベトナムに経済発展のモデルを提供するとともに、ＡＳＥＡＮ自身の自由貿易圏に加えて、ＡＳＥＡＮを軸とする自由貿易圏が多角的に形成されたことにより、それに参加したベトナム経済のグローバル化を促進することになり、ベトナムの経済発展に貢献した。

第四に、ＡＳＥＡＮ10の実現は、ＡＳＥＡＮ内部に先発国と後発国の格差という問題を持ち込んだが、ＡＳＥＡＮがこの格差是正をＡＳＥＡＮ共同体実現のためには克服しなければならない課題としていることは、ベトナムに後発国の「牽引役」というＡＳＥＡＮ内部での明確な役割を与えることになり、メコン圏開発など新たなチャンスをベトナムにもたらしている。

経済面で見ると、ベトナムの輸出に占めるＡＳＥＡＮの比率は、二〇一〇年現在、輸出総額の約一四・三％で、米国、ＥＵに次ぐ第三の輸出相手である。外資依存の輸出指向型工業化政策を採用し、類似した経済構造をもっているために、域内貿易が発展していないことがしばしば問題視されるＡＳＥＡＮだが、近年のベトナムの輸出入における東南アジアの比重は、「東南アジアの中のベトナム」が貿易面でもある程度実体化していると評価してよいだろう。

ＡＳＥＡＮは、二〇〇八年に発効したＡＳＥＡＮ憲章に基づき、二〇一五年のＡＳＥＡＮ共同体の発足をめざして、その統合の度合いを増そうとしている。このＡＳＥＡＮ共同体の中では、「単一の市場」と「単一の生産基地」をめざすＡＳＥＡＮ経済共同体が中核的な意味をもっている。このＡＳＥＡＮの経済統合の深化に対するベトナム国内での議論では、試練もあるが統合に主導的に対応することによって生まれるチャンスのほうが大きいという見方が大勢を占めている（Nguyen Van Ha, 2013 など）。

ＡＳＥＡＮ経済共同体の発足がベトナムにもたらすであろう試練として、しばしば指摘されるのは、ベトナム産品が十分な競争力をもてるのか、産業集積が一部の国に集中する可能性がある中で、ベトナムでの産業集積がどこまでできるのかという問題で、例としてＡＳＥＡＮ共同体がスタートすると、幼稚な段階にあるベトナムの自動車産業は大きな打撃を受けるのではないかといった議論がある。これに対しては、自動車産業だけをとりあげて、ＡＳＥＡＮ共同体の「勝ち組」「負け組」を論ずるべきではなく、またベトナムの自動車産業も、長期的には自由化による効率化が期待されるという反論もなされている（稲垣、二〇一五など）。

また、より根本的な問題として、国内資本形成が遅れ民族資本の発展も欠いているベトナムなどのＡＳＥＡＮ後発国にとっては、多国籍企業が主導するグローバル・バリュー・チェーンのガバナンスへの対応は、きわめて困難な課題である。この点では、インフラの未整備、低い生産基盤と技術水準、国際競争力の欠如といった問題を抱えるＡＳＥＡＮ後発国に対しては、こうした開発格差に十分配慮した援助や協力が必要であり、アジア太平洋地域で構想されている自由貿易構想では、米国主導のＴＰＰ（環太平洋経済連携協定）にはこうした発想がないのに対して、二〇一一年の第一九回ＡＳＥＡＮサミットが提起したＡＳＥＡＮ＋６から成る広域経済圏構想である東アジア包括的経済連携構想（ＲＣＥＰ）には加盟国の発展段階への配慮があるという指摘もある（西口・西澤、二〇一四、三一頁）。もっとも、ベトナム自身は、対米輸出拡大に期待をもってＴＰＰ構想にも前向きに臨んでいる。

ＡＳＥＡＮ共同体の発足は、政治面でもベトナムに新しい課題を提起している。新しいＡＳＥＡＮのありかたをめぐっては、インドネシアやフィリピンなどの先発国からは、民主主義や人権などの普遍的規範の重視や、ＥＵをモデルにした組織・意思決定方式の導入が主張されたのに対し、ベトナムを含む新規加盟国は、主権尊重・内政不干渉・コンセンサスといった従来のASEAN Wayの墨守を望む立場をとり、その結果、憲章は中途半端なものになっていることが指摘されている（山影、二〇一一）。

ASEAN Wayは、ベトナムのような異質な政治体制をもつ国家がＡＳＥＡＮに加盟するには重要な意味を持ったことから、ベトナムではなおその重要性を強調し堅持を重視する議論が多いことは事実だが、そのままではＡＳＥＡＮの共同体の深化がはかれないことを指摘する声も出されている。例えば、社会科学アカデミーの東南アジア研究所の所長のグエン・ズイ・ズン（Nguyen Duy Dung）氏編の二〇一二年に出版された本では、次のような指摘がなされている。

「これらの原則は、政治、経済、文化、社会の協力を促進するのには貢献してきた。しかし、ＡＳＥＡＮの統合と協力の過程がより高い水準へと移行しはじめると、新しい不一致が発生することは避けられない。ＡＳＥＡＮがこうした原則を掲げたのは、初期においては、経済発展の水準が異なる国々すべてを、一つの協力の枠組みへと結集するのに貢献したからである。実際にも、これらの原則は、協力と統合が低い水準にあった、相対的に短い期間のみ効果を発揮したのである。これらの原則そのものは、参加者を法的に拘束する基礎にはなりえず、必要な強制措置がないため加盟国の勝手な振舞いと、地域機構としての「無力」という状況を導くことになる。」(Nguyen Duy Dung 2012, pp. 82-83)

二〇一四年五月に、ベトナムと中国の間で領有権をめぐって対立のある南シナ海（ベトナムは東海と呼ぶ）のホアンサ（西沙）諸島近海の、ベトナムが排他的経済水域と主張している海域に、中国が石油掘削リグを設置したことは、ベトナムからの強い反発を引き起こし、従来は抑止されていた大衆的な中国への大衆的抗議行動が、一時的ではあったが容認され、対中批判の声を直接あげることがなかった共産党も、強い抗議の姿勢を示すなど、それまでのベトナムの動きとは質的に異なる動きがあった。

この南シナ海をめぐる情勢の緊迫に際して、五月にミャンマーで開催されたASEANの外相会議と首脳会議は、深刻な懸念を表明し、関係国の自制と紛争の平和的解決、および南シナ海の係争当事国の行動宣言の完全な履行と行動規範の早期策定を呼び掛けた。これは、二〇一二年のカンボジアで開催されたASEAN外相会議では、南シナ海問題をめぐるASEAN内部の意見の対立から共同声明が出なかったこと（この出来事は、ベトナムで、ASEANのコンセンサス方式の限界を指摘する声が広がる契機となった）に比すると、中国のあまりに強硬な姿勢が、ASEAN諸国を結束させる結果を招いたもので、ベトナムにとっては、安全保障面でのASEANの一員であることの価値を明示した出来事だったといえよう。

しかし、中国がより強硬な動きに出て、それに反発する米国が対抗措置をとるなど、東南アジアをめぐる米中の対立がより激化するような事態になると、ＡＳＥＡＮ内部に自らの安全保障を大国に依存して維持しようとする傾向を生み、ＡＳＥＡＮの分裂に至らざるをえない懸念は存在している。ベトナムのグエン・タン・ズン首相が、二〇一三年にシンガポールで開催されたシャングリア会議で、「われわれは、地域の平和と繁栄を築くために、すべての国と効果的に協力する、団結した力強い、一つのＡＳＥＡＮが必要なのであって、成員各国が、諸大国との関係で、自らの個別的利益のために、こちらについたり、あちらについてたり、選ばなければならないようなＡＳＥＡＮを望んでいるわけではない」と強調しているのも、こうした懸念をふまえてのことであろう（Nguyen Tan Dung. 2013、なお近年の中国の台頭に対するＡＳＥＡＮの動向については、佐藤、二〇一二、黒柳、二〇一四参照）。

二　残存社会主義同盟論からパートナー外交へ

本書の第六章では、九〇年代初頭の中国との関係正常化の時期に存在した「残存社会主義国」との同盟という発想が、その後急速に克服され、ベトナムのＡＳＥＡＮ加盟に向かっていったとしているが、ベトナム外交の実際の展開からすれば、実際には九〇年代いっぱいまでは、まだ冷戦時代の「二つ世界」観と社会主義国との関係を重視する考えが、なおベトナム共産党内部で、少なからぬ力をもっていた（白石、二〇〇四、中野、二〇〇六、Elliot, David W., 2012）。

この「残存社会主義同盟」論とでもいうべき発想が、ベトナム共産党指導部の間で台頭したのは、東欧における社会主義体制が崩壊し、ソ連も動揺を強めていた、一九九〇年のことだった。この年の九月、ベトナム共産党書記長のグエン・ヴァン・リンと、ファム・ヴァン・ドン元首相らが、中国の成都で江沢民ら中国指導部と秘密裏に会談し、中越関係の正常化とカンボジア問題の解決について話し合った。この際、カンボジア問題に関して浮上したのが、中国が後押しするポル・ポト派と、ベトナムが支援するヘン・サムリン派の協力で事態の解決をはかる、俗に「赤い協力」と言われる方式だったが、これにとどまらず、ベトナム側からは、ソ連・東欧における社会主義体制の動揺・崩壊をふまえ、残存している社会主義国の連帯強化に中国が中心的役割を果たしてほしいという要請がなされたと言われている。この「残存社会主義同盟」論には、中国側は冷淡だった。それは、ベトナム共産党指導部には、ソ連・東欧に続いて中国でも社会主義体制が崩壊するような事態が起これば、ベトナムの社会主義はもたないだろうという判断があったのに対し、中国には、そのような発想はなく、「中国的社会主義」の建設にとっては、他国の動向は大きな影響をもたないと考えていたからだと思われる。結果として、九一年の中越関係の正常化は、本書第六章でも指摘したとおり、「社会主義兄弟国」関係の復活ではなく、平和五原則という通常の国家間関係の論理による関係正常化として実現することになった。

中国が「残存社会主義同盟」に消極的であったことは、ベトナムのASEAN接近を促進することになった。また、カンボジア問題の「赤い解決」の浮上は、カンボジアのフン・セン首相らの強い反発を招き、カンボジア人民党（九一年に人民革命党から改称）のベトナム離れ、社会主義離れを促進し、結果として、ベトナムの安全保障にとって重要な意味をもつカンボジアとの関係に、社会主義という論理が介在しにくい構造もつくりあげることになった。

しかし、世界は帝国主義と社会主義という、対立する「二つの世界」から成り立っており、帝国主義への警戒を怠るべきではないという発想は、その後も何度か台頭することがあった。ASEAN加盟の最終局面でも、共産党政治局という最高指導部には慎重論が残っていたといわれ（Nguyen Van Tuan, 2008）、また九九年九月には、ほぼまとまりかけていた米越通商協定調印が、直前になってベトナム共産党政治局内から異論が出て延期されたという出来事が発生した。同年には、ベトナム共産党書記長のレ・カ・フィエウ共産党書記長の訪中で、中越関係が「善隣友好、全面協力、長期安定、未来志向」という一六文字に定式化され（中国側の定式では「長期安定、未来志向、善隣友好、全面協力」と語順が異なっている、栗原、二〇〇一五、七—八頁）、中越間の陸上、海上の国境画定条約締結の見通しがたつなど、中国との関係強化が目立つ時期だった。しかし、こうした時期にも、中国側は、「残存社会主義同盟」的発想には依然冷淡であり、また大国として台頭する中国への警戒心が、在外ベトナム人の扇動もあって、ベトナム国内でも大衆的に広がるようになり、ベトナム共産党・政府にとっても、中国との「過度」の友好は強調しづらくなった面もあった。二〇〇〇年には、遅れた米越通商協定調印も実現し、クリントン大統領が、米国大統領としてはベトナム戦争後はじめてベトナムを訪問するなど、「帝国主義」への警戒が、ベトナム外交の基調を揺るがすようなことにはならなかった。

むしろ、九〇年代末に起きたアジア通貨危機は、ベトナムをいっそうグローバル化と地域統合へ向かわせることになった。二〇〇一年に開催されたベトナム共産党第九回党大会では、ベトナムを世界経済、地域経済に「主導的」に統合させる必要性が強調された。この党大会では、ベトナムの経済が「社会主義志向市場経済」であるという規定が登場したが、これは、それまでのような、国民経済の内部に、国営経済のような社会主義的セクターと、個人経済や資本主義的経済などの民営の非社会主義的セクターが並存しているという考え方から、民営経済を含め「社会主義志向市場経済」の構成要素と見なす考え方への転換を示すものだったが、このベトナムの「社会主義志向市場経済」は、「社会主義世界経済」ではなく、グローバル化のもとでの統合度を高めている単一の世界経済の一部を構成するものと考えられるようにもなったわけである（古田、二〇一一）。

こうした変化をふまえて、外交政策の転換が明瞭になったのは、〇三年七月に開催された共産党第九期第八回中央委員会総会だった。この総会では、米国や中国を含む大国との関係について、「各国のわが国に対する利益を互いに織りあわせて、対立、孤立、あるいは隷属といった事態に陥らないようにする」という発想から、イデオロギー面での「友と敵」という論理ではなく、課題や局面ごとの「パートナー」という論理で大国との関係を律していくことを確認し、米中日などの大国の影響力をうまくバランスすることで、ベトナムの自律と安全を確保するという外交方針、つまりは「二つの世界」の「友と敵」という発想からの最終的な転換を行ったのである（Nguyen Hong Giap, 2005）。

「二つの世界」観から脱却し、グローバル化を強める「一つの世界」へベトナムを結び付けていくという方針は、〇七年のベトナムのＷＴＯへの加盟によって、より決定的になったといってよいだろう。

二〇一一年に開催された共産党の第一一回党大会では、九一年の第七回大会で採択された綱領の改定が行われた。この改定には、この二〇年間のベトナム共産党の国際観の変化が、よく示されている。

九一年綱領は、ベトナムの社会主義建設をめぐる国際環境の特徴を、次のようにまとめている。「時代の現在の段階の顕著な特徴は、平和・民族独立・民主・社会進歩のための各国人民の階級闘争、民族闘争が、激しく複雑に展開されているということである。社会主義は、現在、多くの困難、試練に直面している。世界の歴史は曲折を経ている。しかし、歴史の発展法則に従って、人類は最後には必ずや社会主義へと到達するであろう。」(Dang Cong San Viet Nam 2005, p. 314)

この部分は、新しい二〇一一年綱領では次のような文章になっている。「時代の現在の段階の顕著な特徴は、社会制度や発展段階の異なる国々が共存し、協力しつつ、国家、民族の利益のために激しく闘争し、競争していることである。平和・民族独立・民主・社会進歩のための各国人民の闘争は、多くの困難と試練に直面しているが、必ずや新たな発展をみせるだろう。歴史の進化の法則に従い、人類は必ずや社会主義に到達するであろう。」(一一年綱領は、ベトナム共産党ホームページによった、URLは巻末参考文献リスト参照)

新綱領は、人類が社会主義へと到達するであろうという展望は九一年綱領から継承しているが、現代の基本的な特徴を、階級闘争や人民闘争ではなく、国家間の共存、協力と闘争、競争に置いている点で、九一年綱領とは異なる書き方になっている。

また九一年綱領では、世界で「社会主義と資本主義の矛盾が激しく展開されている」(上掲書、p. 313)

という、「二つの世界」観を示す箇所があったが、新綱領では、「時代の現在の段階の顕著な特徴は、社会制度や発展段階の異なる国々が共存し、協力しつつ、国家、民族の利益のために激しく闘争し、競争していることである」という、多様な国々の共存、協力と競争という考え方が示されている。

外交政策に関して九一年綱領は、「外交政策の目標は、社会主義に前進する祖国の建設と防衛に有利な国際的条件を整え、平和、民族独立、民主、社会進歩のための世界人民の共通の事業に貢献することである。」(上掲書、p. 326) としていた。これに対して、二〇一一年綱領のこれに相当する部分は、「国家と民族の利益、富強の社会主義国ベトナムのために、独立、自主、平和、協力、発展の対外路線を一貫して実現し、主導的、積極的に国際的統合に参与し、国の国際的地位を向上させる。国際共同体の信頼すべき友人、パートナーとなり、世界の平和、民族独立、民主、社会進歩の事業に貢献する」となっている。新綱領では、「人民闘争」という観点をはずし、国家の外交政策という色彩をより強めたうえで、国際的統合への積極的関わりを重視しているわけである。

この部分に続けて、九一年綱領は、「政治・社会体制の相違にかかわらず、平和共存の諸原則の基礎上にあらゆる国々と平等、互恵の協力を行う」(上掲書、p. 326) としている。これは、第七回大会での「全方位外交」への転換を反映した部分で、この一節はそのまま今回の改定案にも継承されている。九一年綱領は、この一節に続けて、「社会主義各国、インドシナ半島の兄弟国との伝統的な友好、協力関係をたえず強化し、発展させる」(上掲書、p. 326) という文章があったが、この部分は今回の改定案では削除された。二〇一一年綱領の外交政策の部分で、具体的な国名、地域名があがっているのはＡＳＥＡＮだけで、「ＡＳＥＡＮ諸国とともに、東南アジアが平和、安定、協力、発展繁栄の地域となるよう奮闘する」としている。

「社会主義各国」との関係重視という表現がなくなったのは、「二つの世界」の「友と敵」という考え方からの訣別を示している。また、ラオス・カンボジアに関しては、八〇年代までは「特別な関係」で結ばれた「兄弟国」という位置づけがなされていた。現在のベトナムにとっても、この両国は、安全保障上きわめて重要な意味をもっているが、「社会主義兄弟国」という論理は使用されなくなっている。ラオスとの間では、「特別な関係」という表現が引き続き使用されているが、カンボジアとは王国の復活以降は「伝統的友好関係、全面的協力関係」という表現が使用されるようになっている。さらに、両国との関係は、ＡＳＥＡＮ内の後発国（ＣＬＭＶ）の連携という、ＡＳＥＡＮの枠組みの中での協力という位置付けができるようになったことが、「インドシナ半島の兄弟国」という表現が、綱領からなくなった要因として考えられよう（レ・ボ・リン、二〇一一、一八四―二〇五頁）。これにかわって、ＡＳＥＡＮへの言及が綱領に入ったことは、「二つの世界」観を脱却して、「一つの世界」への統合を積極的に志向するようになったベトナムにとって、ＡＳＥＡＮの一員、「東南アジアの地域国家」であることがもっている重要性を、象徴的に示していると言ってよいだろう。

こうした外交政策を反映して、ベトナムは、主要な国々との間の「戦略的パートナーシップ」の形成を重視している（ヴー・ティエン・ハン、二〇一二、白石、二〇一四）。「戦略的パートナーシップ」の合意は、ロシア（二〇〇一年）、日本（合意〇六年、確認〇九年）、インド（〇七年）、中国（〇八年）、韓国（〇九年）、イギリス（一〇年）、ドイツ（一一年）、イタリア、タイ、インドネシア、シンガポール、フランス（以上、一三年）などに広がっている。また、米国とは一三年に「全面的パートナーシップ」の合意に到達している。近年、中国が大国として台頭し、その南シナ海での領有権などをめぐり強硬な外交姿勢が目立つようになるに伴い、米国との関係を含むベトナムの「全方位外交」には、拍車がかかっていると見るべきであろう。二〇一四年一一月の国会で、グエン・タン・ズン首相は、対中関係を「協力しながら闘争する」と定式化した（栗原、二〇一五、一五頁）が、ここにも「パートナーシップ」外交の基本的な発想が明確に示されているといえよう。

三　ベトナムと東アジア

ベトナムの東南アジアの「地域国家」としての定位が、主に政治・外交・国際関係の領域で進んでいる現象だとすると、文化的な領域では、ベトナムの東アジア性に改めて注目する議論が、二一世紀に入って強まっている。

この東アジア性への注目は、ドイモイ開始後のベトナムにおける伝統の再評価と関係している。「普遍国家」から「地域国家」への転換は、ベトナムの個性への注目ということで伝統に対する再評価に結び付いていた。伝統の再評価は、社会主義の普遍モデルの優位性が強調されていた「普遍国家」時代には、政権によって抑圧されていた、村祭りなど、人々の間に根付いていた伝統が、ドイモイ開始後に抑圧がなくなるに伴って「復活」してきたという、いわば「下から」の再評価と、普遍的な社会主義イデオロギーの求心力の低下の中で、政権がその正統性の根拠をいままで以上にナショナリズムに求めるようになり、自らを「伝統の擁護者」として描き出そうとする、「上から」の伝統再評価の、二つの側面から成り立っている（古田、一九九六C、第七章参照）。

中越戦争直後の中国との厳しい対立があった一九八〇年代には、ベトナムの論壇では、ベトナムの伝統における中国の影響、東アジア性を極力否定し、かわって東南アジア性を強調する傾向が強かった。九〇年代には、こうした傾向は緩和されたものの、依然としてベトナムの東アジア性を強調することをタブー視する雰囲気が残っていた。本書の初版『ベトナムの世界史』は、九八年にベトナムでベトナム語版（Furuta, 1998）が刊行されたが、その際、出版社との間で一番問題になったのが、フランス植民地支配以前のベトナムを論じた第一章の「中華世界の中のベトナム」というタイトルだった。ベトナムの出版社からは、このタイトルは、「ベトナムは中国のもの」という意味に読者に受け取られる可能性があり、そう受け取られると、この本を読もうという人がいなくなってしまう恐れがあるという懸念が表明され、最終的には「地域世界の中のベトナム」というタイトルへの変更を余儀なくされたことがある。

ベトナムの研究者でベトナムの伝統文化の東アジア性の再認識を提唱した先駆的な議論は、一九九四年くらいから散見されるようになったが（Tran Dinh Huou, 1994）、東アジア性を強調する議論が懸念なく展開されるようになるのは、二〇〇〇年代に入ってからのように思われる。ベトナムを代表する大学であるベトナム国家大学ハノイ校が、「東アジア四大学フォーラム」という、東京大学、北京大学、ソウル大学とともに、東アジアという枠組みの中で大学教育を議論するフォーラムに正式に参加するのは二〇〇〇年だが、これはベトナムの論壇の空気の変化を象徴する出来事であったように思われる（古田、二〇一〇A）。

このベトナムの伝統文化の東アジア性の再認識は、現在のベトナムで、伝統の重要性を強調すればするほど、「伝統との断絶」という問題を直視せざるをえないことによって、促進されているように思われる。その最も端的な問題は、ベトナム語のローマ字表記＝クォックグーの定着により、漢字の知識が一般のベトナム人の間では完全に失われているということである。フランス植民地支配が、ベトナムの知識人を漢字から切り離す役割を果たしたこと、ある段階からベトナムの知識人自身がベトナム語のローマ字表記を受け入れ、それをクォックグー＝国語と呼んで言語としての発展につとめたことは、本書第二章でも指摘したとおりである。それでも公文書がフランス語だったフランス植民地時代は、村のレベルでは漢字漢文の知識が温存されていたが、ベトナムの独立以降は、公文書もクォックグーで作成されるようになり、漢字漢文の素養は急速に失われていった。南北分断時代の南ベトナムでは、高校で漢字教育が一部で存続していたが、これもベトナム戦争の終結、南北統一の後に廃止され、ベトナム全土で初等中等教育では漢字が全く教えられないようになってすでに四〇年が経過している。識字人口の増大が課題だった時期には、覚えやすい表記法としてのクォックグーの優位性に対する疑問はあまり提示されなかったが、文字の普及という課題が基本的に達成されると、漢字知識の喪失という「伝統との断絶」に、改めて目が向くようになっているわけである。

漢字知識の喪失は、過去に漢字漢文によって書かれたものを、クォックグーの翻訳がないと読めなくなっているという問題だけでなく、今日なお語彙の六五～七〇％を漢語起源の漢越語が占めているベトナム語の理解、言語的魅力、造語能力といった面で、困難を生じているという、現在的な問題も生み出している。こうした状況で、一定の範囲の漢字教育を初等中等教育に復活させるべきだという議論が、言語研究者、国語教育者を中心に出されるようになっている。特に、ベトナムでも近年、英語教育を小学校から始める動きが出ているが、英語を教えるぐらいならばまずは漢字を教えるべきだという議論も提起されている（ベトナムにおける漢字教育に関しては、（岩月、二〇〇五、二〇一三）参照。ベトナムでの最近の議論については、(Cao Xuan Hao, 2003, Nguyen Dinh Chu, 2005, Nguyen Quang Hong, 2008, Vu Van Dan, 2010）などを参照）。

いま一つの現代ベトナムにおける東アジア性への注目の背景は、儒教的な伝統やその他の「東アジア的な価値」が、ベトナムの現在的課題である経済発展に貢献するのではないかという期待であろう。ベトナムでは、西洋的な価値、あるいは現代世界で普遍的とされているものに対抗して「東アジア的価値」を強調する、「新アジア主義」的な議論はそれほど強くはないが、「家族の重視」、「集団意識の高さ」、「愛国精神と民族意識の高さ」、「勤労精神」、「学問と道徳の重視」、「自然との調和」といった「東アジア的価値」が、ベトナムの発展に資するのではないかといった議論は少なくない（Phan Huy Le, 2007A, p. 1006）。

現代ベトナムを代表する歴史学者のファン・フイ・レ氏（Phan Huy Le, ベトナム歴史学会会長）は、ベトナム史における東南アジア性と東アジア性に関して、最も活発に見解を表明している研究者の一人である。レ氏は、ベトナムが歴史上、一貫して東南アジア文化圏に属していたとしつつ、中華文明の強い影響を否定せず、ベトナム史を次のように総括している。

「歴史の展開を見ると、私は、ベトナムが東南アジアから東アジアに、あるいは東アジアから東アジア、そしてふたたび東南アジアと、その文化圏を転換したという見解には賛成できない。私の考えでは、ベトナムは、地理的な位置だけでなく、文化の基層という点からみても、一貫して東南アジアの国家であった。しかしながら、かなり早くから、ベトナムは、中華文明の影響を受けた地域に位置し、中華文化の多くの影響を受容し、それによってインド文明の影響を受けた東南アジア世界からは分化して、東アジア世界と多くの共通性をもつようになった。」(Phan Huy Le 2007A, p. 1001. この引用の前半は、本書で古田が展開している歴史像への批判である)

また別の論文では、レ氏は次のような言い方をしている。

「ベトナムは、もともとは、地理的位置だけでなく、南アジア文化(Austro-Asiatic Culture)という基層を他の域内諸国と共有し、後にインド文化の影響を受け、中国文化の影響を受け、一七世紀以降は西洋文化の影響を受けたという文化面でも、東南アジアの一国だった。古代、中世の歴史の展開の中で、中国文化の影響が増大し、ベトナムは、東アジア地域の各国と共通する属性を多くもつようになった。したがって、ベトナムは、地理と基層文化の面では東南アジアの一国だが、東アジアの文化的空間に位置していたとすることは、科学的な根拠がある見方であろう。」(Phan Huy Le 2007A, p. 1006)

こうした議論を立てるレ氏は、一時ベトナムの歴史学界では厳しく批判されていた、ベトナムの「中国化」という概念についても、一定の範囲ではその妥当性を認めてもよいとしている。

「東アジア地域では、中国文明―文化が重要な役割を果たした。これは、中国文明―文化に直接の影響を受けた地域であり、これらの影響こそが、東アジア文化に、特に文字と儒教という面で、そしてそこから派生して詩歌、芸術、政治制度、宗教信仰などに及ぶ、多くの共通性をつくりだすのに貢献した。この事実から、中国学者の中には、東アジアとは『中国化した地域』あるいは『中国化した世界』であるとする人がいる。この『中国化』という概念は、多くの国の研究者の間で長期にわたる論争を引き起こしてきた。私の考えでは、もし中国化を、中華文化の影響を受けた地域と理解するならば、それは認めなければならない一つ歴史的事実であり、深く研究されなければならない課題であるが、もし中国文化に同化されてしまった地域と理解するならば、それは正しくない。」(Phan Huy Le 2007A. pp. 1002–1003)

レ氏は、このような観点から、漢字文化をベトナムの貴重な伝統として、継承・発展させる必要性を強調する。レ氏も、初等中等教育における漢字教育復活の積極的提唱者の一人である。

「漢字は、ベトナムではもはや使用されなくなっているが、民族の巨大な文化的遺産が、漢字や字喃で書かれており、現在のベトナム語でも、言語学者の統計によれば、六五%あまりが漢越語で、漢字に関する必要最小限の認識がないと、これらの漢越語についての深い理解ができない。したがって、多くの研究者が、研究をして漢越科目を初等中等教育のカリキュラムに導入すべきだという建議を行っている。これは、クォックグーにかわって漢字を復活させるためではなく、若い世代に、漢越語の起源と意味を理解させようとするためのものである。」(Phan Huy Le 2007A, p. 1004)

「古典教育とともに、漢越語の語源、構造、語義に関するカリキュラムが、きわめて必要である。このカリキュラムは、初等中等教育に導入されるべきである。この問題について多くの研究者が長きにわたって声をあげてきたが、残念ながら今日に至るまでまだ実現されていない。……喜ばしい現象の一つは、最近、漢字を勉強することが、社会が関心を寄せる人々の需要となっていることである。一部の文化機関や村の古老によって、漢字教室が自発的に組織されており、多くの人々の参加をえている。漢字・字喃文学の宝庫の中には、ある程度の漢字・字喃の水準があってはじめて、今日の文化発展の中で開拓し、継承し、その意義を発揮しうる古典的作品が数多く存在する。このようにベトナムにおける古典教育は、漢字・字喃からクォックグーに文字が変化したことによって生じた、文字の断絶という、漢字・字喃およびその文化遺産についての大きな問題に関連しており、民族の文化遺産全体の継続的発展、およびその継承と今日的意義の発揮を保証するような解決方法が必要とされている。」(これは東京大学で二〇〇七年に行われた東アジア四大学フォーラムでの報告の一節である。Phan Huy Le, 2007B)

レ氏は、漢字の伝統と同時に「東アジア的価値」の今日的意義を説く論者の一人であるが、「東アジア的価値」の絶対化、固定化には、警戒の目を向けている。

「東アジア的諸価値にも、歴史的な浮き沈みがあり、常に、それぞれの時代の状況のもとで国土と地域の発展の要請に適合すべく、高められ刷新されるべきものだった。東アジア的価値を絶対化したり、他から孤立させるべきではない。つまるところ、すべての価値は、歴史と生活の産物であり、歴史が新たな段階に発展し、生活が変化すれば、価値も変化しなければならず、時代遅れになった諸価値は改編されたり、高められたり、あるいは、歴史の発展の要請、人間の創造、文化の交流関係の中で、新たに生まれた価値にとって代わられる必要がある。」(Phan Huy Le 2007A, p. 1006)

以上のようなレ氏の議論は、今日のベトナムの論壇の中では、ベトナムの東アジア性を重視する方に属する見解であるが、そのレ氏も、ベトナムの基層文化の東南アジア性を主張している。こうした議論に対しては、「東南アジアに共通する文化的基層」がいったい何であるかが明らかでなく、東アジア性を論ずる指標が明確であるのに対し、東南アジア性の指標は曖昧模糊としているという批判が存在している(Tran Ngoc Vuong, 2007)。このような批判にもかかわらず、レ氏が、ベトナムの東南アジア性にこだわるのは、東アジア性のみに注目すると、それは、今日のベトナムを構成する諸民族の中で、伝統的に中国的な文化を受容してきたキン族だけの伝統になってしまい、ベトナムの文化的多様性を否定し、ひいては多民族国家としてのベトナムの統合を危うくしかねないという背景があるからのように思われる。レ氏は、キン族の歴史になってしまう「東アジア的ベトナム」の歴史をベトナム史とすることに反対して、古代史でも、後のベトナムに直結するドンソン文化だけでなく、今日の地理でいえば中部ベトナムに展開したサーフィン文化とチャンパ、南部ベトナムに展開したオケオ文化と扶南という、三つの要素から成り立つベトナム古代史を提唱している。また、北部の大越国と、中部のチャンパ王国がともに栄えた一〇～一五世紀を、ベトナム史の最も文化が栄えた時代とする歴史観も提起されている(Phan Huy Le, 2007A, pp. 11-33. ちなみにレ氏が編者をつとめた最新のベトナム通史第一巻ではこのような歴史観が採用されている、Phan Huy Le, 2012A)。

四　グローバル性と地域性

こうしたベトナム史の「多元性」を重視する議論は、少数民族のエスニシティを尊重し、文化的多元主義の色彩をもっている、ドイモイ以降のベトナムの少数民族政策には適合的である。さらに、一九九〇年代半ば以降、高度成長が続く中でベトナムが貧富の格差の是正に本腰を入れるようになると、キン族に比して貧しい人々が多い少数民族は、一九九八年に開始された「135プログラム」などの、政府の貧困削減プログラムの重要な対象となった。伊藤正子氏の研究が描いているように、少数民族に対して多額の資金が投入されるようになると、少数民族であることが「資源」化して、少数民族の側にその「うまみ」を活用しようとする動きを生むとともに、地方行政が地元の少数民族の存在を利用して権益を拡大するようになった（伊藤正子、二〇〇八）。また伊藤未帆氏の研究は、高等教育が飛躍的に拡大する中で、少数民族にも大学や高等専門学校に進学できるチャンスが生まれると、よりよい進学経路を確保するために、少数民族優遇政策の恩恵を受けようとして、それまでキン族として暮らしてきた青年が「少数民族籍」を獲得するといった動きが存在していることを明らかにしている（伊藤未帆、二〇一四）。これらの研究は、ドイモイ期のベトナムの少数民族をめぐる動向の一つの側面を鋭くとらえている。

ここで今一度レ氏の東アジアと東南アジアをめぐる議論に立ち帰ると、そこでは、ベトナムの東南アジア性と東アジア性が、きわめて微妙なバランスをしている。これは、レ氏の議論に固有の問題というよりも、現代ベトナムの地域的定位に共通する問題といってよいだろう。

このような問題が存在している時に、ASEANを包摂する形で「東アジア共同体」構想が浮上してきたことは、ベトナムが、東南アジアか東アジアかという二者択一をせまられないですむ状況を作り出したという意味では、幸いしたといってよいだろう。東南アジアと東北アジア＝本論でいう東アジアを含む「東アジア共同体」は、ASEANの一員であると同時に歴史的な東アジア性をもつベトナムにとっては、その中で東南アジアと東アジアをつなぐ「架け橋」の役割を発揮しうる構想である。レ氏も次のような指摘をしている。

「現在の地域化（＝地域統合の意味、引用者）とグローバル化の趨勢の中で、東南アジアの一国でありながら東アジア世界と多くの共通性をもつベトナムにとっては、ASEANの一員として東南アジアに自らを統合する一方で、東アジア諸国との交流と協力を拡大し、発展させることが、歴史と法則に合致した発展の趨勢である。」（Phan Huy Le 2007A, p. 1005）

さて、この引用の冒頭で、レ氏が「地域化とグローバル化」を併記していることは、注目に値する。ベトナムでは、「地域化」（khu vuc hoa）と「グローバル化」（toan cau hoa）は、基本的には同一の連続的な世界的風潮として把握されている。つまりは、ベトナムが東南アジア地域の一員としての性格を強めることと＝「地域化」は、ベトナムの「グローバル化」への積極的参与の一部と認識されているのである。別の言い方をすれば、ベトナムが「地域国家」となるのは、人類のグローバルな普遍的風潮に自らをあわせているのであって、人類的普遍に個別的地域性をもって対峙しようとしているわけではないのである。ベトナムにとっては、東南アジアとか東アジアという地域性は、自らを他の世界と区別する閉鎖的枠組みをしつらえることではなく、むしろ自らを世界に結び付ける回路を設定するものとみなされているといってよいだろう。ここには、地域ごとの自由貿易圏が次々に生まれるようになり、「地域化」自身がグローバルな流れになっている二一世紀の趨勢を敏感に反映しているともいえよう。

さらにこうした特徴は、東南アジアという地域性の歴史的特質とも関連しているように思われる。東南アジアという地域性は、それが歴史上、特定の文明や帝国の枠組みになったことがないことに示されているように、自己完結的、閉鎖的な枠組みではなく、インド洋貿易圏や環シナ海貿易圏などのようなより大きな世界の中に位置づけられることによって意味をもった、開放的な地域枠組みだった。今日のASEANが、ASEAN＋Xという、域外諸国を加えたより大きな枠組みへの関与に積極的なのは、こうした歴史を反映しているともいえる。今日のASEANが体現し、ベトナムも自らをその中に位置づけようとしている東南アジアという地域性も、自己完結的、閉鎖的なものではない。

若手歴史学者のグエン・ヴァン・キム（Nguyen Van Kim）氏は、外世界からの影響のみを重視したり、逆に内発的発展のみを強調するような「極端な」東南アジア像からの脱却を提唱して、次のように指摘している。

「東南アジア文化の外来性を強調する伝播論（Diffusionism）と、東南アジアの内在性、創造力を強調する自生論（Autochtonism）の論争がどんなに激しくても、現在の研究成果は、東南アジア社会に関する極端な見方は、その表現という面でも本質という面でも、歴史の現実から乖離した不適切なものであると考えられる。東南アジア文化の形成と発展は、多方向の関係、交流、相互作用の中で展開されたといえよう。東南アジアの諸社会は、内在的な価値の上に発展すると同時に、外部の大文明から多くの影響を受容してきた。それにとどまらず、東南アジアは、中心部と周縁部の間の文化の結合と転移の役割を果たしてきた。」(Nguyen Van Kim 2010, p. 12)

このように、「東南アジアの地域国家」という自己定位は、「一つの世界」という普遍性の中に自らを位置づけていこうとする志向と、矛盾しているわけではない。同じようなことは、現在のベトナムが掲げる「社会主義」をめぐっても言えそうである。

「東南アジアの地域国家」としてのベトナムは、ベトナムの個性に適合した「ベトナム社会主義」を志向するようになったというのが、本書第六章での議論だった。しかしながら、この「ベトナム社会主義」にも、なお普遍性がこめられていることも、見ておかなければならないだろう。それは、ベトナム共産党が、今なお、「ホーチミン思想」に加えて、「マルクス・レーニン主義」を「党の思想的基盤」としているというだけの問題ではなく、ソ連・東欧における社会主義体制の崩壊により、ソ連型の社会主義モデルの有効性、普遍性が否定された後は、それぞれの国や民族の個性に適合した「〇〇的社会主義」を求め、社会主義のモデルの多様性を承認することが、人類的な規模での社会主義の道の模索の普遍的特徴になっていると、ベトナムでは認識されている(第六回党大会以降のベトナム共産党の社会主義に関わる理論的展開については(古田、二〇一一)、最近のベトナムの社会主義像の検討については(Nguyen Xuan Thang, 2012)などを参照)。

ベトナム共産党は、社会主義志向といっても、どのような国造りをめざしているのかわかりにくいという声に応えて一九九四年から、自らがめざす社会主義像を示すスローガンとして、「民が豊かで、国が強く、公平で文明的な社会」を掲げた。この標語は、その後、一九九一年に、「民主的」という言葉が加わって、「民が豊かで、国が強く、公平で民主的で文明的な社会」となり、二〇一一年には「民主的」の位置が前に来て、「民が豊かで、国が強く、民主的で公平で文明的な社会」となり、現在に至っている。

このスローガンに使われている用語には、あまり「ベトナム的」なものはなく、民主、公平、文明といった、きわめて普遍的な概念が使われている。ここで、民主とか、公平が強調されていることから、ベトナム共産党は、二〇世紀には先進国のモデルでしかなかった「社会民主主義」の第三世界版を追求しようとしているといった見方も不可能ではない。

ベトナムの現実は、まだこの第三世界版「社会民主主義」モデルのようなものを説得的に提示するような段階には至っていない。この点では、本書第六章で述べたように、ベトナムで掲げられている「社会主義」という看板は、なお資本主義的発展への「割り切れなさ」を反映している段階にあるともいえる。ベトナムの掲げる社会主義が、普遍性をもつ新しいモデルの提示に結実するのか、共産党の一党支配を根拠づける理由でしかなく、やがては終焉の時を迎えるのかは、今後の動向にかかっている。

それはともかくとして、ベトナムが「東南アジアの地域国家」として「一つの世界」への統合を強めるにしたがって、上述のスローガンの中での「民主」の位置があがってきていることは、注目に値するように思われる。共産党支配の批判者からは、これは一党支配を隠蔽するポーズにすぎないという批判もあるが、ＡＳＥＡＮの統合の深化とともに強調されるようになっている民主主義や人権という普遍的な価値に、少なくても前向きの姿勢をとる必要はあると、共産党も考えるようになっていると思われる。このような意味では、この二〇年あまりの「東南アジアの地域国家」としての歩みの中で、ベトナムは、新しい普遍性への接近の試みも開始していると言えるのではなかろうか。

※　この補論は、東京大学大学院総合文化研究科地域文化研究専攻紀要 *ODYSSEUS* 第19号（二〇一五年三月刊行）に発表した拙稿「一つの世界の中のベトナム」に若干の加筆をしたものである。

最近二〇年間のベトナム史研究の動向

一九九五年からの二〇年間で大きく変わったのは、ベトナム自身だけではない。そのベトナムを研究対象にしているベトナム研究にも、大きな変化があった。この変化を促した要素として、三つのことをあげることができよう。

第一は、ドイモイを進めるベトナム国家が、「伝統の擁護者」として振舞うようになったこと（この点は（古田、一九九六C）参照）もあって、個々の家庭や村々に「秘蔵」されてきた、家譜・族譜・地方文書などの文献資料や、碑文・銘文などの金石史料の存在が知られるようになり、これに考古史料も加わって、利用できる史料が飛躍的に増大する「史料革命」とでもいえる状況が生まれたことである。近現代史史料も、たとえば外交文書の本格的公開はされていないなどの制約は依然存在するものの、全五四巻の『党文献全集』の刊行が一九九八年からはじまり（Dang Cong San Viet Nam 1998-2007）、以前は「内部資料」扱いだった共産党の歴代の中央委員会総会決議の大半や重要な政治局決議の多くが公開されるようになったり、多くの知識人や作家の作品が、その潮流にかかわらず復刻されて、容易に入手できるようになるなど、前近代同様の「史料革命」を体験した。

第二は、外国人のベトナム研究者も、ベトナムの研究機関と組んでという制約はあるものの、ベトナム現地でのフィールドワークを行うことができるようになり、また国立文書館の利用も容易になるなど、ベトナムの現実や一次資料に直接触れることが可能になったことである。

第三は、全世界のベトナム研究者が集まる「ベトナム学国際会議」が、一九九八年から、原則四年に一回の間隔でベトナムで開催されるようになり、ベトナム研究をめぐる国際交流が飛躍的に発展したことである。

こうした要因によって引き起こされた、この二〇年間の世界のベトナム研究の変化を網羅的に概観することは不可能なので、ここでは、本書で取り上げたベトナム史の基本的な流れをめぐって、どのような変化があったのかを、古田自身の研究を含めて、簡単に紹介しておきたい。

まず、ベトナムの通史として、ベトナム国家大学ハノイ校の歴史学科の研究者が中心となって執筆した『ベトナム史』全四巻が二〇一二年から一三年にかけて刊行された（Phan Huy Le 2012A, Phan Huy Le 2012B, Dinh Xuan Lam 2012, Le Mau Han 2013）。が、これは、この間の世界的なベトナム研究の進展をベトナムの歴史学界がどのように吸収して、ベトナム史像を描いているのかを知る上では、必読の書であろう。日本でも、『岩波講座東南アジア史』全九巻（別巻一巻）（池端ほか、二〇〇一―〇二）が刊行されている。また、日本のベトナム史研究の動向については、（嶋尾、二〇〇九）が、二〇〇〇年代初頭までの状況を簡潔にまとめている。

本書の第一章「中華世界の中のベトナム」で扱っている前近代史をめぐっては、この間、日本でも（八尾、二〇〇九、菊池・阿部、二〇一〇、桃木、二〇一一、西村、二〇一一）など、最新の史料状況、研究状況をふまえた重厚な研究が発表されている。

これら日本での研究を含め全世界的に見れば、交易を中心とする海域アジア史研究の隆盛に刺激されて、海の世界の中のベトナムが注目されるようになり、その交易で大きな役割を果たしたチャンパに対する関心が高まり、従来は相違・対立の面が強調されてきた大越との関係でも、近年では親近性が注目されるようになるなどの、新しい研究が登場している。こうした研究は、ベトナム戦争時代に、ベトナムの内外で定着した、対外抵抗戦争の歴史を軸とするナショナル・ヒストリーへの批判や、その弱点の克服を意識したものである。

ナショナル・ヒストリーの「脱構築」を対象とするテイラー氏は、時間と場所によって「様々なベトナム」が存在することを指摘している（Taylor 1998）。こうした観点からすれば、本書第一章の議論は、単一の「南国意識」の単線的な発展という、ベトナムのナショナル・ヒストリーの図式を無批判になぞっていると批判されよう。古田自身としては、こうした批判を全面的に受け入れるものではないが、本書の議論には、①「南国意識」の二つの側面を指摘しつつも、北＝中国に対する南＝ベトナムの独自性という側面のみを強調し、（Kelley, 2005）などが指摘している、中華文明という共通の文明の共有という側面の分析が不十分だった、②「南国意識」の形成と発展を、北＝中国との関係を主軸に描いており、「南国の南」との関係の分析が不十分で、一五世紀に基本形が固まったものが一九世紀の阮朝まで継承されると、単線的に描いているという弱点がある。

こうした点では、前近代のベトナムに、中華帝国の周辺に存在した他の「小中華」同様、明瞭な領域意識、比較的均質な文化や政治面での統合といった「プロト・ネーション」的なものを見るという点では、古田と共通に発想をもちつつ、一五世紀までのベトナムの領域意識の形成や、「南国の南」=チャンパとの関係などを本格的に分析している(桃木、前掲書、一五七―一九四頁)の議論や、ベトナム中部・南部を基盤として成立した西山朝・阮朝が、それまでの北部を基盤とした歴代王朝とは異なる世界像をもったことに注目した(吉開、二〇一五)の議論が新しい研究成果を提示している。

次に本書第二章「フランス植民地支配とナショナリズム」で取り上げたフランス植民地時代に関する研究では、ベトナムでドイモイ開始直後から、植民地主義を批判しつつも、フランス支配がもたらした積極的影響にも注目すべきであるという議論が登場していたが、この傾向は今や定着したといってよいだろう。たとえば、ベトナム国家大学ハノイ校のグエン・ヴァン・カイン氏が二〇〇七年に刊行した、一九二〇年代を扱った本では、この時代のベトナム経済を、「フランス資本主義が我が国に導入した資本主義的生産様式の作用によって、ベトナム経済は次第に、遅れた自給自足的農業経済から、資本主義的性格をもつ植民地経済へと変化していった。……資本主義的な経営方式の採用によって、生産力の急速な発展がもたらされた。商品経済が形成されはじめ、いくつかの生産領域では発展した。……以前の時期と比べて明らかに、二〇世紀の二〇年代のベトナム経済は、急速な発展を見せ、基本的な変化をとげていた。資本主義的な植民地経済の構造が、より明瞭に形成された。この経済構造の特徴は、伝統的な経済要素と近代的な経済要素が織合わさって、混合経済構造を形作っていることであり、その中では、近代的な経済部分が日増しに拡大し、伝統的な経済の部分、およびベトナム経済全体に対して、包括的で支配的な役割を果たすようになっていた。」(Nguyen Van Khanh 2007, pp. 78-79)としている。

こうした植民地支配に対する評価の変化と連動して、ベトナムでかつては「親仏分子」として否定的に扱われていた人物の評価にも変化が生まれている。本書の六八―六九頁では、グエン・ヴァン・ヴィンとファム・クインという、ベトナム人のインドシナ再解釈に大きな役割を果たした二人について、「二人の役割はベトナム人のナショナリズムの展開の歴史のなかにより大きく位置づけられるべきように思われる」としているが、ベトナムでは二〇〇〇年代に入ると、これら二人の人物を肯定的に――少なくともその文化的役割は積極的に評価しようとする動きが顕著になっている（例えばファム・クインに関しては、（Van Tao, 2006）などを参照）。

なお、メコン・デルタの大土地所有からベトナムにおけるフランス植民地支配の意味を問うた日本人研究者の労作として、（高田、二〇〇九、高田、二〇一四）がある。

第三章「ベトナム史におけるインドシナ共産党」に関連しては、まずその後のホー・チ・ミン研究の中で、ホーの初期のパリにおける政治活動に関し、一九一九年にベルサイユ講和会議にグエン・アイ・クォックの名で提出された請願「アンナン人民の要求」が、当時パリにいたファン・チュー・チンやファン・ヴァン・チュオンなどのナショナリストがつくった「アンナン人愛国者の会」で集団的に作成されたもので、かつグエン・アイ・クォックという名前も、ホー個人をさすのではなく、当初は「アンナン人愛国者の会」の集団的なペン・ネームであったことが指摘されるようになっている（Duiker 2000）。

また、フランス植民地時代のベトナム人の政治運動のタイを含む地域的な広がりと、その中でのインドシナとベトナムという枠組みの意味という、古田と共通した問題意識をもつゴッシャ氏の研究成果（Goscha 1995, Goscha 1999）が、本書の刊行直後に発表されている。また栗原浩英氏は、ソ連崩壊後に利用可能になったコミンテルン史料を駆使して、コミンテルンとインドシナ共産党が、ベトナム・インドシナを含む東南アジア地域をどのように把握しようとしていたのかを解明した、優れた研究書を刊行している（栗原、二〇〇五）。

こうした本書刊行後の新しい研究成果をふまえて、古田は（古田、一九九六A、古田、二〇一四B）という、二つのホー・チ・ミン論を発表している。

第四章「独立が現実となった時代と『地域国家』ベトナム」で扱った八月革命と初期抗仏戦争の時期に関しては、いくつか注目すべき新しい動向がある。この時期に関する世界的な最新の研究動向、一次資料の公開状況に関しては、白石昌也氏が主宰する科研費の報告書『第二次世界大戦期のインドシナ・タイ、そして日本・フランスに関する研究蓄積と一次資料の概観』(白石編、二〇一五)が刊行されている。古田もこの報告書の中で「日本における研究動向」(古田、二〇一五)を分担執筆しており、そこでも言及しているが、この時期のインドシナにおける日仏共同支配に関しては、近年、(立川、二〇〇〇、Namba 2012)という日本人研究者による充実した研究書が刊行されている。

また、大戦末期にベトナムで発生した大飢饉に関しては、本書の刊行と同時期の一九九五年に、古田とベトナム歴史研究所の研究者による北部ベトナム二三村での実態調査報告書がベトナムで刊行された(Van Tao, Furuta eds. 1995)。この調査は、この時の飢饉に関するはじめての本格的な歴史社会学的調査となった。この調査に関しては、古田は、(古田、一九九七A、古田、一九九七B)(古田、一九九八)など、日本語による報告を発表している。

ベトナム史にとって大きな転換の年となった一九四五年の、国内外の情勢の展開については、マー氏の大著が刊行された(Marr. 1997)。このマー氏の研究も含め、この時期のベトナム民族運動史研究では、ベトミン以外の「様々なナショナリズム」に対する注目が広がっており、古田も(古田、二〇〇二A)で、八月革命―初期ベトナム民主共和国に合流した「様々なナショナリズム」の役割りを強調している。これに関連して、ベトナム本国でも、仏印処理後に出現したチャン・チョン・キム内閣を「日本の手先や協力者ではなかった」として、ある程度評価すべきとする研究が出現し(Pham Hong Tung 2009, p. 347)、冒頭に紹介したベトナム国家大学ハノイ校の歴史学者による四巻本の通史の第三巻でも、「構成員の大半は、若くて、愛国的で進歩的な知識人だった」(Dinh Xuan Lam, 2012, p. 765)とされている。

第五章「冷戦期の『普遍国家』ベトナム」で扱った時期に関しても、この二〇年間に史料状況に大きな変化があった。各国での外交文書の公開に加えて、米国の Woodrow Wilson International Center for Scholars の Cold War International History Project が、インドシナ戦争・ベトナム戦争に関わる史料の体系的な公開を進めている。こうした国際的な史料公開の進展で、この間に研究が進んだ領域として、中ソなど当時の社会主義国のベトナム戦争への関わりをあげることができよう。この領域では、日本語でも(栗原、二〇〇〇、朱、二〇〇〇、石井、二〇一四)などの先駆的成果がある。
ベトナムでの史料公開は、こうした国際的状況に比べると見劣りはするものの、冒頭に言及した『党文献全集』に加えて、ベトナム労働党の南圻委員会および南部中央局の歴史を描いた本(Hoc Vien Chinh Tri Hanh Chinh Quoc Gia Ho Chi Minh Vien Lich Su Dang, 2010)や様々なレベルの公的な戦史(国防省ベトナム軍隊史研究所の最新のベトナム戦争史九巻など、Bo Quoc Phong Vine Lich Su Quan Doi Viet Nam, 2013)が刊行されるなど、情報量は格段に多くなっている。こうしたベトナムで公開された史料を活用して、ジュネーヴ協定調印後から一九六〇年までのベトナム労働党の南部政策を分析した日本人研究者の成果としては(福田、二〇〇六)がある。

今ひとつ注目すべきなのは、現在のベトナムの体制の内部で長い間活躍していた人物が、外国で出版した、ベトナムの最高指導部内での抗争、対立を扱った本であろう。代表的なものとしては、すでに邦訳も出ている(タイン・ティン二〇〇二)や、ベトナム国内で長い間ジャーナリストとして活動していたフイ・ドゥクという人が、二〇一二年に米国で出版した『勝利した側』というE-book(Huy Duc 2012)などをあげることができる。

こうした史料公開や研究の進展をふまえると、本書の一六四頁の、一九六三年一二月のベトナム労働党第三期第九回中央委員会に関する記述には、訂正が必要である。ここで、古田は「この時点で、北の人民軍の戦闘部隊の南への投入が決定されたわけではなかったが」としているが、これは、この中央委員会で「人民軍戦闘部隊の南への投入が決定された」と訂正される必要がある。このことはベトナム自身の公的な戦争総括である(Ban Chi Dao Tong Ket Chien Tranh, 1995)でも指摘されており、古田も(油井・古田、一九九八、古田、二〇〇二B)以降のこの時期に関する記述では、このような訂正の立場をとっている。ただし、九中総の時点では、労働党の側は米軍の大量介入はなお回避できるという見通しであったという点には変更はないので、この訂正は六三~六五年の事態の展開の描き方全体の変更につながるものではないと、古田は考えている。

(Nguyen, Lien-Hang T. 2012, Asselin 2013)などの、最近の米国におけるベトナム研究の側からのベトナム戦争研究では、ベトナム労働党の側のベトナム戦争への能動的関わりを強調する傾向にあり、後者は、ベトナム労働党がジュネーヴ協定の拘束から自らを解放して戦争の拡大を決意したという点では、一九五九年の第二期第一五回中央委員会よりも、六三年の第三期第九回中央委員会の方が画期的であったとし、この九中総は、レ・ズアン第一書記を中心とする戦争拡大派による、ホー・チ・ミン、ヴォー・グエン・ザップら、それまでの政治局多数派であった慎重派に対する「クーデタ」に等しい出来事だったとしている。

ベトナム戦争中に北ベトナムに定着した社会主義が、国家による戦争動員の装置であると同時に、農民社会の利益擁護の「隠れ蓑」として機能した側面があるという、「国家と社会」の関係という角度から見た場合の二面性という本書の指摘は、この二〇年間に、外国人研究者にも可能になった農村でのフィールドワークをふまえた研究からも肯定的な評価を得ている。これについては、(寺本・岩井・竹内・中野、二〇一二)およびドイモイ以降の農村の状況から、ベトナム戦争中の集団農業の意味を検討した(古田、二〇一三)を参照されたい。

ベトナム戦争とカンボジア、およびベトナム戦争後のベトナムとポル・ポト政権との紛争に関しては、(野口、二〇〇二、野口、二〇一三)という、新しい研究がでている。

また最近の日本では、ベトナム戦争の記憶に関して、(今井・岩崎、二〇一〇、伊藤正子、二〇一三、藤本、二〇一四)などの優れた研究が発表されている。古田もベトナム戦争時期に関して(古田、一九九六B、古田、二〇〇一、古田、二〇〇二B、古田、二〇一四A)などを発表しており、今日の時点でこの戦争の世界史的意義をどう考えるかについて(古田、二〇一二)で論じている。

第六章「『地域国家』への道」では一九八六年のベトナム共産党第六回大会におけるドイモイ路線の形成を扱っているが、九五年の時点では、ドイモイ路線が共産党内部のどのような論争を経て形成されたのかは、全く不明だった。この第六回大会に至る共産党指導部での論争を描いたのが(古田、二〇〇九)であり、古田はそれに続いてベトナムのドイモイ路線の形成と展開を、中国の「改革・開放」路線との対比で描いた(古田、二〇一一)を発表している。この二つの文献には、ドイモイに関する日本での主な研究成果の紹介がある。

ここでは、この第六章から補論「一つの世界の中のベトナム」で論じている、一九八〇年代以降の現代ベトナムに関する日本での研究のうち、政治・外交を扱ったものに限定して、主な成果を紹介しておきたい。まずアジア経済研究所から刊行されている、それぞれの時期のベトナム共産党の発展戦略とその課題を論じた論文集として、九〇年代末までを扱った（白石・竹内、一九九九）、国際経済への統合が進む二一世紀初頭を扱った（石田・後藤、二〇〇四、坂田、二〇〇六）、二〇一一年の共産党第一一回大会を扱った（寺本、二〇一二）がある。

　社会主義論として現代ベトナムを論じたものは多くないが、（栗原、二〇一〇）は、ドイモイ以前と以後でベトナムの掲げる社会主義の意味が変化していることが指摘されている。また（古田、二〇一〇）は、第一一回大会で改定されたベトナム共産党綱領について検討しており、（南塚・古田、二〇一三、一三―一四頁）は、簡潔ながら、中国やベトナムが掲げる「社会主義（志向）市場経済」の評価をめぐる議論の整理をしている。なお、（古田、二〇〇九）に対して塩川伸明氏が社会主義論という角度からの書評を、氏のホームページ上で発表している。（二〇一〇年六月付け書評 http://www7b.biglobe.ne.jp/~shiokawa/books/furuta-p.pdf）この塩川氏の書評に対する古田の回答は、「古田ゼミ」のホームページ上に掲載しているが（http://park.itc.u-tokyo.ac.jp/furuta-semi/）、本書でも展開している資本主義的発展への「割り切れなさ」の表現としての社会主義という考えを深める上で、氏の書評は古田にとってたいへん有益だった。

　ベトナムの政治に関しては、政治改革・行政改革を検討した（白石、二〇〇〇）、政治のあり方を論じた（坪井、二〇〇二）、民主化を論じた（中野、二〇〇九）を、また外交については、（白石、二〇〇四、中野、二〇〇六）がある。また白石昌也氏のメコン協力をめぐる一連の研究（主なものとして（白石、二〇〇六A、白石、二〇〇六B）など）も、ベトナムをめぐる国際協力の重要な側面を描き出している。同氏の日本外交における「戦略的パートナーシップ」に関する研究は、日本＝ベトナム関係の専論ではないが、日越間の「戦略的パートナーシップ」を考える上で必読の書である（白石、二〇一四）。（阿曽村、二〇一三）は、日本とベトナムとの間で懸案となっている事項を中心にした、ユニークな論文集である。また日本のベトナム人コミュニティを論じた（戸田、二〇〇一）や、在米ベトナム人とベトナム本国の関係を論じた（古屋、二〇〇九）も重要な研究であろう。

最後になるが、本書の議論と関連して、この二〇年間で、日本におけるカンボジア・ラオス近現代史研究が、カンボジア語やラオス語の史料を活用できる研究者の出現により、飛躍的に発展したことにも言及しておくべきであろう。カンボジアに関しては、(天川、二〇〇一、野口、二〇〇三、天川、二〇〇四、笹川、二〇〇六)などが、ラオスに関しては、(菊池、二〇〇二、菊池、二〇〇三、山田、二〇一一、菊池、二〇一三、矢野、二〇一三、瀬戸、二〇一五)などがある。なおドイモイ後のベトナム=ラオス関係については、古田も(古田、二〇〇六)を発表している。

主な参考文献

（＊は「補論　一つの世界の中のベトナム」と「最近二〇年間のベトナム研究の動向」で取り上げた文献）

〔日本語文献〕

アジア・アフリカ研究所編　一九七七―七八『ベトナム』上下、水曜社

＊阿曽村邦昭編　二〇一三『ベトナム　国家と民族』上下、古今書院

＊天川直子編　二〇〇一『カンボジアの復興・開発』アジア経済研究所

＊天川直子編　二〇〇四『カンボジア新時代』アジア経済研究所

鮎京正訓　一九九三『ベトナム憲法史』日本評論社

ベネディクト・アンダーソン著、白石隆・白石さや訳　一九八七『想像の共同体・ナショナリズムの起源と流行』リブロポート

井川一久・武田昭二郎　一九八七『カンボジア黙示録』田畑書店（新版）

＊池端雪浦・石井米雄・石澤良昭・加納啓良・後藤乾一・斎藤照子・桜井由躬雄・末廣昭・山本達郎編　二〇〇一―〇二『岩波講座東南アジア史』1―9、岩波書店

石井明　一九九〇『中ソ関係史の研究』東京大学出版会

＊石井明　二〇一四『中国国境熱戦の跡を歩く』岩波書店

石井米雄・桜井由躬雄　一九八五『東南アジア世界の形成』講談社

＊石田暁恵・五島文雄編　二〇〇四『国際経済参入期のベトナム』アジア経済研究所

出井富美編　一九九一『タイ・インドシナ三国間の政治・経済関係新聞記事索引』アジア経済研究所

＊伊藤正子　二〇〇八『民族という政治――ベトナム民族分類の歴史と現在』三元社

＊伊藤正子　二〇一三『戦争記憶の政治学――韓国軍によるベトナム人戦時虐殺問題と和解への道』平凡社

＊伊藤未帆　二〇一四『少数民族教育と学校選択――「民族」資源化のポリティクス』京都大学学術出版会

＊稲垣博史　二〇一五「ベトナムはAECの負け組なのか」みずほ総合研究所『みずほインサイト・アジア』三月二〇日

稲田十三　一九九三「民主化・市場経済化支援の理念と日本の対ベトナム援助」三尾忠志編『ポスト冷戦時代のインドシナ』日本国際問題研究所

*今井昭夫・岩崎稔編　二〇一〇『記憶の地層を掘る』御茶の水書房
今川瑛一・菊地昌典・木村哲三郎　一九八〇『新インドシナ戦争』亜紀書房
*岩月純一　二〇〇五「近代ベトナムにおける『漢字』の問題」村田雄二郎、C・ラマール編『漢字圏の近代』東京大学出版会
*岩月純一　二〇一三「現代ベトナムにおける『漢字・漢文』教育の定位」『中国―社会と文化』一三年七月
*ヴー・ティエン・ハン　二〇一二『日越戦略的パートナーシップの形成過程――一九九二年から二〇〇九年の両国関係を中心に』東京大学大学院総合文化研究科地域文化研究専攻二〇一二年度修士論文
浦野起央　一九七〇『ジュネーブ協定の成立』巌南堂
岡倉古志郎編　一九八六『バンドン会議と五〇年代のアジア』大東文化大学東洋研究所
岡部達味編　一九八七『ASEANの二〇年――その持続と発展』日本国際問題研究所
岡部達味編　一九九二『ポスト・カンボジアの東南アジア』日本国際問題研究所
小笠原高雪　一九九三「第七回党大会後のベトナム外交」三尾忠志編『ポスト冷戦のインドシナ』日本国際問題研究所
小倉貞男　一九八一『インドシナの元年』大月書店
小倉貞男　一九九三『ヴェトナム戦争全史』岩波書店
片倉穣　一九七七『ベトナムの歴史と東アジア』杉山書店
川本邦衛　一九六七『ベトナムの詩と歴史』文芸春秋社
菊池一雅　一九八八『ベトナムの少数民族』古今書院
*菊池誠一・阿部百里子編　二〇一〇『海の道と考古学』高志書院
*菊池陽子　二〇〇二「ラオスの国民国家形成――1940年代を中心に」後藤乾一責任編集『岩波講座　東南アジア史8　国民国家形成の時代』岩波書店
*菊池陽子　二〇〇三「第6章　現代の歴史」ラオス文化研究所編『ラオス概説』めこん
*菊池陽子　二〇一三「ラオス・日本関係の一考察――第2次世界大戦期を中心に」『アジア太平洋研究』第20号、一三年二月
木畑洋一　一九九四「世界史の構造と国民国家」歴史学研究会編『国民国家を問う』青木書店
木村哲三郎編　一九八四『インドシナ三国の国家建設の構図』アジア経済研究所
木村哲三郎　一九八七『ベトナムの国際関係と経済発

展』アジア経済研究所
陸井三郎　一九七一『インドシナ戦争』勁草書房
陸井三郎　一九七五『大国と第三世界』日経新書
栗原浩英　一九八八「ベトナム労働党の文芸政策転換過程（1956-58年）——社会主義化の中の作家・知識人」『アジア・アフリカ言語文化研究』第三六号
栗原浩英　一九九四「インドシナ共産党成立の経緯」『アジア・アフリカ言語文化研究』第四六・四七号合併号
*栗原浩英　二〇〇〇「ベトナム戦争と中国・ソ連」『アジア研究』第四六巻第三・四号、六月
*栗原浩英　二〇〇五『コミンテルン・システムとインドシナ共産党』東京大学出版会
*栗原浩英　二〇一〇「ベトナムの社会主義」メトロポリタン史学会編『いま社会主義を考える』桜井書店
*栗原浩英　二〇一五「中国とベトナム——『兄弟』から『パートナー』へ」『季刊中国』No. 120, 二〇一五年春季号
*黒柳米司編　二〇一四『「米中対峙」時代のASEAN』明石書店
後藤均平　一九七五『ベトナム救国抗争史——ベトナム・中国・日本』新人物往来社
五島文雄・竹内郁雄　一九九四『社会主義ベトナムとドイモイ』アジア経済研究所
小沼新　一九八五『ベトナム民族解放運動史』法律文化社
財団法人国際開発センター編　一九九三『躍進するベトナム』通産資料調査会
*坂田正三編　二〇〇六『二〇一〇年に向けたベトナムの発展戦略』アジア経済研究所
酒寄雅志　一九九三「華夷思想の諸相」荒野泰典・石井正敏・村井章介編『アジアのなかの日本史V　自意識と相互理解』東京大学出版会
桜井由躬雄・石沢良昭　一九七七『東南アジア現代史Ⅲ』山川出版社
桜井由躬雄　一九八七『ヴェトナム村落の形成』創文社
桜井由躬雄　一九八六「東南アジア前近代国家の類型的考察」石井米雄編『東南アジア世界の構造と変容』創文社
桜井由躬雄編　一九九五『もっと知りたいベトナム』（新版）弘文堂
*笹川秀夫　二〇〇六『アンコールの近代——植民地カンボジアにおける文化と政治』中央公論新社
*佐藤考一　二〇一二『中国脅威論とASEAN』勁草書

房
ジャン・シェノー著、藤田和子訳　一九六九『ベトナム』青木書店
＊嶋尾稔　二〇〇九「ベトナム　東南アジア史への定位と展開」東南アジア学会監修『東南アジア史研究の展開』山川出版社
＊朱建栄　二〇〇〇『毛沢東のベトナム戦争』東京大学出版会
白石昌也・古田元夫　一九七六「太平洋戦争期の日本の対インドシナ政策」『アジア研究』第二三巻三号、七六年一〇月
白石昌也　一九八六「チャン・チョン・キム内閣成立の背景」土屋健治・白石隆編『国際関係論のフロンティア3　東南アジアの政治と文化』東京大学出版会
白石昌也　一九九三A『ベトナム――革命と建設のはざま』東京大学出版会
白石昌也　一九九三B「グエン・ヴァン・リン時代におけるベトナムの対外認識」三尾忠志編『ポスト冷戦時代のインドシナ』日本国際問題研究所
白石昌也　一九九三C『ベトナム民族運動と日本・アジア』巌南堂
白石昌也　一九九四A「王権の喪失」土屋健治編『講座現代アジア1　ナショナリズムと国民国家』東京大学出版会
白石昌也　一九九四B「ソ連・東欧社会主義崩壊後のベトナムにおける世界と地域の認識」横浜市立大学経済研究所『経済と貿易』一六七号
白石昌也　一九九五「ベトナムの東南アジア地域認識」『東洋文化研究所紀要』第百二十六冊
＊白石昌也・竹内郁雄編　一九九九『ベトナムのドイモイの新展開』アジア経済研究所
＊白石昌也編著　二〇〇〇『ベトナムの国家機構』明石書店
＊白石昌也編著　二〇〇四『ベトナムの対外関係』暁印書館
＊白石昌也　二〇〇六A「メコン地域協力の展開」進藤榮一・平川均編『東アジア共同体を設計する』日本経済評論社
＊白石昌也編　二〇〇六B『インドシナにおける越境交渉と複合回廊の展望』早稲田大学大学院アジア太平洋研究科（科学研究費補助金研究成果報告書）
＊白石昌也　二〇一四『日本の「戦略的パートナーシップ」外交――全体像の俯瞰』早稲田大学アジア太平洋研究センター

*白石昌也編　二〇一五『第二次世界大戦期のインドシナ・タイそして日本・フランスに関する研究蓄積と一次資料の概観』早稲田大学アジア太平洋研究センター
進藤榮一　一九八七『現代紛争の構造』岩波書店
真保潤一郎　一九七八『ベトナム現代史――帝国主義下のインドシナ研究序説』（増補版）春秋社
関口末夫、トラン・ヴァン・トゥ編　一九九二『現代ベトナム経済――刷新（ドイモイ）と経済建設』勁草書房
ジョルジュ・セデス著、辛島昇・内田晶子・桜井由躬雄訳　一九六九『インドシナ文明史』みすず書房
*瀬戸裕之　二〇一五『現代ラオスの中央地方関係――県知事制度を通じたラオス人民革命党の地方支配』京都大学出版会
平子友長　一九九一『社会主義と現代社会』青木書店
*タイン・ティン著、中川明子訳　二〇〇二『ベトナム革命の素顔』めこん
*高田洋子　二〇〇九『メコンデルタ　フランス植民地時代の記憶』新宿書房
*高田洋子　二〇一四『メコンデルタの大土地所有――無主の土地から多民族社会へフランス植民地主義の80年』京都大学東南アジア研究所地域研究叢書
*立川京一　二〇〇〇『第二次世界大戦とフランス領インドシナ――「日仏協力」の研究』彩流社
谷川榮彦編　一九八四『ベトナム戦争の起源』勁草書房
チュオン・ニュ・タン著、吉本晋一郎訳　一九八七『ベトコンメモワール』原書房
坪井善明　一九九一『近代ヴェトナム政治社会史――阮朝嗣徳帝統治下のヴェトナム』東京大学出版会
坪井善明　一九九四『ヴェトナム――「豊かさ」への夜明け』岩波新書
*坪井善明　二〇〇二『ヴェトナム現代政治』岩波書店
*寺本実・岩井美佐紀・竹内郁雄・中野亜里　二〇一一『現代ベトナムの国家と社会』明石書店
*寺本実編　二〇一二『転換期のベトナム――第11回党大会、工業国への新たな選択』アジア経済研究所
*戸田佳子　二〇〇一『日本のベトナム人コミュニティ』暁印書館
*中野亜里　二〇〇六『現代ベトナムの政治と外交』暁印書館
*中野亜里　二〇〇九『ベトナムの人権――多元的民主化の可能性』福村出版
*西口清勝・西澤信善編　二〇一四『メコン地域開発とASEAN共同体――域内格差の是正を目指して』晃洋

書房
*西村昌也　二〇一一『ベトナムの考古・古代学』同成社
日本ベトナム研究者会議編　一九九三『海のシルクロードとベトナム』穂高書店
*野口博史　二〇〇二「ベトナム戦争とカンボジア」『国際政治』一三〇号、〇二年五月
*野口博史　二〇〇三「カンボジア共産党のイデオロギーと政策――中国・ソ連・ベトナムの影響と独自性」『アカデミア・人文社会科学編』七六号、南山大学、〇三年一月
*野口博史　二〇一三「第三次インドシナ紛争に至るベトナム人民軍の対外認識と戦略」『軍事史学』第四九巻第二号、一三年九月
エレン・ハマー著、河合伸訳　一九七〇『インドシナ現代史』みすず書房
ファム・カク・ホエ著、白石昌也訳　一九九五『ベトナムのラスト・エンペラー』平凡社
バーナード・フォール著、高田市太郎訳　一九六六『二つのベトナム』毎日新聞社
平野健一郎　一九八五「国際関係論の新しい概念としてのエスニシティ」『東京大学教養学部教養学科紀要』第一七号
平野健一郎・山影進・岡部達味・土屋健治　一九八八『アジアにおける国民統合』東京大学出版会
*福田忠弘　二〇〇六『ベトナム北緯17度線の断層　南北分断と南ベトナムにおける革命運動（1954-60）』成文堂
*藤本博　二〇一四『ヴェトナム戦争研究――「アメリカの戦争」の実相と戦争の克服』法律文化社
藤原利一郎　一九八六『東南アジア史の研究』法蔵館
*古田元夫　一九九六A『ホー・チ・ミン――民族解放とドイモイ』岩波書店
*古田元夫　一九九六B「ヴェトナム戦争」歴史学研究会編『講座世界史10　第三世界の挑戦』東京大学出版会
*古田元夫　一九九六C『ベトナムの現在』講談社新書
*古田元夫　一九九七A「ジュート工場のあった村の1945年飢饉」*ODYSSEUS*, 東京大学大学院総合文化研究科地域文化研究専攻紀要、一号、九七年三月
*古田元夫　一九九七B「ベトナム現代史における日本占領」倉沢愛子編『東南アジア史のなかの日本占領』早稲田大学出版部
*古田元夫　一九九八「戦争の記憶と歴史研究」小森陽一・高橋哲哉編『ナショナル・ヒストリーを越えて』東京大学出版会

*古田元夫　二〇〇一「ベトナムにおけるベトナム戦争の総括をめぐって」歴史学研究会編『20世紀のアメリカ体験』青木書店
*古田元夫　二〇〇二A「ベトナム知識人の八月革命と抗仏戦争――ヴー・ディン・ホエを中心に」後藤乾一編『岩波講座　東南アジア史8』岩波書店
*古田元夫　二〇〇二B「インドシナ戦争――救国戦争と『貧しさを分かちあう社会主義』」末廣昭編『岩波講座　東南アジア史9』岩波書店
*古田元夫　二〇〇二C「ベトナム――普遍的社会主義と民族的社会主義」東アジア地域研究会・赤木攻・安井三吉編『講座東アジア近現代史5　東アジア政治のダイナミズム』青木書店
*古田元夫　二〇〇六「ベトナムとラオスの「特別な関係」に関する一考察」白石昌也編『インドシナにおける越境交渉と複合回廊の展望』早稲田大学大学院アジア太平洋研究科（科学研究費補助金研究成果報告書）
*古田元夫　二〇一〇A「東アジアにおける共通教養教育をめざして」片岡幸彦・幸泉哲紀・安藤次男編『グローバル世紀への挑戦』文理閣
*古田元夫　二〇一〇B「ベトナム共産党の綱領改定案をめぐって――米国への言及が消えた共産党綱領」『アジア・アフリカ研究』五〇巻四号
*古田元夫　二〇一一「ドイモイ路線の起源と展開」和田春樹等編『岩波講座東南アジア近現代通史9』岩波書店
*古田元夫　二〇一二「ベトナム戦争の世界史的意義」メトロポリタン史学会編『20世紀の戦争――その歴史的位相』有志舎
*古田元夫　二〇一三「ベトナムにおける社会主義とムラ」南塚信吾・加納格・奥村哲・古田元夫『21世紀歴史学の創造　第五巻　人々の社会主義』有志舎
*古田元夫　二〇一四A「現在のベトナムにとってのベトナム戦争と米国」『アメリカ太平洋研究』東京大学大学院総合文化研究科アメリカ太平洋地域研究センター、一四年三月
*古田元夫　二〇一四B「ホー・チ・ミン――民族と階級の相克の中で」趙景達・原田敬一・村田雄二郎・安田常雄編『東アジアの知識人4　戦争と向き合って』有志舎
*古田元夫　二〇一五「日本における研究状況」白石昌也編『第二次世界大戦期のインドシナ・タイそして日本・フランスに関する研究蓄積と一次資料の概観』早稲田大学アジア太平洋研究センター

*古屋博子　二〇〇九『アメリカのベトナム人』明石書店
ベトナム労働党党史編纂委員会・ベトナム外文書院共編、原大三郎・太田勝洪訳　一九七二『ホー・チ・ミン』東邦出版社
逸見重雄　一九六五『帝国主義と民族民主革命――ベトナム問題を中心として』法政大学出版局
ジョージ・ヘリング著、秋谷昌平訳　一九八〇『アメリカの最も長い戦争』上下、講談社
松本三郎・川本邦衛編　一九九五『ベトナムと北朝鮮』大修館書店
三尾忠志編　一九八八『インドシナをめぐる国際関係――対決と対話』日本国際問題研究所
三尾忠志編　一九九三『ポスト冷戦期のインドシナ』日本国際問題研究所
*南塚信吾・古田元夫　二〇一三「世界史の中の社会主義」南塚信吾・加納格・奥村哲・古田元夫『21世紀歴史学の創造　第五巻　人々の社会主義』有志舎
村田雄二郎　一九九四「中華ナショナリズムと『最後の帝国』」中国」蓮實重彦・山内昌之編『いま、なぜ民族か』東京大学出版会
茂木敏夫　一九九三「中華世界の『近代』的変容」溝口雄三・濱下武志・平石直昭・宮嶋博史編『アジアから考える2　地域システム』東京大学出版会
桃木至朗　一九九〇「10－15世紀の南海交易とヴェトナム」濱下武志編『シリーズ世界史への問い3　移動と交流』岩波書店
桃木至朗　一九九三「『中国化』と『脱中国化』――地域世界の中のベトナム民族形成史」大峯顕・原田平作・中岡成文編『地域のロゴス』世界思想社
桃木至朗　一九九四「ベトナムの『中国化』」池端雪浦編『変わる東南アジア史像』山川出版社
*桃木至朗　二〇一一『中世大越国家の成立と変容』大阪大学出版会
*八尾隆生　二〇〇九『黎初ヴェトナムの政治と社会』広島大学出版会
*矢野順子　二〇一三『国民語の形成と国家建設――内戦期ラオスの言語ナショナリズム』風響社
矢野暢　一九八六『冷戦と東南アジア』中央公論社
山影進　一九九一『ASEAN――シンボルからシステムへ』東京大学出版会
*山影進編　二〇一一『新しいASEAN――地域共同体とアジアの中心性を目指して』アジア経済研究所
山極晃編　一九九四『東アジアと冷戦』三嶺書房
*山田紀彦編　二〇一一『ラオスにおける国民国家建設

——理想と現実』アジア経済研究所
山本達郎　一九五〇『安南史研究』I、山川出版社
山本達郎編　一九七五『ベトナム中国関係史』山川出版社
*油井大三郎・古田元夫　一九九八『第二次世界大戦から米ソ対立へ』世界の歴史28、中央公論社（二〇一〇年に中公文庫収録）
*吉開将人　二〇一五「歴史意識と世界像　『南越』の歴史は中国史かそれともベトナム史か」濱下武志・平勢隆郎編『中国の歴史　東アジアの周縁から考える』有斐閣
吉沢南　一九八二『ベトナム・現代史のなかの諸民族』朝日新聞社
吉沢南　一九八六『私たちの中のアジアの戦争』朝日選書
吉沢南　一九八七『個と共同性・アジアの社会主義』東京大学出版会
ジャン・ラクチュール著、吉田康彦・伴野文夫訳　一九六八『ベトナムの星——ホー・チ・ミンと指導者たち』サイマル出版会
レ・ズアン著　長尾正良訳　一九七二『ベトナム革命』新日本出版社
*レ・ボ・リン　二〇一一「日本・CLMV関係」古田元夫編『ASEAN新規加盟国の「中進国」ベトナムと地域統合——日越関係を視野に入れて』（科学研究費研究成果報告書）

［英語文献］
*Asselin, Pierre, *Hanoi's Road to The Vietnam War 1954-1965*, University of California Press, 2013
*Duiker, William.J., *Ho Chi Minh*, Hyperion, New York, 2000
*Elliott, David W. *Changing Worlds: Vietnam's Transition from Cold War to Globalization*, Oxford University Press, 2012
*Goscha, Christopher E. *Vietnam or Indochina? Contesting Concepts of Space in Vietnamese Nationalism, 1887-1954*, Copenhague: Nordic Institute of Asian Studies, 1995
*Goscha, Christofer E. *Thailand and the Southeast Asian Networks of the Vietnamese Revolution (1885-1954)*, Richmond: Curzon Press, 1999
*Kelley, Liam.C., *Beyond The Bronze Pillars: Envoy Po-*

etry and the Sino-Vietnamese Relations, Association for Asian Studies and University of Hawai'i Press, 2005

*Marr, David, *Vietnam 1945: The Quest for Power*, Philip E. Lilienthal Book, 1997

*Namba, Chizuru *Français et Japonais en Indochine (1940-1945), Colonisation, Propagande et Rivalite Culturelle*, Kaethala, Paris, 2012

*Nguyen, Lien-Hang T. *Hanoi's War: An International History of the War for Peace in Vietnam*, University of North Carolina Press, 2012

*Taylor, Keith.W. "Surface Orientations in Vietnam: Beyond Histories of Nation," *The Journal of Asian Studies*, Vol. 57, Number 4, November 1998

［ベトナム語文献］

*Ban Chỉ Đạo Tổng Kết Chiến Tranh trực thuộc Bộ Chính Trị, *Tổng Kết Cuộc Kháng Chiến Chống Mỹ Cứu Nước: Thắng Lợi và Bài Học*, Nhà xuất bản Chính trị Quốc gia, 1995

*Bộ Quốc Phòng Viện Lịch Sử Quân Đội Việt Nam, *Lịch Sử Kháng Chiến Chống Mỹ Cứu Nước 1954-1975*, tập I-tập IX, Nhà xuất bản Chính trị Quốc gia, 2013

*Cao Xuan Hạo, *Tiếng Việt, văn Việt, người Việt*, Nhà xuất bản Trẻ, 2003

*Đảng Cộng Sản Việt Nam, *Văn Kiện Đảng Toàn Tập*, tập 1-tập 54, Nhà xuất bản Chính trị Quốc gia, 1998-2007

*Đảng Cộng sản Việt Nam, *Văn Kiện Đại Hội Đảng Thời Kỳ Đổi Mới*, Nhà xuất bản Chính trị Quốc gia, 2005

*Đinh Xuân Lâm chủ biện, *Lịch Sử Việt Nam*, tập III, Nhà xuất bản Giáo dục Việt Nam, 2012

*Furuta Motoo *Việt Nam trong Lịch Sử Thế Giới*, Nhà xuất bản Chính trị Quốc gia, 1998

*Huy Đức, *Bên Thắng Cuộc*, Oshin Book, 2012

*Học Viện Chính Trị Hành Chính Quốc Gia Hồ Chí Minh Viện Lịch Sử Đảng, *Lịch Sử Xứ Ủy Nam Bộ và Trung Ương Cục Miền Nam* (*1954-1975*), Nhà xuất bản Chính trị Quốc gia, 2010

*Lê Mậu Hãn chủ biên, *Lịch Sử Việt Nam*, tập IV, Nhà xuất bản Giáo dục Việt Nam, 2013

*Nguyễn Duy Dũng chủ biên, *ASEAN từ Hiệp Hội đến*

Cộng Đồng Những Vấn Đề Nổi Bật và Tác Động đến Việt Nam, Nhà xuất bản Khoa học xã hội, 2012

*Nguyễn Đình Bin chủ biên, *Ngoại Giao Việt Nam 1945–2000*, Nhà xuất bản Chính trị Quốc gia, 2005

*Nguyễn Đình Chú, "Cần khẩn trương khôi phục chữ Hán trong nhà trường phổ thông Việt Nam," *Tạp chí Hán Nôm*, số 2–2005

*Nguyễn Hồng Giáp, "Phát triển quan hệ với các nước lớn trong chính sách ngoại giao mới của Đảng và nhà nước ta," *Nghiên Cứu Quốc Tế*, số 2 (61), 6–2005

*Nguyễn Quang Hồng, "Chữ Hán chữ Nôm với thế hệ trẻ," *Ngôn Ngữ và Đời Sống*, số 12, 2008

*Nguyễn Tấn Dũng, "Xây dựng lòng tin chiến lược của châu Á," Phát biểu đề dẫn tại Đối thoại Shangrila lần thứ 12, 2012

*Nguyễn Văn Hà, *Hiện Thực Hóa Cộng Đồng Kinh Tế ASEAN và Tác Động Đến Việt Nam*, Nhà xuất bản Khoa học xã hội, 2013

*Nguyễn Văn Khánh, *Việt Nam 1919–1930: Thời Kỳ Tìm Tòi và Định Hướng*, Nhà xuất bản Đại học Quốc gia Hà Nội, 2007

*Nguyễn Văn Kim, "Văn minh và đế chế nhìn lại con đường phát triển của các quốc gia Đông Á," *Nghiên Cứu Lịch Sử*, số 2–2010 (406)

*Nguyễn Văn Tuấn, "Võ Văn Kiệt và những quyết định lớn," Nguyễn Văn Tuấn web, 11–6–2008, http://nguyenvantuan.net/online-vip/908-v0-van-kiet^va-nhung-quyet-dinh-lon?tmpl

*Nguyễn Xuân Thắng, Vũ Văn Phúc, Phạm Văn Đức, Nguyễn Linh Khiếu đồng chủ biên, *Văn Kiện Đại Hội XI của Đảng—Một Số Vấn Đề Lý Luận và Thực Tiễn*, Nhà xuất bản Khoa học xã hội, 2012

*Phạm Hồng Tung, *Nội Các Trần Trọng Kim-Bản Chất, Vai Trò và Vị Trí Lịch Sử*, Nhà xuất bản Chính trị Quốc gia, 2009

*Phan Huy Lê *Lịch Sử và Văn Hóa Việt Nam Tiếp Cận Bộ Phận*, Nhà xuất bản Giáo dục, 2007A

*Phan Huy Lê, "Đa dạng văn hóa và giáo dục cổ điển từ gốc nhìn Việt Nam", 2007B

*Phan Huy Lê chủ biên, *Lịch Sử Việt Nam*, tập I, Nhà xuất bản Giáo dục Việt Nam, 2012A

*Phan Huy Lê chủ biên, *Lịch Sử Việt Nam*, tập II, Nhà xuất bản Giáo dục Việt Nam, 2012B

*Trần Đình Hượu, *Đến Hiện Đại từ Truyền Thống*, 1994.

*Trung tâm Dữ kiện-Tư liệu Thông tấn xã Việt Nam, *Vai Trò của Việt Nam trong* ASEAN, Nhà xuất bản Thông tấn xã, 2007
*Văn Tạo, Furuta Motoo biên soạn, *Nạn Đói Năm 1945 ở Việt Nam: Những Chứng Tích Lịch Sử*, Viện Sử học, 1995
*Văn Tạo, *Mười Cuộc Cải Cách, Đổi Mới Lớn Trong Lịch Sử Việt Nam*, Nhà xuất bản Đại học Sư phạm, 2006
*ベトナム共産党ホームページ二〇一一年綱領："Cương lĩnh xây dựng đất nước trong thời kỳ quá độ lên chủ nghĩa xã hội (Bổ sung, phát triển năm 2011)," Báo điện tử Đảng Cộng sản Việt Nam, http://123.30.49.74:8080/tiengviet/tulieuvankien/vankiendang/details.asp?topic=1918&sul

索　引

ナ 行

ハ 行

著書略歴

1949年　東京に生まれる
1974年　東京大学教養学部教養学科卒業
1976年　東京大学大学院社会学研究科国際関係論専攻修士課程修了
1990年　学術博士（東京大学）取得
東京大学教養学部助教授，東京大学大学院総合文化研究科教授，同研究科長，東京大学副学長，同図書館長などを歴任．東京大学名誉教授．

主要著書

『ベトナム人共産主義者の民族政策史』（大月書店，1991年）
『歴史としてのベトナム戦争』（大月書店，1991年）
『ベトナムの現在』（講談社現代新書，1996年）
『ホー・チ・ミン』（岩波書店，1996年）
『ドイモイの誕生』（青木書店，2009年）など．

増補新装版 ベトナムの世界史
——中華世界から東南アジア世界へ
UPコレクション

1995年9月2日　初　版　第1刷
2015年9月25日　増補新装版　第1刷
2022年6月1日　増補新装版　第3刷

［検印廃止］

著　者　古田元夫《ふるたもとお》

発行所　一般財団法人　東京大学出版会
代表者　吉見俊哉
153-0041 東京都目黒区駒場4-5-29
電話 03-6407-1069　Fax 03-6407-1991
振替 00160-6-59964

印刷所　大日本法令印刷株式会社
製本所　大日本法令印刷株式会社

ISBN 978-4-13-006534-4　Printed in Japan

「ＵＰコレクション」刊行にあたって

学問の最先端における変化のスピードは、現代においてさらに増すばかりです。日進月歩（あるいはそれ以上）のイメージが強い物理学や化学などの自然科学だけでなく、社会科学、人文科学に至るまで、次々と新たな知見が生み出され、数か月後にはそれまでとは違う地平が広がっていることもめずらしくありません。

その一方で、学問には変わらないものも確実に存在します。それは過去の人間が積み重ねてきた膨大な地層ともいうべきもの、「古典」という姿で私たちの前に現れる成果です。

日々、めまぐるしく情報が流通するなかで、なぜ人びとは古典を大切にするのか。それは、この変わらないものが、新たに変わるためのヒントをつねに提供し、まだ見ぬ世界へ私たちを誘ってくれるからではないでしょうか。このダイナミズムは、学問の場でもっとも顕著にみられるものだと思います。

このたび東京大学出版会は、「ＵＰコレクション」と題し、学問の場から、新たなものの見方・考え方を呼び起こしてくれる、古典としての評価の高い著作を新装復刊いたします。

「ＵＰコレクション」の一冊一冊が、読者の皆さまにとって、学問への導きの書となり、また、これまで当然のこととしていた世界への認識を揺さぶるものになるでしょう。そうした刺激的な書物を生み出しつづけること、それが大学出版の役割だと考えています。

一般財団法人　東京大学出版会